KB087294

어느 교과서를 배우더라도

꼭 알아야 하는 **개념**과 **기본 문제** 구성으로

다양한 학교 평가에 완벽 대비할 수 있어요!

11종
검정 교과서

평가 자료집

사회
5-2

공통 개념과
다양한 검정
교과서 자료

11종 교과서를
아우르는
다양한 평가 문제

핵심 정리

🐚 우리 역사 속 최초의 국가 고조선

건국	단군왕검이 세웠다고 전해짐.
문화 범위	탁자식 고인돌, 비파형 동검, 미송리식 토기 등이 발견된 지역을 보면 고조선의 문화 범위를 짐작할 수 있음. ⬆ 비파형 동검　⬆ 탁자식 고인돌
사회 모습	8개 조항의 법을 통해 알 수 있음. → 사회 질서가 엄격했고, 신분제 사회였으며, 노동력과 개인의 재산을 소중히 여겼음.

🐚 삼국의 성립과 발전

백제	• 온조가 한강 유역에 세운 나라임. • 근초고왕 때 영토를 넓히는 등 전성기를 맞았고 중국, 왜와 교류했음.
고구려	• 주몽이 졸본에 세운 나라임. • 광개토대왕 때 서쪽으로는 요동 지역, 남쪽으로는 백제의 영역이었던 한강 유역까지 세력을 확장했음. • 장수왕 때 평양으로 도읍을 옮기고 한강 남쪽 지역을 차지했음.
신라	• 박혁거세가 지금의 경주 지역에 세웠음. • 진흥왕 때 한강 유역을 차지하고 가야 연맹을 정복했음.

🐚 가야의 성립과 발전
① 김수로 등이 김해 지역을 중심으로 세웠습니다.
② 여러 작은 나라들로 이루어진 연맹 국가였고, 철의 생산지로 유명했습니다.

---

❶ 고조선과 삼국의 성립과 발전

11종 공통

1 고조선의 건국 이야기에 담긴 의미로 알맞은 것에 ○ 표를 하시오.

(1) 당시 사회는 평등 사회였습니다. (　)

(2) 당시 사회는 농사를 중요하게 생각했습니다.
(　)

(3) 호랑이를 숭배하는 무리가 환웅의 무리와 결합했습니다. (　)

11종 공통

2 고조선의 문화 범위를 알 수 있는 문화유산과 거리가 먼 것은 어느 것입니까? (　)

① ⬆ 비파형 동검

② ⬆ 칠지도

③ ⬆ 탁자식 고인돌

④ ⬆ 미송리식 토기

🧱 서술형·논술형 문제
11종 공통

3 다음 고조선의 법 조항을 통해 알 수 있는 고조선 사회의 모습을 쓰시오.

> 남을 다치게 한 사람은 곡식으로 갚는다.

_____

_____

4 삼국을 세운 사람을 바르게 정리한 것은 어느 것입니까?
( )

	고구려	백제	신라
①	주몽	박혁거세	온조
②	온조	박혁거세	주몽
③	주몽	온조	박혁거세
④	온조	주몽	박혁거세
⑤	박혁거세	온조	주몽

5 다음에서 설명하는 나라로 알맞은 것은 어느 것입니까?
( )

> 한강 유역에 위치해 일찍부터 중국과 교류하며 문물을 발전시켰고, 근초고왕 때 전성기를 맞이했습니다.

① 가야　　② 백제　　③ 신라
④ 고조선　　⑤ 고구려

6 다음 중 고구려의 전성기를 나타낸 지도를 찾아 기호를 쓰시오.

( )

7 다음 ( ) 안에 들어갈 알맞은 말에 ○표를 하시오.

> (광개토대왕 / 장수왕)은 도읍을 평양성으로 옮긴 후 백제의 도읍인 한성을 함락해 한강 유역을 모두 차지했습니다.

8 신라 진흥왕이 한 일과 거리가 먼 것은 어느 것입니까?
( )

① 한강 유역을 차지했다.
② 화랑도를 통해 유능한 인재를 길렀다.
③ 당의 군대와 연합해 백제를 멸망시켰다.
④ 대가야를 정복해 가야의 영토를 흡수했다.
⑤ 영토를 넓힌 것을 기념하고자 정복한 지역에 비석을 세웠다.

9 삼국이 한강 지역을 차지하기 위해 노력했던 까닭을 바르게 말한 어린이를 쓰시오.

> 채윤: 교통이 편리했기 때문이야.
> 정후: 왜와 교류하기에 유리했기 때문이야.

( )

10 가야에 대한 설명으로 알맞지 <u>않은</u> 것은 어느 것입니까?
( )

① 철의 생산지로 유명했다.
② 신라의 공격을 받아 신라에 흡수되었다.
③ 김수로 등이 김해 지역을 중심으로 세웠다.
④ 여러 작은 나라들로 이루어진 연맹 국가였다.
⑤ 다른 나라와 교류하지 못한 고립된 나라였다.

11종
검정 교과서

단원평가

❷ 삼국과 가야의 문화, 통일신라와 발해

핵심 정리

🍡 삼국과 가야의 문화유산

고구려	백제
⬆ 금동 연가 7년명 여래 입상	⬆ 백제 금동 대향로
금동 연가 7년명 여래 입상, 무용총 등	익산 미륵사지 석탑, 무령왕릉, 백제 금동 대향로 등
신라	가야
⬆ 경주 분황사 모전 석탑	[출처: 국가유산청] ⬆ 도기 기마 인물형 뿔잔
경주 분황사 모전 석탑, 황룡사 9층 목탑, 첨성대 등	철제 무기와 갑옷, 가야 토기, 가야금 등

🍡 신라의 삼국 통일

신라와 당의 동맹 → 나당 연합군에 의해 백제 멸망 → 나당 연합군에 의해 고구려 멸망 → 신라와 당의 전쟁 → 신라가 당 군대 격파 → 삼국 통일

🍡 발해

건국	대조영이 동모산 지역에 세웠음.
성장	고구려의 옛 땅을 거의 되찾았고, 전성기에 당으로부터 '해동성국'이라고 불렸음.

🍡 통일신라와 발해의 문화유산

통일신라	불국사, 석굴암, 『무구정광대다라니경』 등
발해	정효 공주 무덤, 이불병좌상 등

---

1 삼국 문화의 특징을 바르게 말한 어린이를 쓰시오.

> 진우: 고분에서 발견된 유물과 벽화를 통해 문화를 살펴볼 수 있어.
> 소라: 삼국의 왕실이 유교를 적극적으로 받아들였기 때문에 유교문화가 발달했어.

( )

📚 서술형·논술형 문제   천재교육, 천재교과서, 교학사, 동아출판, 비상교과서

2 다음 벽화를 통해 알 수 있는 고구려 사회의 모습을 쓰시오.

⬆ 무용총 접객도

_____

_____

3 다음 어린이가 설명하는 문화유산은 무엇입니까?

( )

 > 백제를 대표하는 고분으로, 내부의 방은 벽돌로 만들어졌어. 그리고 그 안에서는 귀중한 유물이 여럿 발견되었어.

① 천마총   ② 금관총

③ 무령왕릉   ④ 황남대총

⑤ 정효 공주 무덤

천재교육, 천재교과서, 교학사, 금성출판사, 김영사, 동아출판,
비상교과서, 비상교육, 아이스크림 미디어, 지학사

4 천체 관측을 위한 신라의 건축물로 알맞은 것은 어느 것입니까? ( )

①
🔼 익산 미륵사지 석탑

②
🔼 첨성대

③
🔼 경주 분황사 모전 석탑

④
🔼 황룡사 9층 목탑

11종 공통

5 다음에서 설명하는 나라는 어디입니까? ( )

- 토기 제작 기술이 뛰어났습니다.
- 질 좋은 철이 많이 생산되어 고분에서 철로 만든 유물이 많이 발견되었습니다.

① 가야   ② 백제   ③ 신라
④ 고구려   ⑤ 고조선

천재교육, 천재교과서, 교학사, 금성출판사,
비상교과서, 비상교육, 아이스크림 미디어

6 다음 문화유산을 통해 알 수 있는 사실로 알맞은 것에 ○표를 하시오.

🔼 고구려 수산리 고분 벽화

🔼 일본 다카마쓰 고분 벽화

(1) 삼국은 주변 나라와 교류하지 않았습니다.
( )

(2) 삼국의 문화는 일본에 영향을 주었습니다.
( )

11종 공통

7 다음을 신라의 삼국 통일 과정에 맞게 기호를 쓰시오.

| ㉠ 나당 전쟁 | ㉡ 백제 멸망 |
| ㉢ 나당 동맹 | ㉣ 고구려 멸망 |

( ) → ( ) → ( ) → ( ) → 삼국 통일

11종 공통

8 다음 ☐ 안에 들어갈 알맞은 말을 쓰시오.

당은 발해를 바다 동쪽에서 크게 일어나 번성한 나라라는 뜻에서 이라고 불렀습니다.

( )

11종 공통

9 다음은 통일신라의 문화유산에 대한 검색 결과입니다. ㉠에 들어갈 검색어는 어느 것입니까? ( )

- 화강암을 쌓아 올려 동굴처럼 만드는 절입니다.
- 건물의 가운데에 기둥을 세우지 않고도 반원 형태의 천장을 갖추었습니다.

① 불국사   ② 미륵사   ③ 대왕암
④ 석굴암   ⑤ 황룡사

천재교육, 동아출판, 비상교과서, 비상교육, 아이스크림 미디어, 지학사

10 오른쪽 문화유산으로 보아, 발해가 영향을 받은 나라는 어디입니까?
( )

① 왜
② 당
③ 백제
④ 신라
⑤ 고구려

[출처: 연합뉴스]
🔼 상경성 2호 절터 석등

11종
검정 교과서

단원 평가

핵심 정리

🍡 고려의 건국과 후삼국 통일

후삼국의 성립	• 신라 말 왕위 다툼으로 정치가 혼란스러워지자 지방에서 호족이 등장했음. • 견훤이 후백제를, 궁예가 후고구려를 세우면서 후삼국이 성립되었음.
고려의 건국	궁예의 신하였던 왕건이 궁예를 몰아내고 고려를 세웠음.
후삼국 통일	고려는 신라의 항복을 받은 후 후백제를 물리치고 후삼국을 통일했음.

🍡 나라의 기틀을 다지기 위한 노력
① 태조 왕건의 정책: 불교 장려, 세금 감면, 호족 존중 및 견제, 발해 유민 수용 등
② 태조 왕건 이후: 과거 제도 시행, 유교 이념에 바탕을 둔 제도 마련 등

🍡 북방 민족의 침입을 극복한 고려
① 거란의 침입과 극복

1차 침입	• 거란이 고려와 송의 관계를 끊기 위해 침입했음. • 서희의 담판: 고려는 송과의 관계를 끊고 거란과 교류할 것을 약속했고 강동 6주를 확보했음.
2차 침입	• 고려가 송과 외교 관계를 계속 이어 가자 거란이 다시 침입했음. • 개경이 함락되는 등 큰 피해를 입었으나 양규의 군대가 거란군에 여러 차례 승리를 거두었음.
3차 침입	• 거란은 강동 6주를 내놓으라며 다시 침입했음. • 귀주 대첩: 강감찬이 이끄는 고려군이 귀주에서 거란군에 큰 승리를 거두었음.

② 여진의 침입과 극복: 윤관이 이끄는 별무반은 여진을 공격하고 그들이 살던 곳에 9성을 쌓았습니다.

❶ 고려의 건국과 북방 민족의 침입

11종 공통

1 신라 말의 상황으로 알맞은 것을 두 가지 고르시오.
(,)

① 백성들이 풍족한 생활을 했다.
② 발해를 공격해 북쪽으로 영토를 크게 넓혔다.
③ 귀족들의 왕위 다툼으로 정치가 혼란스러웠다.
④ 강한 왕권을 바탕으로 나라가 안정되어 있었다.
⑤ 지방에서 호족이라는 새로운 정치 세력이 등장했다.

11종 공통

2 다음은 후삼국의 모습입니다. ㉠, ㉡에 들어갈 인물을 알맞게 나타낸 것은 어느 것입니까? ( )

㉠ 은/는 고구려 계승을 내세우며 후고구려를 세웠다.

㉡ 은/는 백제의 계승을 내세우며 후백제를 세웠다.

신라는 나라 힘이 약해져 경상도 일대로 영토가 줄어들었다.

	㉠	㉡		㉠	㉡
①	견훤	궁예	②	왕건	궁예
③	견훤	왕건	④	주몽	궁예
⑤	궁예	견훤			

11종 공통

3 다음은 고려의 후삼국 통일 과정에 대한 설명입니다. ( ) 안에 들어갈 알맞은 말에 ○표를 하시오.

고려는 힘이 약해진 ❶(신라 / 후백제)의 항복을 받았고, 왕위 다툼으로 혼란해진 ❷(신라 / 후백제)를 물리쳐 후삼국을 통일했습니다.

11종 공통

4 다음 글의 밑줄 친 ㉠의 예를 두 가지만 쓰시오.

태조 왕건은 백성의 생활과 나라의 정치를 안정시키고자 ㉠ <u>다양한 노력</u>을 펼쳤습니다.

_____

_____

천재교육, 천재교과서, 김영사, 동아출판, 미래엔, 비상교과서, 아이스크림 미디어

5 다음 ☐ 안에 공통으로 들어갈 알맞은 말을 쓰시오.

태조 왕건이 죽은 후 고려는 ☐적 지식을 평가해 관리를 선발하는 과거 제도를 시행했고, ☐ 이념에 바탕을 둔 제도를 마련했습니다.

( )

[6~7] 다음은 거란과 고려의 담판 모습입니다.

6 위 ㉠에 들어갈 알맞은 인물은 누구입니까? ( )   11종 공통

① 윤관   ② 서희   ③ 양규

④ 강감찬   ⑤ 이순신

7 위 담판의 결과로 알맞은 것에 ◯표를 하시오.   11종 공통

(1) 강동 6주를 확보했습니다. ( )

(2) 고려는 거란과의 관계를 끊고 송과 외교 관계를 맺을 것을 약속했습니다. ( )

8 다음 어린이가 설명하는 전쟁으로 알맞은 것은 어느 것입니까? ( )   11종 공통

 거란이 강동 6주를 내놓으라며 고려에 다시 침입한 사건 알지?

 응. 거란이 세 번째로 침입한 사건을 말하는 거잖아. 강감찬이 이끈 고려군이 큰 승리를 거두었다는 것도 알고 있어.

 맞아. 강감찬의 뛰어난 작전으로 거란군을 크게 물리칠 수 있었지.

① 귀주 대첩   ② 명량 대첩

③ 행주 대첩   ④ 살수 대첩

⑤ 한산도 대첩

교학사, 미래엔, 비상교과서, 비상교육, 아이스크림 미디어, 지학사

9 다음 ☐ 안에 들어갈 알맞은 말을 보기 에서 찾아 기호를 쓰시오.

세 차례에 걸친 거란과의 전쟁 뒤 고려는 송과 거란 사이에서 균형을 유지했고, ☐을 쌓아 외적의 침략에 대비했습니다.

보기
㉠ 만리장성   ㉡ 천리장성

( )

천재교육, 김영사, 동아출판, 비상교과서, 비상교육, 아이스크림 미디어

10 다음은 역사 인물 생각 그물입니다. 알맞지 <u>않은</u> 내용은 어느 것입니까? ( )

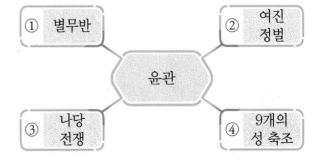

핵심 정리

🐚 몽골의 침입과 고려의 대응

몽골의 침입	세력을 키운 몽골은 고려에 왔던 몽골 사신이 돌아가는 길에 죽자 고려를 침입했음.
강화 천도	도읍을 강화도로 옮기고 몽골에 맞서 싸웠음.
주요 전투	• 처인성 전투: 김윤후는 처인성의 주민들과 힘을 합쳐 몽골군을 물리쳤음. • 충주성 전투: 김윤후는 충주성에서 노비들과 힘을 합쳐 몽골군을 물리쳤음.

🐚 몽골의 침입으로 인한 피해 상황

① 국토가 황폐해졌습니다.

② 수많은 사람이 죽거나 몽골에 포로로 끌려갔습니다.

③ 황룡사 9층 목탑, 초조대장경 등이 파괴되었습니다.

🐚 몽골과의 강화와 삼별초의 항쟁

몽골과의 강화	큰 피해를 입어 더 이상 몽골과의 전쟁이 어려웠던 고려 정부는 몽골과 강화를 맺고, 도읍을 강화도에서 개경으로 다시 옮겼음.
삼별초의 항쟁	삼별초라 불리는 일부 군인들은 개경으로 돌아가는 것에 반대하며 항쟁했으나 실패했음.

🐚 몽골과의 강화 이후 사회 변화

① 몽골(원)의 간섭: 고려는 몽골(원)의 간섭을 받았고, 몽골의 풍속이 고려에서 유행하기도 했습니다.

② 공민왕의 개혁

천재교육, 동아출판, 미래엔, 아이스크림 미디어

🔺 원과 손을 잡은 세력을 제거했음.

🔺 원에 빼앗긴 땅을 되찾는 등 영토를 확장했음.

---

❷ 몽골의 침입과 고려의 대응

천재교과서, 교학사, 금성출판사, 김영사, 미래엔, 비상교과서, 비상교육, 아이스크림 미디어, 지학사

1 다음과 같은 까닭으로 고려를 침략한 민족은 누구입니까? (   )

> 고려에 많은 물자를 바칠 것을 요구하며 고려와 갈등을 빚고 있었습니다. 그러던 중 고려에 왔던 사신이 돌아가는 길에 죽는 일이 발생하자, 이를 문제 삼아 고려를 침입했습니다.

① 왜구   ② 몽골   ③ 여진족
④ 거란족   ⑤ 말갈족

[2~3] 다음은 몽골의 침입 이후, 몽골에 맞서 싸우기 위해 고려가 도읍을 옮긴 곳을 나타낸 지도입니다.

11종 공통

2 위 ㉠에 들어갈 알맞은 지역은 무엇입니까? (   )

① 진도   ② 거제도   ③ 제주도
④ 강화도   ⑤ 영종도

📝 서술형·논술형 문제

천재교과서, 교학사, 금성출판사, 김영사, 동아출판, 미래엔, 비상교과서, 비상교육

3 고려가 몽골군에 맞서 싸우기 위해 위 지역으로 도읍을 옮긴 까닭을 쓰시오.

_____

_____

[4~5] 다음은 고려와 몽골의 전투를 나타낸 지도입니다.

천재교육, 천재교과서, 교학사, 금성출판사, 김영사, 동아출판,
비상교과서, 비상교육, 아이스크림 미디어, 지학사

4 위 ㉡, ㉢ 전투에서 몽골군을 물리친 사람은 누구입니까?
( )

① 양규 ② 서희 ③ 윤관
④ 김윤후 ⑤ 강감찬

천재교육, 천재교과서, 김영사, 동아출판, 비상교과서, 아이스크림 미디어, 지학사

5 다음 자료와 관련 있는 전투를 위 지도에서 찾아 기호를 쓰시오.

> "만일 힘을 내어 싸울 수 있다면 귀하고 천함
> 없이 모두 관직을 줄 것이다."라고 하면서 관청
> 소속 노비들의 문서를 가져다 불사르고 빼앗은
> 소와 말을 그들에게 나누어 주었다. 이에 사람
> 들이 죽음을 무릅쓰고 몽골군과 싸웠다.
> – 『고려사』 –

( )

11종 공통

6 고려가 몽골군의 침략으로 입은 피해로 알맞지 <u>않은</u>
것은 어느 것입니까? ( )

① 국토가 황폐해졌다.
② 많은 사람이 죽었다.
③ 많은 사람이 몽골에 포로로 끌려갔다.
④ 황룡사 9층 목탑 등 문화유산이 파괴되었다.
⑤ 여진족을 정벌하고 쌓은 9개의 성을 돌려주었다.

11종 공통

7 다음 ( ) 안에 들어갈 알맞은 말에 ○표를 하시오.

> 오랜 전쟁으로 막대한 피해를 입은 고려는 더
> 이상 몽골과의 전쟁을 지속하기 어려웠습니다.
> 고려 조정은 결국 몽골과 강화를 맺게 되었고,
> 그 후 도읍을 ❶(개경 / 강화도)에서 ❷(개경 /
> 강화도)(으)로 옮겼습니다.

11종 공통

8 다음 □ 안에 들어갈 알맞은 말을 쓰시오.

> 무신 정권 시기에 만들어진 군대였던 □□□
> 는 근거지를 옮겨 가며 몽골에 대항했으나 결국
> 에는 실패했습니다.

( )

천재교육, 금성출판사, 김영사, 동아출판, 미래엔

9 몽골과의 강화 이후 고려 사회의 모습으로 알맞은 것에
○표 하시오.

(1) 몽골식 머리 모양과 옷이 유행했습니다. ( )
(2) 문화적으로는 몽골(원)의 영향을 받았으나 정치
적으로는 간섭받지 않았습니다. ( )

천재교육, 동아출판, 미래엔

10 다음과 같은 정책을 펼친 고려의 왕은 누구입니까?
( )

> • 원과 손을 잡고 힘을 키운 세력을 제거했습니다.
> • 원에 빼앗긴 고려의 땅을 되찾는 등 영토를 확장
> 했습니다.

① 광종 ② 성종
③ 공민왕 ④ 장수왕
⑤ 근초고왕

❸ 고려의 문화유산

1 고려 시대에 팔만대장경을 만든 까닭을 바르게 설명한 어린이에 ○표를 하시오.

(1) 불교 경전을 공부해서 사람들이 승려가 되도록 하려고 만들었어.

(2) 몽골의 침입을 부처의 힘으로 이겨 내고자 만들었어.

(   )   (   )

2 팔만대장경판에 대한 설명으로 알맞지 <u>않은</u> 것은 어느 것입니까? (   )

① 오늘날까지 보존이 잘 되어 있다.
② 수준 높은 불교 지식이 담겨 있다.
③ 글자가 고르고 틀린 글자도 거의 없다.
④ 유네스코 세계 기록 유산으로 등재되었다.
⑤ 고려의 금속 인쇄술이 뛰어났음을 보여 준다.

3 다음 ☐ 안에 들어갈 알맞은 장소를 찾아 기호를 쓰시오.

> 팔만대장경판은 조선 시대에 만든 ☐☐☐에 보관되어 목판이 상하거나 뒤틀리지 않고 잘 보존될 수 있었습니다.

ⓐ

△ 합천 해인사 장경판전

ⓑ

△ 종묘

(   )

핵심 정리

🐚 팔만대장경

△ 팔만대장경판

제작	몽골의 침입을 부처의 힘으로 이겨 내고자 팔만대장경(재조대장경)을 만들었음.
우수성	• 수준 높은 불교 지식이 담겨 있음. • 글자가 고르고 틀린 글자도 거의 없음. • 팔만대장경판은 유네스코 세계 기록 유산에 등재되었음.
보관	조선 시대에 만든 합천 해인사 장경판전에 보관되어 목판이 상하거나 뒤틀리지 않게 보관되었음.

🐚 금속 활자

① 편리한 점: 책의 내용에 따라 활자를 골라서 인쇄할 수 있었고, 단단해 오랫동안 사용할 수 있었습니다.
② 『직지심체요절』: 세계에서 가장 오래된 금속 활자 인쇄본입니다.

🐚 고려청자

특징	• 푸른 빛깔의 도자기임. • 상감 기법으로 독창적인 청자를 만들어 냈음.
용도	찻잔, 접시, 항아리, 주전자, 베개, 기와, 의자, 향로 등 다양한 용도로 쓰였음.

🐚 불교문화의 발달   <small>천재교육, 금성출판사, 동아출판, 비상교과서, 아이스크림 미디어</small>

① 고려에서는 불교를 널리 믿었기 때문에 불교가 문화와 백성의 생활에 영향을 주었습니다.
② 팔관회와 같이 불교와 관련이 있는 행사가 열렸고, 전국 곳곳에 절을 세웠으며, 불상과 탑을 만들었습니다.

📝 서술형·논술형 문제   11종 공통

4 다음은 팔만대장경판을 보관한 건물을 만든 방법입니다. 밑줄 친 ㉠, ㉡과 같이 만든 까닭을 쓰시오.

> 팔만대장경판을 보관한 건물은 ㉠ 건물 앞의 창과 뒤의 창의 크기를 다르게 했고, ㉡ 바닥을 파서 숯, 소금, 모래 등을 섞어 바닥을 다지고 그 위에 건물을 지었습니다.

_____

_____

11종 공통

5 다음 보기 에서 금속 활자 인쇄술에 대한 설명으로 알맞은 것은 모두 몇 개입니까? (   )

> **보기**
> ㉠ 단단해 오랫동안 사용할 수 있었습니다.
> ㉡ 휘어지는 나무의 성질 때문에 보관이 어려웠습니다.
> ㉢ 책의 내용에 따라 필요한 활자를 골라서 인쇄할 수 있었습니다.
> ㉣ 여러 종류의 책을 인쇄하기 위해서는 매번 새로운 판을 만들어야 했습니다.

① 1개   ② 2개   ③ 3개
④ 4개   ⑤ 없음.

11종 공통

6 오른쪽과 같이 세계에서 가장 오래된 금속 활자 인쇄본은 무엇입니까? (   )

① 『훈민정음』
② 『경국대전』
③ 『팔만대장경』
④ 『직지심체요절』
⑤ 『무구정광대다라니경』

[7~8] 다음은 고려 시대를 대표하는 공예품입니다.

㉠

△ 청자 투각 고리 무늬 의자
[출처: 국가유산청]

㉡

△ 청자 투각 칠보 무늬 뚜껑 향로
[출처: 국립중앙박물관]

㉢
△ 청자 상감 운학 무늬 매병
[출처: 국가유산청]

11종 공통

7 위와 같은 고려 시대를 대표하는 공예품은 무엇입니까?
(   )

① 토기   ② 백자   ③ 고려청자
④ 나전칠기   ⑤ 분청사기

11종 공통

8 위 공예품에 대해 바르게 말한 어린이를 쓰시오.

> 운용: 고려의 지배층은 고려청자를 사용하지 않았어.
> 소연: 고려청자는 의자, 향로 등 생활용품으로 쓰였어.

(   )

11종 공통

9 다음에서 설명하는 공예 기법을 쓰시오.

> 도자기 표면을 파서 무늬를 만들고 그 자리에 다른 색깔의 흙을 메워 넣어 굽는 방법입니다.

(   )

천재교육, 금성출판사, 동아출판, 비상교과서, 아이스크림 미디어

10 고려의 불교문화와 거리가 먼 것은 어느 것입니까?
(   )

① 절   ② 탑   ③ 불상
④ 팔관회   ⑤ 과거 제도

11종
검정 교과서

단원 평가

핵심 정리

🌰 고려 말의 혼란
① 권문세족의 횡포와 외적의 침입으로 혼란스러웠습니다.
② 정몽주, 정도전과 같은 신진 사대부, 최영, 이성계와 같은 신흥 무인 세력 등이 성장했습니다.

신진 사대부	성리학을 바탕으로 개혁을 주장했음.
신흥 무인 세력	홍건적과 왜구 등을 물리치며 성장했음.

🌰 조선의 건국 과정

이성계가 위화도 회군으로 권력을 잡았음. → 이성계는 신진 사대부와 함께 토지 제도 개혁 등을 실시했음. → 개혁의 방향을 둘러싸고 신진 사대부 안에서 갈등이 생겼음. → 이성계는 정몽주 등 고려를 유지하려는 세력을 없애고 조선을 건국했음.

🌰 한양 도읍의 건설

도읍을 한양으로 정한 까닭	• 한강이 흘러 교통이 편리했음. • 땅이 넓고 평평해 살기에 좋았음. • 산으로 둘러싸여 외적 방어에 좋았음.
유교 정신을 담은 한양의 건축물	• 유교의 가르침에 따라 건물과 사대문의 위치와 이름을 정했음. • 흥인지문(인, 동쪽 대문), 돈의문(의, 서쪽 대문), 숭례문(예, 남쪽 대문), 숙정문(지, 북쪽 대문)

🌰 나라의 기틀 마련

『경국대전』	유교적 통치 질서를 마련했음.
호패	인구 파악과 세금 징수를 위해 호패를 가지고 다니게 했음. 교학사, 미래엔, 비상교과서, 비상교육
과거 제도	유교의 가르침을 공부한 사람들을 시험을 통해 관리로 선발했음.

❶ 조선의 건국

11종 공통

1 다음 대화에 나타난 정치 세력으로 알맞은 것은 어느 것입니까? (　　　)

> 영경: 고려 말에 성리학을 바탕으로 개혁을 주장한 새로운 정치 세력이 등장했대.
> 주야: 성리학을 공부한 뒤 과거에 합격해 관리가 된 사람들을 말하는 거구나?

① 호족　　　　　② 권문세족
③ 무신 정권　　　④ 신진 사대부
⑤ 신흥 무인 세력

11종 공통

2 고려 말에 최영, 이성계 등이 나라 안에 이름을 떨치게 된 까닭으로 알맞은 것은 어느 것입니까? (　　　)
① 뛰어난 학자였기 때문에
② 명을 공격해 승리했기 때문에
③ 농민들과 함께 봉기를 일으켰기 때문에
④ 나라에 유교 이념을 널리 퍼뜨렸기 때문에
⑤ 홍건적과 왜구 등의 침략을 물리쳤기 때문에

11종 공통

3 다음은 요동 정벌을 가던 이성계의 모습입니다. 밑줄 친 '이곳'은 어디인지 쓰시오.

> 무리한 요동 정벌을 멈추고 이곳에서 군사를 돌려 도읍인 개경을 장악하겠다.

(　　　　　　　　　)

천재교육, 천재교과서, 교학사, 금성출판사, 김영사,
동아출판, 비상교과서, 비상교육, 지학사

4 고려의 개혁 과정에서 다음 ㉠, ㉡과 같은 주장을 한 인물을 보기 에서 찾아 쓰시오.

㉠
고려 사회의 여러 가지 문제점을 개혁하는 것은 찬성하지만 고려를 무너뜨리고 새 왕조를 세우는 것은 도리가 아닙니다.

㉡
만약 임금이 백성을 위하지 않고 정치를 제대로 하지 않는다면 하늘의 뜻에 따라 물러나게 하고, 새로운 왕조를 세우는 것이 마땅합니다.

보기
• 정도전   • 정몽주   • 이순신

㉠ (   ) ㉡ (   )

 서술형·논술형 문제

천재교육, 천재교과서, 교학사, 금성출판사, 김영사,
동아출판, 미래엔, 비상교육, 지학사

5 다음 질문에 대한 답을 쓰시오.

태조 이성계가 한양을 도읍으로 삼은 까닭은 무엇일까요?

_____

_____

11종 공통

6 조선 4대문에 담긴 유교 덕목을 알맞게 줄로 이으시오.

(1) 숙정문 •   • ㉠ 인

(2) 돈의문 •   • ㉡ 의

(3) 숭례문 •   • ㉢ 예

(4) 흥인지문 •   • ㉣ 지

천재교육, 천재교과서, 금성출판사, 김영사, 미래엔, 비상교과서, 비상교육

7 한양에 세운 다음 ㉠, ㉡의 건축물을 바르게 짝 지은 것은 어느 것입니까? (   )

㉠: 토지와 곡식의 신에게 제사를 지낸 곳
㉡: '큰 복을 누린다.'는 뜻을 지닌 조선의 궁궐

	㉠	㉡		㉠	㉡
①	종묘	성균관	②	경복궁	종묘
③	사직단	종묘	④	경복궁	사직단
⑤	사직단	경복궁			

11종 공통

8 다음 (   ) 안에 들어갈 알맞은 말에 ○표를 하시오.

조선은 (불교 / 유교) 정치 이념에 따라 백성을 나라의 근본으로 삼고 제도를 갖추어 나갔습니다.

교학사, 미래엔, 비상교과서, 비상교육

9 다음 ☐ 안에 들어갈 알맞은 말을 쓰시오.

조선 전기의 왕들은 나라의 기틀을 다지기 위해 많은 노력을 했습니다. 그 중 태종은 전국의 인구를 파악하고 세금을 거두는 일에 사용하기 위해 16세 이상의 남자들에게 ☐를 가지고 다니게 했습니다.

(   )

천재교육, 천재교과서, 교학사, 금성출판사, 김영사,
동아출판, 미래엔, 비상교과서, 비상교육, 지학사

10 조선 성종 때 완성되어 나라를 다스리는 데 기본이 된 법전은 무엇입니까? (   )

① 『난중일기』   ② 『경국대전』
③ 『팔만대장경』   ④ 『직지심체요절』
⑤ 『조선왕조실록』

❷ 세종 대의 발전과 조선 전기의 사회와 문화

천재교육, 천재교과서, 교학사, 금성출판사, 김영사, 동아출판,
미래엔, 비상교과서, 아이스크림 미디어

핵심 정리

🌰 세종 대의 발전

훈민정음 창제	한자를 몰라 생활에 어려움을 겪는 백성들의 불편함을 줄이기 위해 우리글인 훈민정음을 창제했음.
과학 기구의 발명	• 측우기(비가 내린 양을 측정하는 기구), 자격루(물시계), 앙부일구(해시계), 혼천의(천문 관측기구) 등의 과학 기구를 발명했음. • 과학 기구의 발명은 농사짓는 데 도움이 되었음.
서적 편찬	『삼강행실도』, 『농사직설』, 『향약집성방』 등 유교의 가르침, 농사, 의학 등 여러 분야의 책을 펴냈음.
영토 확장	4군 6진을 개척해 압록강과 두만강을 경계로 오늘날의 국경선이 만들어졌음.

🌰 조선 전기의 사회와 문화
① 유교의 예절에 따라 집안 행사를 치렀습니다.
② 양반, 중인, 상민, 천민으로 신분이 나뉘었습니다.

양반	중인	상민	천민
관리가 되어 나라를 다스림.	통역, 의학 관련 일을 했음.	주로 농사를 지었음.	대부분 노비였음.

🌰 조선 전기의 문화
① 양반 중심의 문화가 발달했습니다.
② 분청사기와 백자가 인기를 끌었습니다.
③ 신사임당은 아름다운 그림과 시를 남겼습니다.

1 다음 ☐ 안에 들어갈 알맞은 말을 쓰시오.

> 세종은 학문 연구 기관인 ☐☐☐을 설치해 뛰어난 학자들을 길러 냈으며, 백성들의 생활에 도움이 되는 업적들을 남겼습니다.

(   )

11종 공통

2 훈민정음에 대한 설명으로 알맞지 <u>않은</u> 것은 어느 것입니까? (   )
① 독창적이고 과학적인 문자이다.
② '백성을 가르치는 바른 소리'라는 뜻이다.
③ 익히기가 어려워 실제로 사용하는 사람은 적었다.
④ 혀와 입술의 모양, 하늘과 땅, 사람의 모양 등을 본떠 만들었다.
⑤ 백성들이 한자를 몰라 어려움을 겪는 모습을 보고 세종이 만들었다.

🔖 서술형·논술형 문제 11종 공통

3 다음과 같은 과학 기구가 백성들의 생활에 어떤 도움을 주었는지 쓰시오.

🔺 측우기

천재교육, 천재교과서, 교학사, 금성출판사, 김영사, 동아출판,
비상교과서, 비상교육, 아이스크림 미디어, 지학사

4 세종 대에 만들어진 시각을 측정하는 기구를 두 가지 고르시오. (,)

① ▲ 앙부일구

② ▲ 혼천의

③ ▲ 첨성대

④ ▲ 자격루

교학사, 김영사, 비상교과서, 비상교육, 아이스크림 미디어

5 다음 설명과 관련된 것을 **보기** 에서 두 가지 찾아 기호를 쓰시오.

> 백성의 생활에서 농사가 매우 중요했기 때문에 조선은 천체 현상을 보고 날씨를 예측하는 천문학을 중시했습니다.

보기

ㄱ 수표
ㄴ 혼천의
ㄷ 『칠정산』
ㄹ 『삼강행실도』

(,)

천재교육, 천재교과서, 교학사, 금성출판사, 김영사, 동아출판,
미래엔, 비상교과서, 비상교육, 아이스크림 미디어

6 조선 세종 대에 편찬된 우리나라의 환경에 맞는 농사법을 정리한 책은 무엇입니까? ( )

① 『목민심서』
② 『농사직설』
③ 『향약집성방』
④ 『용비어천가』
⑤ 『세종실록지리지』

천재교육, 천재교과서, 김영사, 동아출판, 비상교과서, 비상교육, 아이스크림 미디어

7 다음 ( ) 안에 들어갈 알맞은 말에 ○표를 하시오.

> 세종은 (4군 6진 / 강동 6주)을/를 개척했고, 이로 인해 압록강과 두만강을 경계로 하는 오늘날의 국경선이 만들어졌습니다.

11종 공통

8 다음에서 설명하는 조선의 신분을 **보기** 에서 찾아 쓰시오.

보기

• 양반   • 중인   • 상민   • 천민

(1) 의학, 법률에 관한 일, 통역 등을 했습니다.

( )

(2) 관리가 되어 나라의 중요한 일을 결정했습니다.

( )

(3) 대부분 농사를 지었고, 나라에 세금을 내야 했습니다. ( )

(4) 대부분 노비였으며, 관청이나 양반의 집에 속해 허드렛일을 했습니다. ( )

11종 공통

9 조선 전기의 문화와 거리가 먼 것은 어느 것입니까?

( )

① 백자
② 검소함
③ 분청사기
④ 양반 중심
⑤ 비파형 동검

11종 공통

10 다음 어린이가 설명하는 인물은 누구입니까? ( )

> 조선 전기를 대표하는 예술가로 글과 그림에 모두 뛰어났어. 특히 「초충도」에 섬세한 그림 실력이 잘 나타나 있지.

① 신윤복
② 김홍도
③ 김정희
④ 허난설헌
⑤ 신사임당

11종
검정 교과서

단원평가

❸ 임진왜란과 병자호란

핵심 정리

🐚 임진왜란

① 임진왜란의 발발(1592년): 일본을 통일한 도요토미 히데요시는 조선과 명을 정복하려고 쳐들어왔습니다.

② 임진왜란의 극복

이순신과 수군의 활약	• 이순신은 일본의 침략에 대비해 거북선을 만들었음. • 바닷길의 특성을 잘 활용해 한산도 대첩 등에서 승리했음. [출처: 게티이미지] ⬆ 거북선
의병의 활약	곽재우 등이 일으킨 의병은 고장의 지형을 잘 활용해 전투에서 승리했음.
행주 대첩	권율의 지휘 아래 군인, 승병, 일반 백성들이 힘을 합쳐 일본군에 큰 승리를 거두었음.
조선의 승리	이순신은 명량 해협에서 큰 승리를 거두었고, 도요토미 히데요시의 죽음을 계기로 조선에서 철수하는 일본군을 노량에서 물리쳤음.

🐚 정묘호란과 병자호란

① 광해군의 중립 외교와 정묘호란

광해군의 중립 외교	광해군은 명이 쇠퇴하고 후금이 성장하는 상황에서 신중한 중립 외교를 펼쳤음.
정묘호란	• 광해군을 쫓아내고 왕이 된 인조가 후금을 멀리하자 후금이 쳐들어왔음. • 후금은 조선과 형제 관계를 맺고 돌아갔음.

② 병자호란의 전개와 결과

전개	• 청의 임금과 신하의 관계 요구를 조선이 거절하자 청이 침입했음. • 인조는 남한산성에 들어가 맞섰으나 결국 청 태종에게 항복했음. ⬆ 남한산성 수어장대
결과	• 많은 백성이 청에 끌려가 고통을 겪었음. • 조선은 청과 임금과 신하의 관계를 맺었음.

11종 공통

1 임진왜란이 일어나기 전의 상황에 대해 알맞게 말한 어린이를 쓰시오.

> 서우: 조선은 오랫동안 평화가 유지되었으나 전쟁에 철저히 대비하고 있었어.
> 하영: 일본을 통일한 도요토미 히데요시는 조선과 명을 정복하고자 전쟁을 준비했어.

(   )

[2~3] 다음은 임진왜란 때 주요 해전이 일어난 곳을 나타낸 지도입니다.

천재교육, 천재교과서, 교학사, 김영사, 동아출판, 비상교과서, 비상교육, 아이스크림 미디어, 지학사

2 다음에서 설명하는 해전을 위 지도에서 찾아 쓰시오.

> 이순신 장군은 학이 날개를 편 듯이 적을 둘러싸고 공격하는 방법인 학익진 전법을 활용해 일본군에 큰 승리를 거두었습니다.

(   )

📝 서술형·논술형 문제   천재교육, 천재교과서, 교학사, 김영사, 동아출판, 비상교과서, 비상교육, 아이스크림 미디어, 지학사

3 위 지도와 같은 수군의 활약이 전쟁에 미친 영향을 쓰시오.

_____

_____

4 다음 보기 에서 임진왜란 때 활약한 의병에 대한 설명으로 알맞은 것은 모두 몇 개입니까? (   )

11종 공통

보기
㉠ 양반들만 의병에 참여했습니다.
㉡ 의병은 나라를 지키려고 백성들이 스스로 일으킨 군대입니다.
㉢ 곽재우 등이 자기 고장과 나라를 지키려고 의병을 일으켰습니다.
㉣ 자기 고장의 지형을 잘 활용해 적은 수의 인원으로도 전투에서 승리할 수 있었습니다.

① 1개   ② 2개   ③ 3개
④ 4개   ⑤ 없음.

5 다음 ☐ 안에 공통으로 들어갈 알맞은 인물은 누구입니까? (   )

11종 공통

☐, 행주산성 전투를 큰 승리로 이끌다!
3만여 명의 일본군이 행주산성으로 쳐들어왔습니다. 일본군은 여러 겹으로 성을 둘러싸고 공격했으나, ☐의 지휘 아래 관군과 의병, 승려 등이 치열하게 싸워 일본군은 큰 피해를 입고 물러났습니다.

① 권율   ② 강감찬   ③ 곽재우
④ 김시민   ⑤ 사명 대사

6 다음 ☐ 안에 들어갈 말은 무엇입니까? (   )

천재교과서

임진왜란으로 조선은 일본과의 외교 관계를 끊었습니다. 몇 년 후 일본이 다시 외교 관계를 맺자고 요청해 오자, 조선은 ☐을/를 보내서 일본과 국교를 회복하고 일본에 끌려갔던 사람들을 데려왔습니다.

① 삼별초   ② 별무반   ③ 거북선
④ 통신사   ⑤ 판옥선

7 다음 (   ) 안의 알맞은 말에 ○표를 하시오.

11종 공통

정묘호란이 일어나기 전 (광해군 / 인조)은/는 명과 후금 사이에서 중립을 지켰습니다.

8 다음에서 설명하는 사건으로 알맞은 것은 어느 것입니까? (   )

11종 공통

후금은 세력을 키워 나라 이름을 청으로 바꾸고 조선에 임금과 신하의 관계를 요구했습니다. 조선이 이를 거부하자, 청 태종은 직접 군대를 이끌고 침입했습니다.

① 정유재란   ② 병자호란   ③ 정묘호란
④ 임오군란   ⑤ 임진왜란

9 병자호란 중에 나온 의견 중 청과 끝까지 싸워야 한다는 주장을 찾아 기호를 쓰시오.

11종 공통

㉠	㉡
우리의 국력은 바닥나 있고 청은 군사력이 강하니 잠시 전쟁을 멈추고 그 사이 방어를 더 튼튼하게 하고 그다음 적의 약한 점을 노리는 것이 최선의 방법입니다.	사람들은 청의 세력이 강하여 따르지 않으면 화가 있을 것이라고 말합니다. 그러나 명분과 의리도 중요한 만큼, 이를 어긴다면 또한 큰 재앙이 있으리라 생각합니다.

(   )

10 병자호란의 결과로 알맞지 않은 것은 어느 것입니까? (   )

11종 공통

① 삼전도비가 세워졌다.
② 인조는 삼전도에서 청 태종에게 항복했다.
③ 세자를 비롯해 많은 백성이 청에 끌려갔다.
④ 조선은 청과 임금과 신하의 관계를 맺었다.
⑤ 조선의 기세에 눌려 청의 군대가 스스로 물러났다.

11종 검정 교과서 단원 평가

핵심 정리

🌀 영조와 정조의 개혁 정치

영조	• 탕평책을 실시했음. • 세금을 줄였고, 가혹한 형벌을 금지했음. • 법전을 새로 정리하고, 여러 분야의 책을 편찬하여 학문과 제도를 정비했음.
정조	• 영조의 탕평책을 이어받았음. • 수원 화성을 건설해 새로운 중심지로 삼았음. • 규장각을 설치해 나라의 중요한 문제를 상의하고 개혁 세력을 길러 냈음.

🌀 조선 후기의 사회 문제 해결을 위한 노력

① 사회 변화와 실학의 등장

배경	임진왜란과 병자호란을 겪은 이후 백성의 생활이 어려워지면서 현실 문제에 관심을 가지고 적극적으로 해결하려는 실학이 등장했음.
실학자들의 주장 예	• 공업과 상업을 장려할 것 • 농민에게 땅을 골고루 나누어 줄 것 • 청의 문물과 기술을 적극적으로 받아들일 것

② 우리 것에 관한 연구 　천재교육, 천재교과서, 교학사, 김영사, 아이스크림 미디어

역사	안정복의 『동사강목』, 유득공의 『발해고』 등
언어	유희의 『언문지』 등

🌀 조선 후기 서민 문화의 발달

발달 배경	농업 생산량이 늘고 상업과 공업이 발달하면서 경제적으로 여유가 생긴 서민들이 문화와 예술에 관심을 가지기 시작했음.
종류	한글 소설, 탈놀이, 판소리, 풍속화, 민화 등

▲ 탈놀이

▲ 판소리

❶ 조선 후기의 사회 변화

11종 공통

1 다음 영조와의 가상 인터뷰에서 밑줄 친 '정책'은 무엇인지 쓰시오.

> 기자: 정치가 혼란스럽습니다. 그 이유가 무엇이라고 생각하십니까?
> 영조: 붕당 간에 대립이 자주 일어나기 때문이오.
> 기자: 이를 해결할 방법이 있겠습니까?
> 영조: 어느 한 붕당에 치우치지 않고 인재를 골고루 뽑아 쓰는 <u>정책</u>을 펼칠 것이오.

(　　　　　　　　)

11종 공통

2 정조가 실시한 개혁 정책으로 알맞지 <u>않은</u> 것은 어느 것입니까? (　　　　　)

① 탕평비를 세웠다.
② 규장각을 설치했다.
③ 수원 화성을 건설했다.
④ 자유로운 상업 활동을 보장했다.
⑤ 격쟁 제도를 통해 백성의 어려움이나 억울함을 풀어 주려고 했다.

11종 공통

3 다음과 같은 기구가 수원 화성 건설에 준 도움을 바르게 말한 어린이를 쓰시오.

▲ 거중기

▲ 녹로

> 태준: 수원 화성을 만드는 데 필요한 노동력과 시간, 비용을 줄여 주었어.
> 채린: 건설된 지 오래되어 훼손된 수원 화성을 복원하는 데 도움을 주었어.

(　　　　　　　　)

4 다음 ( ) 안에 들어갈 알맞은 말에 ○표를 하시오.

11종 공통

> 임진왜란과 병자호란을 겪은 이후 백성의 생활이 어려워지면서, 일부 학자들은 조선 사회의 현실 문제에 관심을 갖고 해결책을 구하려고 노력하는 (실학 / 성리학)에 관심을 가지게 되었습니다.

11종 공통

5 조선 후기 실학자들의 주장으로 알맞지 <u>않은</u> 것은 어느 것입니까? ( )

① 공업과 상업을 장려해야 한다.
② 새로운 농사 기술을 보급해야 한다.
③ 청의 문물과 기술은 멀리해야 한다.
④ 우리나라의 역사, 지리 등을 연구해야 한다.
⑤ 토지 제도를 바꾸어 농민에게 땅을 골고루 나누어 주어야 한다.

11종 공통

6 오른쪽 실학자와 관련 <u>없는</u> 것은 어느 것입니까? ( )

① 거중기
② 수원 화성
③ 『목민심서』
④ 『흠흠신서』
⑤ 『대동여지도』

⚠ 정약용

천재교과서, 교학사, 김영사, 아이스크림 미디어

7 다음에서 설명하는 실학자는 누구입니까? ( )

> 발해가 고구려를 계승한 나라임을 밝힌 책인 『발해고』를 펴낸 실학자입니다.

① 유희   ② 박지원   ③ 김정호
④ 유득공   ⑤ 안정복

[8~9] 다음은 조선 후기에 발달한 서민 문화입니다.

㉠

⚠ 판소리

㉡

⚠ 풍속화

㉢

⚠ 탈놀이

㉣

⚠ 한글 소설

11종 공통

8 다음 설명과 관련 있는 서민 문화를 찾아 기호를 쓰시오.

> 이야기를 노래로 들려주는 공연으로, 고수의 북 반주에 맞추어 소리꾼이 몸짓을 해 가며 부릅니다.

( )

📖 **서술형·논술형 문제**

11종 공통

9 조선 후기에 유행했던 ㉡과 같은 그림의 특징을 쓰시오.

_____

_____

천재교과서, 교학사, 금성출판사, 김영사, 동아출판, 미래엔, 비상교과서, 비상교육, 아이스크림 미디어, 지학사

10 다음 어린이가 설명하는 서민 문화로 알맞은 것은 어느 것입니까? ( )

> 행복과 장수를 바라는 백성의 소망을 담아 자유롭게 그린 그림으로, 벽에 걸거나 병풍으로 만들어 생활 공간을 장식하는 데 쓰였어.

① 민화   ② 수채화   ③ 탈놀이
④ 판소리   ⑤ 산수화

❷ **개항 전후 조선의 상황과 나라를 개혁하려는 노력**

핵심 정리

🏵 흥선 대원군의 개혁 정책

배경	• 나라 안: 세도 정치로 인한 사회 혼란 • 나라 밖: 서양의 통상 요구
개혁 정책	서원 정리, 양반에게 세금 부과, 능력 있는 인재 등용, 경복궁 중건 등

🏵 프랑스와 미국의 침략

① 프랑스와 미국은 병인양요와 신미양요를 일으켜 조선을 침략했습니다.

② 서양의 침략을 물리친 흥선 대원군은 척화비를 세우고 서양과의 통상을 거부하는 정책을 펼쳤습니다.

🏵 강화도 조약

체결	통상을 강요하는 일본에 의해 조선은 강화도에서 조약을 맺고 개항했음.
특징	• 조선이 외국과 맺은 최초의 근대적 조약이었음. • 조선에 불리한 불평등 조약이었음.

🏵 나라를 개혁하려는 노력

갑신정변	• 전개: 김옥균을 중심으로 한 세력은 우정총국 개국 축하 잔치를 틈타 정변을 일으켰으나, 청의 개입으로 3일 만에 끝났음. • 의의: 새로운 나라를 만들기 위한 정치 개혁 운동이었지만, 일본의 힘에 의존해 사람들의 지지를 얻지 못했음.
동학 농민 운동	• 전개: 전라도 고부 군수의 횡포에 맞서 전봉준을 중심으로 한 농민들이 봉기했음. • 의의: 조선의 정치와 사회를 개혁하고, 외세의 침략을 물리치려는 움직임이었음.
갑오개혁	천재교육, 금성출판사, 미래엔, 비상교과서, 비상교육 • 조선 정부는 갑신정변의 개혁안과 동학 농민군의 요구를 받아들여 개혁을 추진했음. • 내용: 신분제 폐지, 과거 제도 폐지, 공식 문서에 한글 사용, 재판소 설립 등

---

1 다음 ( ) 안에 들어갈 알맞은 말에 ○표를 하시오.

11종 공통

> 정조 이후 왕들이 어린 나이에 왕위에 오르자, 왕실과 혼인 관계를 맺은 몇몇 가문이 권력을 독차지하고 정치를 좌우하는 (붕당 정치 / 세도 정치)가 나타났습니다.

2 흥선 대원군의 정책과 관련 없는 것은 어느 것입니까?

11종 공통

( )

① 서원 정리   ② 경복궁 중건
③ 세금 제도 정비   ④ 고른 인재 등용
⑤ 서양과의 활발한 교류

천재교육, 천재교과서, 금성출판사, 김영사, 동아출판, 미래엔,
비상교과서, 비상교육, 아이스크림 미디어, 지학사

3 병인양요와 신미양요를 통해 약탈당한 문화유산을 찾아 바르게 줄로 이으시오.

(1) 병인양요 •   • ㉠ 외규장각 『의궤』

(2) 신미양요 •   • ㉡ 어재연의 '수자기'

📋 서술형·논술형 문제

11종 공통

4 두 차례에 걸친 서양의 침략을 물리친 흥선 대원군이 펼쳤던 정책을 쓰시오.

11종 공통

5 강화도 조약에 대한 설명으로 알맞지 <u>않은</u> 것은 어느 것입니까? (   )

① 조선에 불리한 불평등 조약이었다.

② 강화도에서 일본과 맺은 조약이었다.

③ 조선이 외국과 맺은 최초의 근대적 조약이었다.

④ 조선과 일본이 대등한 관계에서 맺은 조약이었다.

⑤ 허락 없이 강화도에 들어온 일본 군함에 조선군이 대포를 쏜 사건이 계기가 되어 체결되었다.

천재교과서, 교학사, 금성출판사, 김영사, 동아출판, 미래엔,
비상교과서, 비상교육, 아이스크림 미디어, 지학사

6 다음 ㉠, ㉡에 들어갈 말이 알맞게 짝 지어진 것은 어느 것입니까? (   )

> 조선의 개화 방법을 둘러싸고 다양한 의견이 나타났습니다. 그중 ㉠ 을 비롯한 ㉡ 사람들은 개혁을 서둘러서는 안 된다고 주장하며 청과의 관계를 유지하면서 기술적인 부분만 차츰 바꾸어야 한다고 주장했습니다.

　　　㉠　　　㉡　　　　　　㉠　　　㉡
① 김홍집　동인　　　② 김홍집　온건 개화파
③ 김옥균　서인　　　④ 김옥균　급진 개화파
⑤ 김규식　동인

11종 공통

7 다음 ㉠에 들어갈 역사적 사건을 쓰시오.

```
┌─────────────────────────[ − □ × ]┐
│ ← →  [                    ] 🔍   │
│  ┌──────────────────┐  ┌────┐    │
│  │       ㉠          │  │검색│    │
│  └──────────────────┘  └────┘    │
```

• 전개: 김옥균을 중심으로 한 사람들이 우정총국 개국 축하 잔치를 틈타 일으켜 정권을 장악한 후 개혁 정책을 발표했음.

• 결과: 일본이 약속을 지키지 않고, 청이 개입하면서 3일 만에 실패로 끝났음.

(   )

11종 공통

8 동학 농민 운동이 일어난 까닭으로 알맞은 것은 어느 것입니까? (   )

① 동학을 탄압하기 위해서

② 갑오개혁을 추진하기 위해서

③ 고부 군수의 횡포에 저항하기 위해서

④ 흐트러진 신분 제도를 바로 세우기 위해서

⑤ 나라를 개혁하는 데 일본의 도움을 받기 위해서

11종 공통

9 동학 농민 운동의 과정에서 다음 일의 결과로 알맞은 것은 어느 것입니까? (   )

> 조선 정부가 농민군을 진압하기 위해 청에 지원군을 요청하고, 일본도 군대를 보냈습니다.

① 청은 조선에 군대를 보내지 않았다.

② 청과 일본군이 우금치에서 전투를 벌였다.

③ 동학 농민군은 전주성에서 끝까지 저항했다.

④ 동학 농민군은 청과 함께 2차 봉기를 일으켰다.

⑤ 일본은 경복궁을 점령하고 청을 공격해 청일 전쟁을 일으켰다.

천재교육, 금성출판사, 미래엔, 비상교과서, 비상교육

10 갑오개혁의 주요 내용과 관련 <u>없는</u> 것은 어느 것입니까?

(   )

①
▲ 신분제 폐지

②
▲ 재판소 설립

③
나도 과거 보러 왔소.
▲ 과거 제도 부활

④
▲ 공식 문서에 한글 사용

❶ 근대화를 위한 노력과 일제의 국권 침탈

11종 공통

1 다음에서 설명하는 사건은 어느 것입니까? (   )

> 청일 전쟁에서 승리한 일본이 조선 정치에 깊이 간섭하자 고종과 명성황후는 러시아의 힘을 빌려 일본을 견제하고자 했습니다. 이에 초조해진 일본은 경복궁에 침입해 명성황후를 시해하는 만행을 저질렀습니다.

① 갑신정변 ② 갑오개혁 ③ 병인양요
④ 을미사변 ⑤ 아관 파천

핵심 정리

🟤 을미사변과 아관 파천

을미사변	고종과 명성황후가 러시아의 힘을 빌려 일본을 견제하려 하자 일본이 명성황후를 시해했음.
아관 파천	을미사변 이후 신변의 위험을 느낀 고종이 러시아 공사관으로 거처를 옮겼음.

🟤 독립 협회

설립	『독립신문』을 창간한 서재필이 정부의 개화파 관료들과 함께 설립했음.
활동	독립문 건립, 만민 공동회 개최 등

11종 공통

2 다음 (   ) 안에 들어갈 알맞은 말에 ○표를 하시오.

> 명성황후가 시해된 이후 위험을 느낀 고종은 일본의 영향력에서 벗어나고자 (러시아 / 독일) 공사관으로 거처를 옮겼습니다.

🟤 대한 제국의 수립과 개혁 추진

수립	러시아 공사관에 머물던 고종이 1년 만에 경운궁(덕수궁)으로 돌아와 환구단에서 황제로 즉위하고, 대한 제국의 수립을 선포했음.
개혁 추진	군사 제도 개혁, 공장과 회사 설립, 근대 시설(전화, 전차 등) 설치, 학교 건립, 유학생 파견 등

🟤 을사늑약의 체결과 사람들의 저항

체결	러일 전쟁에서 승리한 일본은 강제로 대한 제국과 을사늑약을 맺고 외교권을 빼앗았음.
사람들의 저항	• 신문에 늑약 체결에 대한 부당함을 호소하는 글을 쓰거나 스스로 목숨을 끊어 저항했음. • 고종은 네덜란드 헤이그에 특사를 파견해 을사늑약의 체결이 부당함을 알리기 위해 노력했음. • 서상돈을 중심으로 일제에 진 빚을 우리 스스로 갚자는 국채 보상 운동이 일어났음.

11종 공통

3 다음 ㉠, ㉡에 들어갈 말이 알맞게 짝 지어진 것은 어느 것입니까? (   )

> 강대국들이 조선의 이권을 빼앗아 가자, 나라의 자주독립에 대한 사람들의 관심이 높아졌습니다. 이런 상황에서 ㉠ 은 정부의 지원을 받아 『독립신문』을 펴내 사람들에게 나라 안팎의 소식과 자주독립 의식을 전했습니다. 또 정부의 개화파 관료들과 함께 ㉡ 를 설립해 자주독립을 위하여 노력했습니다.

	㉠	㉡
①	서재필	신민회
②	신돌석	신민회
③	최익현	독립 협회
④	신돌석	독립 협회
⑤	서재필	독립 협회

🟤 일제의 침략을 막기 위한 노력

🔺 항일 의병 운동

🔺 애국 계몽 운동

🔺 안중근 의사의 의거

4 오른쪽과 같이 독립 협회가 주도한 민중 집회는 무엇인지 쓰시오.

천재교육, 금성출판사, 미래엔

나는 대한의 가장 천한 사람이고 …… 하지만 나라를 사랑하는 뜻은 알고 있습니다.

( )

[5~6] 다음은 근대 국가를 만들기 위한 노력입니다.

아관 파천 이후 1년 만에 경운궁(덕수궁)으로 돌아온 고종은 황제로 즉위하고 ⊙ 의 수립을 선포하여 나라 안팎에 ⊙ 이 자주독립 국가임을 밝혔습니다. 그리고 ⓒ 여러 분야에 걸쳐 근대적인 개혁을 추진했습니다.

11종 공통

5 위 ⊙에 공통으로 들어갈 알맞은 말을 쓰시오.

( )

11종 공통

6 위 밑줄 친 ⓒ의 사례로 알맞지 <u>않은</u> 것은 어느 것입니까? ( )

① 공장 설립 ② 유학생 파견
③ 독립문 건립 ④ 군사 제도 개혁
⑤ 근대식 학교 설립

11종 공통

7 다음 대화에서 밑줄 친 '조약'은 무엇인지 쓰시오.

일본이 우리 대한 제국과 강제로 조약을 체결했다는군.

뭣이라고? 강제로? 그럼 우린 또 무엇을 빼앗기게 된 건가?

외교권을 빼앗겼다는군.

( )

8 다음과 같은 사건의 결과 일어난 일을 쓰시오.

고종은 네덜란드의 헤이그에서 열리는 만국 평화 회의에 이준, 이상설, 이위종을 특사로 파견해 일제 침략의 부당성과 을사늑약이 무효임을 국제 사회에 알리려고 했으나, 실패했습니다.

_____

_____

교학사, 김영사, 미래엔, 비상교과서

9 다음 일기에서 밑줄 친 '움직임'은 어느 것입니까?

( )

오늘은 나라를 지키기 위해 온 국민이 함께 나섰던 사건에 대해 배웠다. 을사늑약을 맺은 이후, 대한 제국은 일제에 많은 빚을 지고 있었다. 1907년 대구에서는 서상돈을 중심으로 일제에 진 빚을 우리 스스로 갚자는 <u>움직임</u>이 일어났다. 이 움직임은 전국으로 퍼져 나갔으나, 일제의 탄압과 방해로 중단되었다고 한다.

① 단발령 ② 갑오개혁
③ 항일 의병 운동 ④ 국채 보상 운동
⑤ 서울 진공 작전

11종 공통

10 다음과 같은 일을 한 사람은 누구입니까? ( )

하얼빈역에서 이토 히로부미를 처단했습니다.

① 안중근 ② 이승훈 ③ 안창호
④ 윤희순 ⑤ 민영환

핵심 정리

🌀 일제의 식민 통치

① 일제는 1910년 대한 제국의 국권을 빼앗았습니다.

② 1910년대 일제의 식민 지배

강압적인 통치	조선 총독부를 세우고, 헌병에게 한국인들을 감시하게 했으며, 태형 제도를 실시했음.
토지 조사 사업	• 주인이 없거나 모호한 땅을 총독부가 차지하여 일본인에게 싼값에 넘겼음. • 조선인들로부터 많은 토지세를 거두었음.

🌀 나라를 떠난 독립운동가

나는 국내에서 인재를 기르다 미국으로 건너가 흥사단을 세웠지.

🔺 안창호

나는 만주로 건너가 신흥 강습소(신흥 무관 학교)를 세웠어.

🔺 이회영

🌀 3·1 운동

배경	미국의 윌슨 대통령이 주장한 '민족 자결주의'에 영향을 받음.
전개	• 1919년 3월 1일, 민족 대표들이 독립 선언서를 발표했고, 사람들은 대한 독립 만세를 외쳤음. • 만세 시위는 전국을 넘어 나라 밖까지 퍼졌음. • 일제는 만세 시위를 폭력적으로 진압했음.
의의	• 대한민국 임시 정부 수립의 계기가 되었음. • 한국인의 독립 의지를 전 세계에 널리 알렸음. • 다른 나라의 민족 운동에도 영향을 끼쳤음.

🌀 대한민국 임시 정부

수립	3·1 운동 이후 독립을 위한 힘을 하나로 모으기 위해 1919년 9월에 중국 상하이에 수립했음.
활동	• 비밀 연락망을 조직해 국내의 독립운동을 지휘하고, 외교 활동에도 힘썼음. • 독립운동에 필요한 자금과 정보를 모았음. • 한인 애국단, 한국광복군을 조직했음.

❷ 일제의 식민 통치와 3·1 운동

11종 공통

1 다음 ☐ 안에 들어갈 알맞은 말을 [보기]에서 찾아 기호를 쓰시오.

> 1910년 대한 제국의 국권을 강제로 빼앗은 일제는 한국인들을 지배하기 위해 ☐☐☐을/를 세워 강압적으로 통치했습니다.

[보기]

ㄱ 환구단   ㄴ 집강소

ㄷ 우정총국   ㄹ 조선 총독부

(   )

11종 공통

2 다음 신문 기사의 제목과 같은 일의 결과로 알맞지 <u>않은</u> 것은 어느 것입니까? (   )

> 일제, 대규모 토지 조사 사업 실시!

① 일본인들이 한국의 많은 땅을 차지했다.

② 한국인 농민들은 생활이 매우 어려워졌다.

③ 조선 총독부 소유의 토지가 크게 줄어들었다.

④ 조선 총독부는 더 많은 토지에서 세금을 거두었다.

⑤ 농사지을 땅을 빼앗긴 한국인 중에는 고향을 등지고 외국으로 떠나는 사람도 많았다.

11종 공통

3 다음 글의 밑줄 친 '그'는 누구입니까? (   )

> <u>그</u>의 가문은 조선 시대 명문가이자 조선에서 손꼽히는 부자였습니다. <u>그</u>와 형제들은 일제에 나라를 빼앗기자 막대한 재산을 처분하고 고향을 떠나 만주로 갔습니다. <u>그</u>는 신흥 강습소(신흥 무관 학교)를 세워 우리나라의 역사와 글을 가르치고 군사 교육을 실시했습니다.

① 이회영   ② 김옥균   ③ 안창호

④ 신채호   ⑤ 안중근

김영사, 미래엔, 아이스크림 미디어

[4~5] 다음 글을 읽고, 물음에 답하시오.

> 제1차 세계 대전이 끝나고 미국의 윌슨 대통령은 "각 민족은 정치적 운명을 스스로 결정할 권리가 있다."라는 [㉠]를 주장했습니다. 이에 다른 나라의 지배를 받던 민족들이 독립을 이루거나 독립에 대한 희망을 갖게 되었습니다. 이러한 영향을 받은 우리 민족도 1919년에 ㉡ 대대적인 만세 운동을 벌였습니다.

김영사, 미래엔, 아이스크림 미디어

4 위 ㉠에 들어갈 알맞은 말을 쓰시오.

( )

11종 공통

5 다음 보기 에서 위 밑줄 친 ㉡에 대한 설명으로 알맞은 것은 모두 몇 개입니까? ( )

> 보기
> • 다양한 계층의 사람들이 참여했습니다.
> • 일제는 우리 민족의 만세 운동을 존중해 주었습니다.
> • 사람들은 독립 선언서를 나누어 읽고 대한 독립 만세를 외쳤습니다.
> • 국내에서만 진행되었으나 간절한 우리 민족의 독립 의지를 보여 주기에 충분하였습니다.

① 1개　　　② 2개　　　③ 3개
④ 4개　　　⑤ 없음.

천재교과서, 교학사, 금성출판사, 김영사, 동아출판,
비상교과서, 비상교육, 아이스크림 미디어, 지학사

6 다음 ( ) 안에 들어갈 알맞은 말에 ○표를 하시오.

> 일제는 3·1 운동을 탄압하는 과정에서 경기도 화성의 (제부리 / 제암리)에서 교회에 사람들을 모아 놓고 불을 질러 학살하기도 했습니다.

11종 공통

7 다음에서 설명하는 단체는 무엇인지 쓰시오.

> • 3·1 운동을 계기로 독립운동을 이끌어 나갈 힘을 하나로 모으기 위해 세워졌습니다.
> • 일제의 탄압을 피하기 위해 중국 상하이에 자리를 잡았습니다.

( )

📋 서술형·논술형 문제

11종 공통

8 위 **7**번 답의 단체가 독립운동을 위해 했던 활동을 쓰시오.

_____

_____

11종 공통

9 다음 어린이의 물음에 해당하는 인물은 누구입니까?

( )

> 상하이 훙커우 공원에서 일왕의 생일을 기념하기 위해 모인 일본 장군들에게 폭탄을 던졌던 독립운동가는 누구일까?

① 김구　　　② 민영환　　　③ 유관순
④ 안창호　　　⑤ 윤봉길

11종 공통

10 대한민국 임시 정부에서 여러 지역의 독립군을 모아 만든 정식 군대는 무엇입니까? ( )

① 한국광복군　　　② 동학 농민군
③ 조선어 학회　　　④ 신흥 강습소
⑤ 한인 애국단

핵심 정리

🐚 1920년대 독립운동

실력 양성 운동	• 평양에서 국산품 애용과 절약을 강조한 물산 장려 운동을 펼쳤음. 금성출판사, 미래엔, 지학사 • 민족 교육을 위한 대학 설립 운동을 펼쳤음.
무장 독립 전쟁	일제에 맞서 무기를 들고 싸워야 한다고 생각한 사람들이 독립군 부대를 만들어 봉오동 전투, 청산리 대첩 등을 승리로 이끌었음.
광주 학생 항일 운동	천재교육, 아이스크림 미디어 • 한국 학생과 일본 학생 사이에 다툼을 발단으로 광주 전체 학생들의 시위로 발전했음. • 전국적인 항일 민족 운동으로 확산했음.

🐚 1930년대 후반 일제의 민족 말살 정책과 수탈

배경	일제는 1930년대 후반 침략 전쟁을 확대하면서 한국인의 민족의식을 없애려고 했음.
내용	• 금속 제품과 식량을 가져갔음. • 신사에 강제로 절을 하게 했음. • 일본식으로 이름과 성으로 바꾸게 했음. • 한국인을 광산과 공장, 전쟁터로 끌고 갔고, 여성들은 일본군 '위안부'로 끌고 갔음.

🐚 우리 것을 지키기 위한 노력

역사	신채호는 민족의 영웅 이야기를 책으로 썼고, 『조선 상고사』와 같은 역사책을 써서 일제의 역사 왜곡을 바로잡는 데 앞장섰음.
한글	조선어 학회에서 한글 맞춤법을 정리하고 한글 사전을 펴내기 위해 노력했음.
문학	이육사, 한용운, 윤동주 등은 일제 저항 의식과 독립 의지를 문학 작품으로 표현함.
문화유산	전형필은 자신의 재산을 들여 일본으로 넘어갈 뻔한 문화유산을 구입하고 보존했음. 천재교육, 미래엔

3 나라를 되찾으려는 노력

금성출판사, 미래엔, 지학사

1 다음 ☐ 안에 들어갈 알맞은 말은 어느 것입니까?
( )

> 평양에서 시작된 ☐☐☐은 "내 살림 내 것으로" 등의 구호를 내걸고 국산품을 애용하여 경제적 자립을 이루자는 운동이었습니다.

① 의병 운동   ② 계몽 운동
③ 물산 장려 운동   ④ 국채 보상 운동
⑤ 민립 대학 설립 운동

[2~3] 다음은 1920년대에 일어났던 독립군의 전투를 나타낸 지도입니다.

11종 공통

2 다음은 위 지도의 ㉠ 전투와 관련된 신문 기사입니다. ㉠ 전투는 무엇인지 쓰시오.

> 1920년 6월 ○○일
>
> **독립군 큰 승리!**
> 독립군을 없애기 위한 일제의 대규모 군대가 만주로 들어왔다. 홍범도를 중심으로 한 독립군은 일제가 보낸 군대를 물리쳤다.

( )

11종 공통

3 위 ㉡ 전투를 홍범도와 함께 승리로 이끈 사람은 누구입니까? ( )

① 김좌진   ② 신돌석   ③ 유관순
④ 주시경   ⑤ 윤희순

천재교육, 아이스크림 미디어

4 다음 아이들의 대화에서 밑줄 친 곳에 들어갈 알맞은 내용을 두 가지 고르시오. (,)

> 기웅: 광주 학생 항일 운동은 왜 일어났어?
> 민정: 한국 학생과 일본 학생 사이의 다툼을 발단으로 광주 전체 학생들의 시위로 발전했어.
> 기웅: 시위대는 무엇에 대해 분노했는데?
> 민정: _____에 대해 항의했어.

① 대한민국 임시 정부의 활동
② 일본 학생들을 괴롭히는 현실
③ 학교에서 일본어를 가르치지 않는 상황
④ 일본 학생과 한국 학생을 차별 대우하는 현실
⑤ 우리말과 우리 역사를 제대로 배우지 못하는 점

🖊 서술형·논술형 문제
11종 공통

5 1930년대 중반 이후 일제의 식민 지배 모습 중 알맞지 않은 내용을 찾아 기호를 쓰고, 바르게 고쳐 쓰시오.

> 일제는 본격적으로 한국인들을 전쟁에 동원하기 위해 한국인의 민족의식을 없애려고 했습니다. 이에 따라 ㉠ 한국인들은 매일 아침 학교나 직장 등에서 일왕이 사는 곳을 향해 절을 하고, ㉡ 황국 신민 서사를 외워야 했습니다. 또 ㉢ 학교에서 학생은 일본어를 배울 수 없었습니다.

(1) 알맞지 않은 내용: ( )

(2) 바르게 고쳐 쓴 내용

_____

_____

11종 공통

6 일본군 '위안부'에 대한 설명으로 알맞은 것에 ○표를 하시오.

(1) 일본 정부는 일본군 '위안부' 강제 동원에 대해 진심 어린 사과를 했습니다. ( )

(2) 일본 정부와 일본군에 의해 강제로 동원되어 인권 침해를 당한 여성을 말합니다. ( )

11종 공통

7 신채호가 우리 문화를 지키기 위해 한 일로 알맞은 것은 어느 것입니까? ( )

① 한글 연구
② 역사책 집필
③ 가갸날 제정
④ 어린이날 제정
⑤ 일본어 사전 편찬

11종 공통

8 다음에서 설명하는 활동을 한 단체를 쓰시오.

> 한글 맞춤법을 정리하고, 사람들에게 한글을 가르쳤으며, 한글 사전을 펴내기 위해 많은 노력을 한 단체입니다.

( )

김영사, 동아출판

9 다음과 같은 시를 지어 독립을 바라는 간절한 마음을 표현한 사람은 누구입니까? ( )

> ⋮
> 내가 바라는 손님은 고달픈 몸으로
> 청포를 입고 찾아 온다고 했으니
> 내 그를 맞아 이 포도를 따 먹으면
> 두 손은 함뿍 적셔도 좋으련
> 아이야 우리 식탁엔 은쟁반에
> 하이얀 모시 수건을 마련해 두렴
> ─ 「청포도」 (일부) ─

① 김구
② 이순신
③ 장영실
④ 민영환
⑤ 이육사

천재교육, 미래엔

10 우리 것을 지키기 위해 전형필이 한 일로 알맞은 것은 어느 것입니까? ( )

① '그날이 오면'이라는 시를 썼다.
② 우리 문화유산을 구입해 보존했다.
③ 『조선 상고사』, 『을지문덕』 등을 썼다.
④ 3·1 운동 당시 천안에서 만세 운동에 앞장섰다.
⑤ '태백산 호랑이'라 불리며 의병장으로 활약했다.

핵심 정리

🎌 8·15 광복과 건국을 위한 준비

광복	• 1945년 8월 15일, 일왕의 항복과 함께 우리나라는 광복을 맞이했음. • 광복은 연합국이 승리한 결과이기도 하지만, 우리 민족이 꾸준히 전개한 독립운동의 결실이기도 했음.
건국을 위한 준비	• 국내: 여운형 등이 조선 건국 위원회를 구성했음. • 국외: 대한민국 임시 정부는 건국의 원칙과 방향을 발표했음.

🎌 한반도의 분단 과정

미군과 소련군의 주둔	일본군의 무장 해제를 위해 북위 38도선을 기준으로 남쪽에는 미군이, 북쪽에는 소련군이 들어 왔음.

⬇

모스크바 3국 외상 회의	• 모스크바에서 미국, 소련, 영국의 외무 장관이 모여 한반도 문제를 의논했음. • 한반도에 임시 정부를 세우고 일정 기간 신탁 통치를 실시하기로 결정했음.

⬇

신탁 통치 문제를 둘러싼 갈등	모스크바 3국 외상 회의의 결정을 찬성하는 사람들과 신탁 통치를 반대하는 사람들 사이에서 갈등이 생겼음.

⬇

미소 공동 위원회	미소 공동위원회가 열렸지만 별다른 성과 없이 중단되자, 미국은 한국 문제를 국제 연합에 넘겼음.

⬇

남한만의 단독 선거 시행	• 국제 연합은 남북한 총선거를 실시해 정부를 수립하기로 결정했으나, 소련은 이를 거부했음. • 국제 연합은 선거가 가능한 남한 지역에서만 선거를 실시하기로 다시 결정했음.

➡ 대한민국 정부가 수립되고 북한에도 별도의 정권이 세워지면서 한반도는 남과 북으로 분단되었습니다.

1 8·15 광복과 한반도의 분단 과정

11종 공통

1 우리나라가 광복을 맞이할 수 있었던 까닭에 대해 바르게 말한 어린이를 두 명 쓰시오.

> 정우: 일본이 연합국에 항복했기 때문이야.
> 용찬: 일본이 우리 민족의 독립을 원했기 때문이야.
> 준현: 우리 민족이 끊임없이 독립운동을 벌였기 때문이야.

(,   )

천재교육, 교학사, 미래엔, 지학사

2 광복 이후 변화한 사회의 모습으로 알맞지 <u>않은</u> 것은 어느 것입니까? (   )

①
△ 우리글로 된 교과서로 우리 말과 역사를 가르침.

②
△ 일제가 금지했던 어린이날이 부활함.

③
△ 일제가 강제로 끌고 갔던 사람들이 돌아옴.

④
△ 생활 곳곳에서 헌병의 감시를 받음.

동아출판, 미래엔

3 다음 (   ) 안에 들어갈 알맞은 말에 ○표를 하시오.

> 광복 이후 (전봉준 / 여운형) 등은 '조선 건국 준비 위원회'를 구성해 정부를 수립하기 위한 준비를 하고, 치안과 질서를 유지하기 위해 노력했습니다.

4 다음 ㉠, ㉡에 들어갈 말이 알맞게 짝 지어진 것은 어느 것입니까? ( )

> 광복 이후 한반도에 남아 있는 일본군을 몰아낸다는 명분으로 북위 38도선을 기준으로 남쪽에는 ㉠ 이, 북쪽에는 ㉡ 이 들어왔습니다.

	㉠	㉡		㉠	㉡
①	미군	소련군	②	영국군	미군
③	미군	영국군	④	영국군	중국군
⑤	소련군	프랑스군			

11종 공통

5 다음에서 설명하는 통치 제도는 무엇인지 쓰시오.

> 한 나라가 안정될 때까지 국제 연합의 감독 아래 다른 나라가 대신 통치하는 것을 말합니다.

( )

11종 공통

6 모스크바 3국 외상 회의 결정 내용이 국내에 전해진 후, 사람들의 반응으로 알맞은 것에 ○표를 하시오.

(1) 모든 사람이 자주적인 정부를 더 빨리 세울 수 있게 되었다고 찬성했습니다. ( )

(2) 사람들의 의견이 갈렸고, 찬성하는 사람과 반대하는 사람 간 갈등이 심해졌습니다. ( )

11종 공통

7 미소 공동 위원회에 대해 <u>잘못</u> 말한 어린이를 쓰시오.

> 상민: 한반도의 임시 민주 정부 수립을 논의하기 위해 미국과 소련이 열었어.
> 다원: 미소 공동 위원회의 결정에 따라 남북한이 함께 총선거를 치를 수 있게 되었어.

( )

11종 공통

8 다음 대화에서 □ 안에 들어갈 알맞은 말을 쓰시오.

> 한반도 문제를 둘러싸고 미국과 소련의 갈등이 계속됐잖아. 결국 어떻게 됐어?

> 미국은 한반도 문제를 □에 넘겼어.

( )

11종 공통

9 다음을 사건이 일어난 순서대로 바르게 나열한 것은 어느 것입니까? ( )

> ㉠ 소련은 한국 임시 위원단이 38도선 이북으로 오는 것을 막았습니다.
> ㉡ 선거 과정을 감시하기 위한 한국 임시 위원단이 꾸려져 파견되었습니다.
> ㉢ 국제 연합은 선거가 가능한 지역(남한)에서만 총선거를 실시하기로 결정했습니다.
> ㉣ 국제 연합은 남북한이 동시에 총선거를 실시해 정부를 수립하기로 결정했습니다.

① ㉡ → ㉠ → ㉢ → ㉣
② ㉢ → ㉠ → ㉡ → ㉣
③ ㉢ → ㉡ → ㉠ → ㉣
④ ㉣ → ㉠ → ㉡ → ㉢
⑤ ㉣ → ㉡ → ㉠ → ㉢

📋 **서술형·논술형 문제**
천재교육, 천재교과서, 금성출판사, 김영사, 미래엔, 비상교과서, 비상교육, 아이스크림 미디어, 지학사

10 대한민국 정부 수립을 두고 다음 두 사람의 입장이 어떻게 달랐는지 쓰시오.

이승만	김구

_____

_____

❷ 대한민국 정부의 수립과 6·25 전쟁

🌏 대한민국 정부의 수립

① 대한민국 정부 수립의 과정

5·10 총선거	• 1948년 5월 10일, 남한에서 총선거가 실시됨. • 21세 이상의 모든 국민이 투표권을 가지고 국회의원을 뽑은 우리나라 최초의 민주 선거였음.
제헌 국회	선거로 뽑힌 국회의원들로 제헌 국회가 구성되어 나라 이름을 '대한민국'으로 정하고, 제헌 헌법을 만들어 공포했음.
대한민국 정부 수립	• 헌법에 따라 국회의원들의 투표로 이승만이 대한민국의 제1대 대통령으로 선출되었음. • 1948년 8월 15일, 대한민국 정부가 수립되어 한반도의 유일한 합법 정부로 인정 받았음.

② 대한민국 정부 수립의 의의

• 대한민국 임시 정부를 계승했음.
• 헌법을 통해 대한민국은 민주 공화국임을 밝혔음.

🌏 6·25 전쟁

① 전개 과정

1 북한군의 남침	• 1950년 6월 25일, 북한은 남한을 기습적으로 공격했음. • 국제 연합은 남한에 국제 연합군을 파견했음.
2 국군과 국제 연합군의 반격	국군과 국제 연합군은 인천 상륙 작전으로 서울을 되찾고, 압록강까지 다다랐음.
3 중국군의 개입	중국군이 전쟁에 개입하면서 국군과 국제 연합군은 서울을 내주고 다시 후퇴했음.
4 전선의 고착과 정전	38도선 근처에서 싸움을 계속하다가 1953년 7월에 정전 협정이 체결되었음.

② 피해

인적 피해	• 많은 사람들이 죽거나 다쳤음. • 수많은 전쟁고아와 이산가족이 생겼음.
물적 피해	• 국토가 황폐화되었음. • 공장과 건물, 문화유산 등이 파괴되었음.

1 다음 보기에서 5·10 총선거에 대한 설명으로 알맞은 것은 모두 몇 개입니까? ( )

> **보기**
> ㉠ 우리나라 최초의 민주 선거였습니다.
> ㉡ 남한과 북한에서 동시에 실시되었습니다.
> ㉢ 21세 이상의 남자만 투표권이 있었습니다.
> ㉣ 헌법을 만들 국회의원을 뽑는 선거였습니다.

① 1개 　 ② 2개 　 ③ 3개
④ 4개 　 ⑤ 없음.

🔧 서술형·논술형 문제　천재교육, 천재교과서, 교학사, 김영사, 미래엔, 아이스크림 미디어

2 다음 지환이와 태연이의 대화에서 밑줄 친 지환이의 대답으로 알맞은 말을 쓰시오.

> 지환: 5·10 총선거 시행 당시에는 선거 홍보 포스터와 투표용지에 후보자 기호를 막대기로 표시했대.
> 태연: 어머, 왜?
> 지환: 왜냐하면 _____

_____

_____

3 다음 ( ) 안에 들어갈 알맞은 말에 ○표를 하시오.

> 남한 지역에서 실시된 5·10 총선거에서 당선된 국회의원들은 (대한 제국 / 제헌 국회)을/를 구성했습니다.

11종 공통

4 제헌 국회에서 처리한 일로 알맞은 것을 두 가지 고르시오. (,   )

① 국무총리를 선출했다.

② 북한 정권의 수립을 도왔다.

③ 제헌 헌법을 만들어 공포했다.

④ 우리나라의 이름을 대한민국으로 정했다.

⑤ 5·10 총선거가 바르게 치러지도록 감독했다.

천재교육, 천재교과서, 금성출판사, 김영사, 동아출판, 미래엔, 비상교과서, 비상교육, 아이스크림 미디어

5 다음 제헌 헌법을 통해 알 수 있는 사실이 <u>아닌</u> 것은 어느 것입니까? (   )

> 제헌 헌법
> 유구한 역사와 전통에 빛나는 우리들 대한 국민은 기미 3·1 운동으로 대한민국을 건립하여 세계에 선포한 위대한 독립 정신을 계승하여……
> 제1조 대한민국은 민주 공화국이다.
> 제2조 대한민국의 주권은 국민에게 있고, 모든 권력은 국민으로부터 나온다.

① 대한민국의 주인은 국민이다.

② 대한민국 정부는 독립 정신을 계승했다.

③ 대한민국 정부는 3·1 운동 정신을 계승했다.

④ 대한민국 정부는 대통령의 뜻대로만 움직인다.

⑤ 대한민국의 정치 체제는 민주 공화정 체제이다.

11종 공통

6 다음 ☐ 안에 공통으로 들어갈 알맞은 인물은 누구입니까? (   )

> 제헌 국회에서는 헌법에 따라 [   ]을/를 초대 대통령으로 선출했습니다. [   ]은/는 행정부를 구성하고 1948년 8월 15일 대한민국 정부의 수립을 선포했습니다.

① 김구   ② 여운형   ③ 신채호

④ 박정희   ⑤ 이승만

11종 공통

7 다음 글이 의미하는 것으로 알맞은 것에 ○표를 하시오.

> 1948년 8월 15일에 대한민국 정부의 수립이 선포되었고, 1948년 9월에 북한에서는 조선 민주주의 인민 공화국이라는 이름으로 별도의 정권이 세워졌습니다.

(1) 한반도는 남과 북으로 나누어지게 되었습니다.

(   )

(2) 일제의 지배에서 벗어나 한반도에 통일 정부가 세워졌습니다.

(   )

[8~9] 다음은 1950년 우리나라에서 벌어졌던 전쟁입니다.

> 1950년 6월 25일, 북한은 남한을 기습적으로 공격했습니다. 갑작스러운 북한의 침략으로 국군은 3일 만에 서울을 빼앗기고, 낙동강까지 후퇴했습니다. 국제 연합은 북한의 남침을 침략 행위로 규정하고 국제 연합군을 파견했습니다. <u>㉠ 국군과 국제 연합군은 서울을 되찾고, 압록강까지 다다랐습니다.</u>

11종 공통

8 윗글에서 설명하는 전쟁은 무엇입니까? (   )

① 임진왜란   ② 병인양요

③ 6·25 전쟁   ④ 제1차 세계 대전

⑤ 제2차 세계 대전

11종 공통

9 위 밑줄 친 ㉠과 같이 전쟁의 흐름이 국군과 국제 연합군에게 유리하게 바뀔 수 있도록 상륙 작전을 펼쳤던 장소는 어디입니까? (   )

① 인천   ② 목포   ③ 흥남

④ 울릉도   ⑤ 제주도

10 압록강까지 진출했던 국군과 국제 연합군이 다시 불리해진 까닭은 어느 것입니까? (   )

① 국제 연합군이 남한을 떠났기 때문에
② 프랑스와 영국이 북한을 도왔기 때문에
③ 여름이 되어 날씨가 너무 더워졌기 때문에
④ 중국군이 북한 편에 서서 전쟁에 개입했기 때문에
⑤ 국제 연합이 남한을 공식적인 정부로 인정하지 않았기 때문에

11종 공통

📖 서술형·논술형 문제

11종 공통

11 다음 질문에 대한 대답을 쓰시오.

질문

6·25 전쟁은 어떻게 마무리되었나요?

댓글 입력 [   ] [등록]

완료

11종 공통

12 다음을 6·25 전쟁의 전개 과정에 따라 순서대로 기호를 쓰시오.

┌──────────────────────┐
│ ㉠ 중국군의 개입   │
│ ㉡ 북한군의 남침   │
│ ㉢ 정전 협정 체결   │
│ ㉣ 국군과 국제 연합군의 반격 │
└──────────────────────┘

(→   →   →   )

11종 공통

13 다음 그래프를 통해 알 수 있는 사실로 알맞은 것은 어느 것입니까? (   )

(만 명)

민간인
군인

99 62   179 64   97   15
남한   북한   중국군 국제 연합군

🔺 6·25 전쟁 중 다치거나 사망한 사람 수

① 6·25 전쟁으로 군인들만 피해를 입었다.
② 6·25 전쟁으로 남한군만 피해를 입었다.
③ 6·25 전쟁으로 인한 인명 피해가 없었다.
④ 6·25 전쟁으로 북한군은 피해를 입지 않았다.
⑤ 6·25 전쟁으로 많은 사람들이 피해를 입었다.

11종 공통

14 6·25 전쟁으로 인한 피해에 대해 **잘못** 말한 어린이를 쓰시오.

┌──────────────────────────────┐
│ 정혜: 국토가 황폐해지고 많은 건물이 파괴되었어. │
│ 수한: 부모를 잃은 전쟁고아들을 외국으로부터   │
│   입양했어.   │
│ 연우: 사람들은 식량과 생활 필수품이 부족하여   │
│   어려움을 겪었어.   │
└──────────────────────────────┘

(   )

천재교육, 금성출판사, 아이스크림 미디어

15 다음과 관련 있는 6·25 전쟁 기간 동안 서울 대신 우리나라의 수도 역할을 한 도시는 어디입니까? (   )

🔺 당시 임시로 정부 청사 역할을 했던 건물

🔺 헤어진 가족들의 만남의 장소로 이용된 영도 대교

【출처: 대한민국역사박물관】

① 대구   ② 대전   ③ 세종
④ 부산   ⑤ 울산

BOOK 1

교과서 개념을 쉽게 이해할 수 있는

개념북

✦ 쉽고 자세한 개념 학습 ✦ 다양한 검정 교과서 자료

5-2

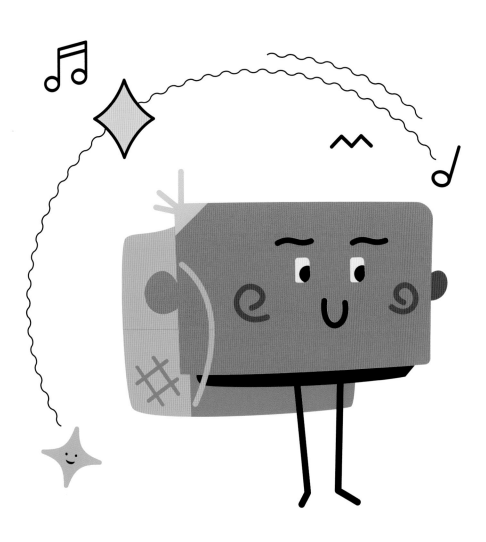

사회
리더

천재교육

Chunjae
Makes
Chunjae

▼

사회 리더 5-2

편집개발	윤순란, 김운용
디자인총괄	김희정
표지디자인	윤순미, 장미
내지디자인	박희춘
본문 사진 제공	강화역사박물관, 게티이미지, 국가유산청, 국립민속박물관, 국립중앙박물관, 국립한글박물관
	뉴스뱅크, 대한민국역사박물관, 독립기념관, 부산광역시, 시흥시, 연합뉴스
제작	황성진, 조규영

발행일	2024년 6월 1일 2판 2024년 6월 1일 1쇄
발행인	(주)천재교육
주소	서울시 금천구 가산로9길 54
신고번호	제2001-000018호
고객센터	1577-0902
교재 구입 문의	1522-5566

리더가 되기 위한 공부 비법

사회 리더

5-2

구성과 특징

개념북

1 쉽고 재미있게 개념을 익히고 다지기

검정 교과서 완벽 반영

2 Step ①, ②, ③단계로 단원 실력 쌓기

단원평가

서술형/수행평가

3 대단원 평가로 단원 마무리하기

평가북

1 스피드 쪽지 시험

2 학교시험에 잘 나오는 대표 문제

연습+실전

3 대단원 평가로 단원 정리

1회 / 2회

4 서술형·논술형 평가 완벽 대비

1회 / 2회

코칭북

1 문제 풀고

2 정답 보고

3 자세한 풀이로 완벽 이해

차례

1 옛사람들의 삶과 문화

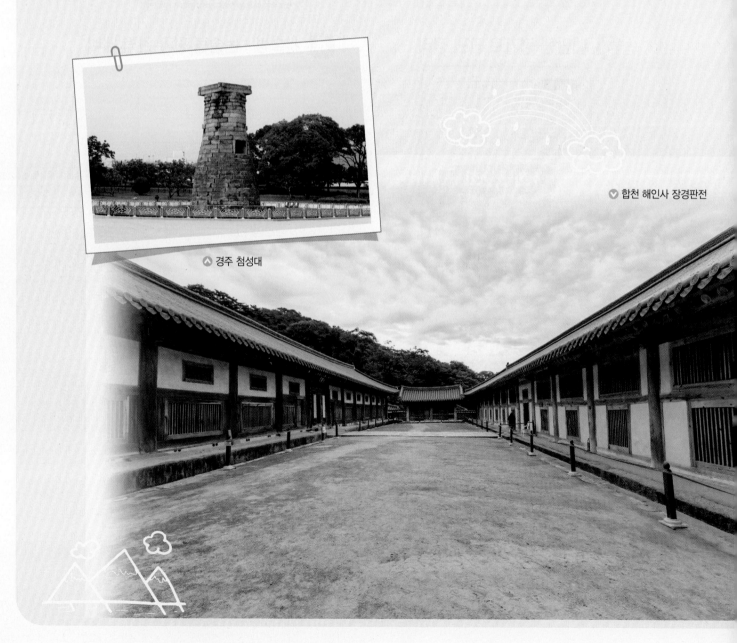

🔽 합천 해인사 장경판전

🔼 경주 첨성대

2 사회의 새로운 변화와 오늘날의 우리

◀ 독립문(서울특별시 서대문)

등장인물 소개

우초

신선학교에서
손꼽히는 말괄량이.
말보다 행동이 앞선다.

탱글

신선학교의 모범생.
힙합풍의 옷을 입고 있지만
성격은 진중하고 침착하다.

범범

우초와 탱글이 타고
다니는 호랑이. 덩치는
크지만 겁이 많고 순하다.

기품 선녀

우초와 탱글의 담임 선생님.
어느 날 갑자기 실종된다.

🌸 연관 학습 안내

초등 3학년	초등 5학년	중학교
돌을 다듬어 도구를 만들던 시대 농사를 짓기 시작했고 강가나 해안가에 모여 살았어요.	조선의 성립과 발전 이성계가 건국한 조선은 세종 때 과학 기술과 문화의 발전을 이루었어요.	조선의 통치 제도 최고 통치 기구로 의정부를 두고 그 아래에 6조를 두어 실무를 담당하게 했어요.

만화로 단원 미리보기

옛사람들의
삶과 문화

1

🌸 **단원 안내**

① 나라의 등장과 발전
② 독창적 문화를 발전시킨 고려
③ 민족 문화를 지켜 나간 조선

이어서
개념 웹툰

개념 ❶ 고조선의 건국과 발전

1. 고조선의 건국 이야기에 담긴 의미

환인의 아들 환웅이 인간 세상에 관심을 두었다. 환인이 아들의 뜻을 알고 내려다보니 태백산 지역이 적당하므로 아들에게 가서 다스리게 했다. ❶ 환웅은 바람, 비, 구름을 다스리는 신하와 무리 삼천 명을 이끌고 내려와 인간 세상을 다스렸다. ❷ 어느 날 곰과 호랑이가 환웅을 찾아와 사람이 되게 해 달라고 빌었다. 환웅은 쑥과 마늘을 주며, "이것을 먹으며 백 일 동안 햇빛을 보지 않으면 사람이 될 것이다." 라고 말했다. 곰은 환웅이 말한 것을 잘 지켜 여자(웅녀)로 변했다. ❸ 웅녀는 환웅과 혼인해 아들을 낳았다. 그 아들이 후에 단군왕검이 되어 고조선을 세웠다.   – 일연, 『삼국유사』

❶ 당시 사람들이 농사를 중요하게 생각했음을 알 수 있음.

❷ 곰을 믿는 부족과 호랑이를 믿는 부족이 환웅 부족과 함께하기를 원했음.

❸ 곰을 숭배하는 무리가 환웅의 무리와 결합했음.

→ 한반도와 주변 지역에서 청동기 문화를 바탕으로 한 여러 세력 집단이 나타났고 이들 중 강한 세력이 주변 부족을 정복하며 세력을 넓혀 나가는 과정에서 고조선이 세워졌습니다.

2. 고조선의 문화

▲ 미송리식 토기

▲ 비파형 동검

▲ 탁자식 고인돌

▲ 고조선의 문화 범위
고조선의 문화 범위
비파형 동검 분포 지역
탁자식 고인돌 분포 지역

→ 고조선 문화가 만주와 한반도 북부 지방을 중심으로 분포했음을 알 수 있습니다.

3. 법을 통해 알 수 있는 고조선 사회의 모습

고조선의 법		고조선 사회의 모습
사람을 죽인 사람은 사형에 처한다.	➡	큰 죄는 엄격하게 다스렸음.
남을 다치게 한 사람은 곡식으로 갚는다.	➡	• 노동력을 중요시했음. • 개인의 재산을 인정했음.
도둑질한 사람은 데려다 노비로 삼는다. 죄를 면하려면 50만 전을 내야 한다.	➡	• 신분제 사회였음. • 화폐의 개념이 있었음.

개념 2 백제의 성립과 발전

⬆ 백제의 전성기(4세기)

성립	고구려의 왕자였던 온조가 한강 유역에 세웠음.
전성기 (4세기 근초고왕)	• 한강 유역에 위치해 삼국 중 가장 먼저 전성기를 맞았음. • 근초고왕: 남해안까지 영토를 넓혔고 황해도 일부 지역까지 진출했으며, 중국, 왜, 가야와 활발하게 교류했음.

└→ 일본의 옛 이름

☑ 백제의 전성기

백제는 ❸ ⬚ㄱ⬚ㅊ⬚ㄱ⬚ㅇ 때 영토를 넓히고, 왜 등과 교류하며 삼국 중 가장 먼저 전성기를 맞았습니다.

정답 ❸ 근초고왕

개념 3 고구려의 성립과 발전

1. **성립**: 주몽이 압록강 유역의 졸본 지역에 세웠습니다.

2. **전성기**: 도읍을 국내성(지안)으로 옮기고 정복 활동을 벌여 5세기에 전성기를 맞았습니다.

광개토 대왕	서쪽으로는 요동 지역, 남쪽으로는 백제의 영역이었던 한강 유역까지 세력을 확장했음.
장수왕	• 광개토대왕릉비를 세워 광개토대왕의 업적을 기념했음. • 도읍을 평양으로 옮긴 후 백제의 도읍인 한성을 함락해 한강 유역을 모두 차지했음.

백제는 한성을 빼앗기고 도읍을 ◄
웅진으로 옮겨야 했습니다.

내 교과서 살펴보기 / 동아출판

고구려 소수림왕의 업적
• 불교를 받아들여 왕의 권한을 강화하려고 했습니다.
• 율령을 반포해 나라의 체제를 정비했습니다.

⬆ 고구려의 전성기(5세기)

개념알기

개념④ 신라의 성립과 발전

1. 성립과 전성기

⬆ 신라의 전성기(6세기)

성립	박혁거세가 지금의 경주 지역을 중심으로 세웠음.
전성기 (6세기 진흥왕)	• 화랑도를 통해 유능한 인재를 길렀음. • 백제와 연합해 고구려가 차지하고 있던 한강 유역을 빼앗고, 이후 백제와의 경쟁에서 승리해 한강 유역을 완전히 차지했음. • 대가야를 정복해 가야의 영토를 흡수했음.

2. 삼국이 한강 유역을 차지하려고 한 까닭 → 한강 유역은 삼국이 각 나라의 전성기 때 공통적으로 차지한 지역입니다.

① 평야가 넓고 물이 풍부해 농사를 짓기에 유리했습니다.
② 한반도의 중심에 있고 바다와 가까워서 교통이 편리했습니다.

개념⑤ 가야의 성립과 발전

성립과 발전	• 삼국이 성장할 무렵, 낙동강 유역에 있던 작은 나라들이 연합해 가야 연맹을 이루었음. • 처음에는 금관가야, 나중에는 대가야 연맹이 중심이 되었음. • 철기를 만들어 중국이나 왜와도 활발히 교류하며 발전했음.
멸망	삼국의 공격에 힘이 약해진 가야는 결국 신라의 공격을 받아 신라에 흡수되었음. → 작은 나라들의 독립성이 강해 나라의 힘을 하나로 모으지 못했습니다.

개념 체크

☑ **신라의 전성기**

진흥왕은 화랑도를 통해 인재를 기르고, ❹ [ㅎ][ㄱ] 유역 전체를 빼앗으며 신라의 전성기를 이루었습니다.

내 교과서 살펴보기 / 교학사, 김영사, 동아출판, 아이스크림 미디어, 지학사

신라 법흥왕의 업적
• 불교를 인정했고, 율령을 반포했습니다.
• 금관가야를 정복해 영토를 넓혔습니다.

☑ **가야**

가야는 김수로 등이 세운 연맹 국가로, 나라의 힘을 하나로 모으지 못하고 ❺ [ㅅ][ㄹ]에 흡수되었습니다.

정답 ❹ 한강 ❺ 신라

개념 다지기

1 11종 공통

청동기 문화를 바탕으로 발전한 우리 역사 속 최초의 국가는 무엇입니까? (   )

① 가야   ② 신라   ③ 백제

④ 고구려   ⑤ 고조선

2 11종 공통

다음 법 조항을 통해 알 수 있는 고조선 사회의 특징은 어느 것입니까? (   )

> 도둑질한 사람은 데려다 노비로 삼는다. 죄를 면하려면 50만 전을 내야 한다.

① 신분제가 있었다.
② 민주주의가 발달했다.
③ 화폐의 개념이 없었다.
④ 철기 문화가 발달했다.
⑤ 농사를 중요하게 생각했다.

3 11종 공통

고조선의 문화 범위를 알 수 있는 문화유산에 ◯표를 하시오.

(1)

⬆ 비파형 동검

(   )

(2)

⬆ 칠지도

(   )

4 11종 공통

백제에 대한 설명으로 알맞지 <u>않은</u> 것은 어느 것입니까?

(   )

① 한강 지역에 세워진 나라이다.
② 고구려의 왕자인 온조가 세웠다.
③ 주변 나라들과 교류하지 않았다.
④ 삼국 중 가장 먼저 전성기를 맞았다.
⑤ 근초고왕은 남해안까지 영토를 넓혔다.

5 11종 공통

다음에서 설명하는 고구려의 왕을 쓰시오.

> • 광개토대왕릉비를 세워 광개토대왕의 업적을 기념했습니다.
> • 도읍을 평양으로 옮긴 후 한성을 함락해 한강 유역을 모두 차지했습니다.

(   )

6 11종 공통

가야에 대해 바르게 말한 어린이는 누구입니까?

(   )

① 세영: 수도는 한성이었어.
② 예림: 단군왕검이 세운 나라야.
③ 소현: 중국이나 왜와 교류하지 않았어.
④ 민지: 백제 근초고왕에 의해 멸망했어.
⑤ 수혁: 낙동강 유역의 작은 나라들이 연합해 이룬 나라야.

개념 ❶ 삼국의 문화

고분 문화의 발달	• 고분: 옛사람들이 남긴 무덤 • 옛사람들은 사람이 죽더라도 영혼은 다른 세상에서 계속 살아간다고 생각해 고분 안에 여러 가지 물건을 넣었음. • 무덤 안에 돌로 된 방을 만들어 천장과 벽에 그림을 그려 넣기도 했음. • 고분에서 발견된 벽화나 껴묻거리 등을 통해 당시 사람들의 의식주나 종교 등의 생활 모습을 알 수 있음.
불교문화의 발달	• 고구려는 삼국 중 가장 먼저 불교를 받아들였고, 신라가 가장 늦게 받아들였음. • 삼국은 왕의 권위를 높이고 백성의 마음을 하나로 모으고자 불교를 받아들이고 절, 탑, 불상 등을 만들었음.

개념 ❷ 고구려의 문화유산 → 고구려의 무덤은 돌로 만든 넓은 방으로 이루어져 벽에 많은 그림이 그려져 있습니다.

무용총	금동 연가 7년명 여래 입상
 ⊙ 접객도　　⊙ 수렵도	[출처: 국립중앙박물관]
• 접객도: 작게 그려진 사람이 시중을 들고 있는 것으로 보아 사람의 크기로 신분을 표현했음. • 수렵도: 사슴과 호랑이 등을 사냥하는 모습이 담겨 있음.	불상 뒷면에 불상을 만든 시기와 나라가 새겨져 있음.

내 교과서 살펴보기 / 천재교과서, 교학사, 김영사, 동아출판, 미래엔, 비상교과서, 비상교육

안악 3호분의 부엌과 고기 창고 그림
• 안악 3호분은 황해도 안악 지역에 있는 고구려의 고분입니다.
• 안악 3호분의 부엌과 고기 창고 그림을 통해 고구려 사람들이 아궁이를 사용해 요리했음을 알 수 있고 어떤 음식을 먹었는지 짐작할 수 있습니다.

 [출처: 연합뉴스]

☑ **삼국의 고분 문화**

고분에서 발견된 ❶ ⬚ㅂ ⬚ㅎ 와 유물을 통해 당시 사람들의 생활 모습과 생각을 알 수 있습니다.

옛사람들은 무덤 안에 왜 물건을 넣었을까?
죽더라도 영혼은 다른 세상에서 살아간다고 생각했어.

☑ **무용총 접객도**

손님을 맞이하는 모습을 그린 벽화로, 고구려가 ❷ ⬚ㅅ ⬚ㅂ 사회였음을 알 수 있습니다.

사람 크기가 다르네?
신분이 높은 사람은 크게, 신분이 낮은 사람은 작게 그렸어.

정답 ❶ 벽화 ❷ 신분

용어
사전

• **껴묻거리**
무덤 안에 시신과 함께 묻는 물건을 통틀어 이르는 말
• **무용총**
중국 지린성 지안 지역에 있는 고구려 고분으로 춤추는 모습의 벽화 등이 그려져 있음.

개념 3 백제의 문화유산

무령왕릉	백제 금동 대향로
 [출처: 연합뉴스]	 🔺 봉황을 표현한 조각 🔺 연꽃을 표현한 조각 [출처: 연합뉴스]
• 무덤방 내부가 벽돌로 만들어졌음. • 중국, 일본 등과의 교류를 알 수 있는 유물이 발견되었음.	백제 사람들의 뛰어난 공예 기술과 예술성을 보여 줌.

익산 미륵사지	• 미륵사: 백제에서 가장 컸던 절 • 익산 미륵사지 석탑: 우리나라 석탑의 초기 모습을 보여 주는 탑으로, 돌을 쌓아 만들었지만 목탑의 모습과 매우 비슷함. 익산 미륵사지 석탑 ▶

개념 4 신라의 문화유산

→ 높이가 약 80m에 이르는 큰 탑이었으나 고려 때 몽골군의 침입으로 불타 사라졌습니다.

금관총 금관	황룡사 9층 목탑	경주 첨성대
 [출처: 국립중앙박물관]		
경주 대릉원 일대에 있는 고분들에서 금관과 천마도 등이 발견됨.	선덕 여왕 때 불교의 힘으로 이웃 나라의 위협을 막으려고 지었음.	하늘의 해와 달, 별의 모습 등을 관찰하던 시설로 알려짐.

↳ 말의 안장 양쪽에 달아 늘어뜨리는 장니에 그려진 말(천마) 그림

☑ 무령왕릉

무령왕릉은 ❸ ㅂ ㄷ 을 쌓아 만든 무덤으로, 백제의 물건뿐만 아니라, 다른 나라의 물건도 발견되었습니다.

무령왕릉에서 왜 중국과 일본의 문화유산이 나왔을까?

백제가 중국, 일본 등과 교류했기 때문이지.

아하!

☑ 첨성대

신라는 뛰어난 과학 기술과 건축 기술을 바탕으로 ❹ ㅎ ㄴ 을 관찰하는 시설인 첨성대를 만들었습니다.

농사가 잘되도록 하기 위해 하늘의 움직임을 관측했을 거야.

아하!

정답 ❸ 벽돌 ❹ 하늘

내 교과서 살펴보기 / 천재교육, 천재교과서, 김영사, 비상교육

경주 분황사 모전 석탑

경주 분황사에는 경주 분황사 모전 석탑이 남아 있습니다. 모전 석탑이란 돌을 쌓아 만들었으나, 전탑(벽돌 탑)의 형태로 만들었다는 의미입니다.

개념 체크

개념⑤ 가야의 문화유산

가야금	가야의 악기인 가야금은 현재까지도 우리나라를 대표하는 전통악기로 이어지고 있음.
다양한 토기	새나 수레 모양 등 다양한 모양의 토기를 통해 가야 사람들의 뛰어난 토기 제작 기술을 엿볼 수 있음.
철기 문화유산	• 가야에서는 질 좋은 철이 많이 생산되어 철을 다루는 기술이 발달했음. • 가야의 고분에서는 철제 갑옷, 칼, 창 등과 같이 철로 만든 유물이 많이 발견되었음. 철로 만든 판갑옷과 투구 ➤

개념⑥ 삼국과 주변 나라들의 관계

중국	중국에서 전해진 유교, 불교, 한자, 과학 기술 등은 삼국과 가야의 문화 발전에 많은 영향을 끼쳤음.
서역	• 우즈베키스탄 지역에는 고구려 사신으로 추정되는 사람의 모습이 그려져 있는 벽화가 남아 있음. • 신라의 고분에서는 서역의 물품으로 보이는 유리그릇, 금으로 장식한 보검 등이 발견됨.
일본	• 삼국과 가야는 일본에 불교 관련 문화와 유학, 한자, 고분 벽화, 배 만드는 기술, 둑 쌓는 기술, 토기 제작 기술 등을 전파했음. • 일본의 문화유산 중에 삼국의 문화유산과 비슷한 형태의 것들이 발견됨.

┌→ 여성들의 차림새가 비슷합니다.

[출처: 게티이미지]
🔺 고구려 수산리 고분 벽화

🔺 일본 다카마쓰 고분 벽화

내 교과서 살펴보기 / 천재교과서, 교학사, 금성출판사, 김영사, 비상교육

각저총 「씨름도」
고구려 각저총 벽화에는 씨름하는 사람 중 한 명이 서역 사람의 모습을 하고 있습니다. 이를 통해 고구려가 여러 나라와 교류했음을 알 수 있습니다.

[출처: 연합뉴스]

가야는 질 좋은 ❺ ⟨ㅊ⟩ 이 많이 생산되어 뛰어난 무기와 철제 갑옷을 만들었습니다.

가야는 철이 많이 났대.

그래서 철기 문화가 발달했지.

덩이쇠   철제 갑옷과 투구

└ 덩이쇠를 불에 녹이거나 달구어 여러 철제 도구를 만들었고, 화폐로도 사용했습니다.

✓ **삼국과 주변 나라들의 관계**
삼국은 중국, 일본, 서역과 활발하게 교류했으며, ❻ ⟨ㅈ⟩⟨ㄱ⟩ 에서 불교, 유교 등이 삼국에 전해졌습니다.

경주에서 출토된 유리병이래.

서역과도 교류를 했나봐.

정답 ❺ 철 ❻ 중국

📖 용어 사전

유교(儒 선비 유 敎 가르칠 교)
공자의 가르침을 근본으로 삼아 나라에 충성하고 부모에게 효도하는 것을 중요시 하는 학문과 사상

개념 다지기

11종 공통

1 삼국 시대의 고분에 대해 바르게 말한 어린이를 쓰시오.

진영: 고분은 옛사람들이 남긴 집이야.
운용: 고분 벽에는 그림을 그릴 수 없었어.
선아: 고분에서 발견된 벽화나 껴묻거리 등을 통해 당시 사람들의 생활 모습을 알 수 있어.

( )

천재교육, 천재교과서, 교학사, 금성출판사, 김영사, 미래엔,
비상교과서, 비상교육, 아이스크림 미디어, 지학사

2 다음 금동불은 어느 나라의 문화유산입니까?

( )

⚜ 금동 연가 7년명 여래 입상

① 부여 　　② 신라 　　③ 백제
④ 고조선 　　⑤ 고구려

11종 공통

3 백제의 대표적인 문화유산을 두 가지 고르시오.

(,)

① 무용총 　　　② 비파형 동검
③ 무령왕릉 　　④ 광개토대왕릉비
⑤ 익산 미륵사지 석탑

천재교육, 천재교과서, 교학사, 금성출판사, 김영사, 동아출판,
비상교과서, 비상교육, 아이스크림 미디어, 지학사

4 신라의 발달된 천문 과학 기술을 보여 주는 문화유산에 ○표를 하시오.

(1) 　　(2)

[출처: 게티이미지]

⚜ 첨성대 　　　⚜ 경주 분황사 모전 석탑

( ) 　　( )

11종 공통

5 가야의 문화유산에 대한 설명으로 알맞은 것은 어느 것입니까? ( )

① 가야의 토기 제작 기술은 뛰어나지 못했다.
② 가야의 악기인 거문고는 현재까지 전해지고 있다.
③ 금관총 금관은 가야를 대표하는 금으로 만든 장신구이다.
④ 철제 갑옷, 칼, 창 등과 같이 철로 만든 유물이 많이 발견되었다.
⑤ 안악 3호분의 부엌과 고기 창고 그림을 통해 가야 사람들의 생활 모습을 엿볼 수 있다.

천재교육, 천재교과서

6 다음 ☐ 안에 들어갈 나라는 어디입니까? ( )

삼국은 주변 나라들과 교류하였는데, ☐ 에서 전해진 유교, 불교, 한자 등은 삼국의 문화 발전에 많은 영향을 끼쳤습니다.

① 일본 　　② 중국 　　③ 미국
④ 영국 　　⑤ 프랑스

개념 ① 신라의 삼국 통일

1. 삼국 통일 과정

신라와 당의 동맹	고구려는 수와 당의 침략을 모두 물리쳤음. 한편 백제의 공격으로 위기에 처한 신라는 김춘추를 당에 보내 당과 동맹을 맺었음.

→ 두 나라 이상이 자신들의 이익과 목적을 위해 서로 도와줄 것을 약속하고 맺는 일시적인 결합

⬇

백제 멸망	태종 무열왕(김춘추) 때 김유신이 이끄는 신라의 군대는 당의 군대와 연합해 백제를 멸망시켰음(660년).

⬇

고구려 멸망	문무왕 때 나당 연합군은 지배층이 내분에 빠진 고구려를 공격해 멸망시켰음(668년).

→ 내부에서 자기편끼리 일으킨 분쟁

⬇

삼국 통일 달성	당이 한반도 전체를 차지하려 하자, 신라는 고구려의 유민과 힘을 합쳐 당을 상대로 전쟁을 벌였고, 매소성과 기벌포 등에서 당의 군대를 격파하고 문무왕 때 삼국 통일을 이루었음(676년).

→ 신라의 삼국 통일은 삼국의 문화를 하나로 모아 새로운 민족 문화 발전의 기틀을 마련했다는 데 의의가 있습니다.

2. 통일신라의 정책
→ 멸망한 나라의 백성
① 고구려 유민과 백제 유민을 적극적으로 받아들였습니다.
② 여러 제도를 정비하고 삼국을 하나로 통합하는 정책을 추진했습니다.

☑ **신라와 당의 동맹**

위기에 빠진 신라가 고구려에 도움을 요청했으나 거절 당하자 김춘추는 ❶ ☐ 과 동맹을 맺었습니다.

백제를 물리치기 위해 군사를 빌려 주십시오.

고구려를 쓰러뜨리려면 신라와 손을 잡아야겠군.

알겠소.

내 교과서 살펴보기 / 동아출판

고구려와 수·당의 전쟁
• 살수 대첩: 고구려의 을지문덕이 수의 군대를 살수에서 크게 무찌른 전투
• 안시성 싸움: 고구려를 침략한 당은 고구려의 안시성을 포위했으나 안시성의 성주와 백성이 무찌른 전투

☑ **신라의 삼국 통일**

신라는 백제와 고구려를 멸망시킨 후, 한반도 전체를 차지하려던 ❷ ☐ 을 물리치고 삼국을 통일했습니다.

신라와 당은 동맹인데 왜 싸우지?

당이 한반도 전체를 차지하려고 했거든.

정답 ❶ 당 ❷ 당

개념② 발해의 건국과 발전

1. 발해의 성립과 발전

△ 발해의 전성기

→ 한반도 북부와 만주 지역에 살던 사람들

건국	대조영이 고구려 유민들과 말갈족을 이끌고 동모산 지역에 세웠음.
발전	• 고구려를 계승한 나라임을 내세웠고, 고구려의 옛 땅을 거의 되찾았음. • 당을 비롯해 주변 국가들과 활발히 교류하며 발전했음. • 해동성국: 당은 '바다 동쪽의 번성한 나라'라는 뜻으로 발해를 '해동성국'이라고 불렀음.

2. 고구려를 계승한 발해 → 역사 기록물을 통해 발해가 고구려를 계승한 나라임을 알 수 있습니다.

견고려사 목간	일본에서 발해에 파견한 관리를 '견고려사'라고 불렀음.
『구당서』	당의 역사를 기록한 책으로, 대조영이 고려(고구려) 별종이라고 쓰여 있음. → 한 종족에서 갈라져 나간 파
『속일본기』	일본의 역사를 기록한 책으로, 발해와 일본이 주고받은 국가 문서에서 발해의 문왕을 고려(고구려) 국왕이라고 표현했음.

내 교과서 살펴보기 / 김영사

『삼국유사』에 기록된 발해

『삼국유사』에는 "옛 고구려의 장수였던 조영은 성이 대씨인데, 남은 군사를 모아 태백산 남쪽에 나라를 세우고 국호를 발해라고 했다."라는 내용이 담겨 있습니다.

☑ **발해**

발해는 **❸** ㄷ ㅈ ㅇ 이 세운 나라로, 해동성국이라 불릴 만큼 번성했습니다.

☑ **고구려를 계승한 발해**

견고려사 목간, 구당서 등을 통해 발해가 **❹** ㄱ ㄱ ㄹ 를 계승한 나라라는 것을 알 수 있습니다.

정답 ❸ 대조영 ❹ 고구려

용어
사전

⌐목간

종이가 없거나 귀하던 때에 글자를 기록한 나뭇조각

개념 ③ 통일신라의 문화유산

1. 경주 불국사 → 불국은 부처의 나라라는 뜻입니다.

△ 경주 불국사 다보탑

- 불국사: 부처의 나라를 이루려는 마음을 담아 지은 절
- 문화유산: 경주 불국사 삼층 석탑, 경주 불국사 다보탑, 경주 불국사 청운교와 백운교 등이 있음.
- 『무구정광대다라니경』: 남아 있는 목판 인쇄물 중 가장 오래된 것으로, 경주 불국사 삼층 석탑을 보수하는 과정에서 발견되었음.
- 유네스코 세계 유산임.

2. 경주 석굴암 석굴

△ 석굴암 본존불
└→ 절의 건물에 불상을 모실 때 가장 중심이 되는 부처

- 석굴암: 화강암을 쌓아 올려 동굴처럼 만든 절
- 높은 수준의 건축 기술을 바탕으로 건물 가운데에 기둥을 세우지 않고도 반원 형태의 천장을 갖추었음.
- 본존불을 비롯한 여러 신과 인물들의 조각은 뛰어난 예술성을 보여 줌.
- 석굴암 내부에 습도 조절 장치가 있음.┐
  └→ 바닥에 차가운 물이 흐르게 하여 석굴암 내부의 공기를 건조한 상태로 유지했습니다.
- 유네스코 세계 유산임.

개념 ④ 발해의 문화유산

특징	• 고구려 문화를 바탕으로 당과 말갈의 문화를 받아들였음. • 불교문화가 발달했음. → 발해의 도읍지였던 상경성 일대에서 불교와 관련된 문화유산이 발견됩니다
문화유산	• 막새기와: 고구려와 발해의 막새 안에 그려진 무늬가 비슷함. • 이불병좌상: 부처를 표현한 방식과 조각 방식에서 고구려의 흔적이 발견됨. └→ 두 명의 부처가 나란히 앉은 모습의 불상 • 상경성 2호 절터 석등: 높이가 6.4m에 이르며, 연꽃무늬에서 고구려 문화의 영향을 확인할 수 있음.

[출처: 국립중앙박물관]

△ 고구려의 막새기와　　△ 발해의 막새기와

내 교과서 살펴보기 / 천재교육, 금성출판사, 지학사

정효 공주 무덤
발해는 왕족과 귀족의 무덤 위에 벽돌로 무덤 탑을 만들어 세웠는데, 이는 당과의 교류 흔적이라고 할 수 있습니다. 정효 공주 무덤에도 그런 흔적이 남아 있습니다.

☑ 불국사와 석굴암

불국사와 석굴암은 예술성과 건축 기술을 인정받아 ❺ [ㅇ][ㄴ][ㅅ][ㅋ] 세계 유산으로 지정되었습니다.

건축 기술이 뛰어나.
유네스코 세계 유산답네.

☑ 발해의 문화

발해는 ❻ [ㄱ][ㄱ][ㄹ]의 문화를 바탕으로 독자적인 문화를 이루었습니다.

고구려와 발해의 치미의 생김새가 비슷하네.
고구려의 치미
발해의 치미

정답 ❺ 유네스코 ❻ 고구려

용어
사전

• 막새기와
　기와지붕의 처마 끝부분을 마무리하는 기와
• 독자적인
　다른 것과 구별되는 혼자만의 특유한 것

개념 다지기

11종 공통

1 당과 동맹을 맺고 백제를 공격해 멸망시킨 신라의 왕은 누구입니까? (   )

① 무열왕　　　　　② 장수왕
③ 지증왕　　　　　④ 근초고왕
⑤ 광개토대왕

11종 공통

2 다음 삼국 통일 과정을 순서대로 기호를 쓰시오.

┌─────────────────────────────────┐
│ ㉠ 백제 멸망　　　　㉡ 고구려 멸망 │
│ ㉢ 삼국 통일　　　　㉣ 신라의 당 군대 격파 │
└─────────────────────────────────┘

(   ) → (   ) → (   ) → (   )

11종 공통

3 다음 ㉠, ㉡에 들어갈 말이 알맞게 짝 지어진 것은 어느 것입니까? (   )

┌─────────────────────────────────┐
│　㉠ 은/는 고구려 유민들과 말갈족을 이끌고 │
│ 동모산 지역에　㉡ 를 세웠습니다. │
└─────────────────────────────────┘

	㉠	㉡
①	김유신	신라
②	김유신	발해
③	대조영	백제
④	대조영	발해
⑤	김춘추	가야

11종 공통

4 다음 문화유산에 대한 설명으로 알맞은 것을 줄로 이으시오.

(1) 불국사　·

·㉠ 부처의 나라를 이루려는 마음을 담아 지은 절

(2) 석굴암　·

·㉡ 화강암을 쌓아 올려 동굴처럼 만든 절

천재교육, 천재교과서, 교학사, 금성출판사, 김영사, 동아출판, 비상교과서, 비상교육, 아이스크림 미디어

5 다음에서 설명하는 문화유산은 무엇입니까? (   )

┌─────────────────────────────────┐
│　지금까지 남아 있는 목판 인쇄물 중 가장 오래 │
│ 된 것으로, 경주 불국사 삼층 석탑을 보수하는 과 │
│ 정에서 발견되었습니다.　　[출처: 연합뉴스] │
│ │
└─────────────────────────────────┘

① 『구당서』　　　　② 『삼국유사』
③ 『속일본기』　　　④ 견고려사 목간
⑤ 『무구정광대다라니경』

천재교육, 금성출판사, 지학사

6 다음 (   ) 안에 들어갈 알맞은 말에 ○표를 하시오.

┌─────────────────────────────────┐
│　발해는 왕족과 귀족의 무덤 위에 벽돌로 무덤 │
│ 탑을 만들어 세웠는데, 이는 ❶(당 / 송)과의 교류 │
│ 흔적입니다. ❷(정효 공주 무덤 / 무령왕릉)에도 │
│ 그런 흔적이 남아 있습니다. │
└─────────────────────────────────┘

Step ❶ 단원평가

[1~5] 다음은 개념 확인 문제입니다. 물음에 답하시오.

1 고조선은 (철기 / 청동기) 문화를 바탕으로 세워졌습니다.

2 고구려에서 내려온 온조가 (압록강 / 한강) 유역에 백제를 세웠습니다.

3 고구려의 문화유산에는 (무령왕릉 / 무용총) 등이 있습니다.

4 당과 동맹을 맺고 삼국을 통일한 나라는 어디입니까?
( )

5 발해를 세운 사람은 누구입니까?
( )

11종 공통
6 다음 고조선의 건국 이야기에 담긴 의미로 알맞은 것은 어느 것입니까? ( )

> 환웅은 바람, 비, 구름을 다스리는 신하와 무리 삼천 명을 이끌고 내려와 세상을 다스렸다.

① 고조선은 평등 사회였다.
② 고조선은 농업을 중요하게 생각했다.
③ 곰을 믿는 부족이 환웅 부족과 연합했다.
④ 고조선은 사람의 목숨을 소중하게 생각했다.
⑤ 곰을 믿는 부족과 호랑이를 믿는 부족이 환웅 부족과 연합하고 싶어 했다.

11종 공통
7 고조선에 대한 설명으로 알맞은 것을 두 가지 고르시오.
(,)

① 주몽이 건국했다.
② 나라를 다스리는 법이 없었다.
③ 우리 역사 속 최초의 국가이다.
④ 『삼국사기』에 건국 이야기가 전해진다.
⑤ 비파형 동검은 고조선을 대표하는 문화유산이다.

11종 공통
8 백제 근초고왕의 업적으로 알맞은 것은 어느 것입니까?
( )

① 대가야를 흡수하고 가야 연맹을 소멸시켰다.
② 북쪽으로 영토를 확장해 요동 지방을 차지했다.
③ 국내성으로 수도를 옮기고 꾸준히 정복 활동을 벌였다.
④ 남쪽으로 영토를 넓히며 삼국 중 가장 먼저 전성기를 맞았다.
⑤ 평양 지역으로 수도를 옮기고 남쪽으로 영역을 더욱 확장했다.

11종 공통
9 다음 독서 감상문의 ☐ 안에 들어갈 인물은 누구입니까? ( )

> 고구려의 전성기를 이끈 ☐ ☐ ☐ 의 위인전을 읽었다. 서쪽으로는 요동 지역을 차지하고, 남쪽으로는 한강 유역까지 진출한 씩씩한 기상에 감탄했다.

① 온조　　② 주몽　　③ 근초고왕
④ 박혁거세　⑤ 광개토대왕

10 다음과 같이 신라를 전성기로 이끌었던 왕의 업적을 두 가지 고르시오. (,)   _{11종 공통}

① 평양 천도   ② 삼국 통일
③ 대가야 흡수   ④ 한강 유역 차지
⑤ 요동 지역 차지

11 다음 문화유산에 대한 설명으로 알맞은 것을 두 가지 고르시오. (,)   _{천재교육, 천재교과서, 교학사, 동아출판, 비상교과서}

△ 무용총 접객도

① 신라의 문화유산이다.
② 고구려가 신분 사회였음을 보여 준다.
③ 사람들의 성별에 따라 크기를 달리해 그렸다.
④ 손님을 맞아서 시중드는 모습을 그린 벽화이다.
⑤ 고구려와 서역 사이에 교류가 있었음을 알 수 있다.

12 신라의 삼국 통일에 대한 설명으로 알맞은 것은 어느 것입니까? ( )   _{11종 공통}

① 668년 백제가 멸망했다.
② 660년 고구려가 멸망했다.
③ 신라는 고구려 땅 대부분을 차지했다.
④ 통일 후 고구려 유민과 백제 유민을 받아들이지 않았다.
⑤ 매소성과 기벌포 등에서 당의 군대를 격파하고 삼국 통일을 이루었다.

13 당이 발해를 '해동성국'이라고 부른 까닭으로 알맞은 것은 어느 것입니까? ( )   _{11종 공통}

① 불교문화가 발달했기 때문에
② 한반도 전체를 차지했기 때문에
③ 고조선을 계승한 나라이기 때문에
④ 삼국을 통일하고 번성했기 때문에
⑤ 고구려의 옛 땅을 대부분 되찾고 번성했기 때문에

14 석굴암에 대한 설명으로 알맞지 <u>않은</u> 것을 두 가지 고르시오. (,)   _{11종 공통}

① 석굴 바닥에 차가운 물이 흐르게 했다.
② 화강암을 쌓아 올려 동굴처럼 만들었다.
③ 유네스코 세계 유산으로 등재되어 있다.
④ 청운교와 백운교 등의 문화유산이 있다.
⑤ 보수하는 과정에서 『무구정광대다라니경』이 발견되었다.

서술형 가이드
어려워하는 서술형 문제!
서술형 가이드를 이용하여 풀어 봐!

15 다음은 고조선의 법입니다.

11종 공통

- 사람을 죽인 사람은 사형에 처한다.
- 남을 다치게 한 사람은 　ㄱ　으로 갚는다.
- ㄴ 도둑질한 사람은 데려다 노비로 삼는다. 죄를 면하려면 50만 전을 내야 한다.

(1) 위 ㄱ에 들어갈 알맞은 말을 **보기**에서 찾아 쓰시오.

보기
　　　•금　　　　•곡식　　　　•옷감

(　　　　　　　　　　　)

(2) 위 밑줄 친 ㄴ을 통해 알 수 있는 고조선 사회의 모습을 쓰시오.

답 고조선은 □□제 사회였다는 것을 알 수 있다.

15 (1) 곡식으로 갚는다는 내용을 통해 고조선이 □□를 짓는 사회였음을 알 수 있습니다.

(2) 도둑질을 하면 □□로 삼는다는 내용을 통해 고조선이 신분제 사회였음을 알 수 있습니다.

16 다음 대화의 빈칸에 들어갈 내용을 쓰시오.

천재교과서, 교학사, 금성출판사, 김영사, 아이스크림 미디어, 지학사

혜림: 삼국이 한강 유역을 두고 경쟁했던 까닭은 뭘까?
영진: 한강은 한반도의 중심에 있어. 또한 _____

_____

_____

16 한강 유역은 교통이 편리했으며 평야가 넓어 □□ 짓기에 유리했습니다.

17 다음 문화유산을 보고 알 수 있는 발해 문화의 특징을 쓰시오.

11종 공통

⬆ 고구려의 막새기와

⬆ 발해의 막새기와

_____

_____

17 발해와 고구려의 문화유산은 비슷한 점이 (많 / 없)습니다.

학습 주제 삼국의 불교문화

학습 목표 삼국이 불교를 받아들인 까닭과 삼국의 불교 문화유산을 알 수 있다.

[18~20] 다음은 삼국의 불교 문화유산입니다.

⬥ 금동 연가 7년명 여래 입상

⬥ 익산 미륵사지 석탑

⬥ 황룡사 9층 목탑

⬥ 경주 분황사 모전 석탑

천재교육, 천재교과서, 교학사, 금성출판사, 김영사, 미래엔, 비상교과서, 비상교육, 아이스크림 미디어, 지학사

18 고구려의 불교문화를 엿볼 수 있는 문화유산은 무엇인지 쓰시오.

(   )

19 다음에서 설명하는 문화유산은 무엇인지 쓰시오.   11종 공통

> 우리나라 석탑의 초기 모습을 보여 주는 탑으로, 돌을 쌓아 만들었지만 목탑의 모습과 매우 비슷합니다.

(   )

천재교과서, 교학사, 금성출판사, 김영사, 동아출판, 미래엔, 비상교과서, 비상교육, 아이스크림 미디어

20 삼국이 위와 같은 불교 문화유산을 만든 까닭을 쓰시오.

_____

_____

수행평가 가이드
다양한 유형의 수행평가!
수행평가 가이드를 이용해 풀어 봐!

1 단원

삼국의 불교
• 삼국은 영토를 넓히고 왕권을 강화하는 과정에서 불교를 받아들였습니다.
• 불교가 전해진 뒤 절, 탑, 불상 등 불교와 관련 있는 문화유산이 많이 만들어졌습니다.

나라의 백성이 불교를 믿고 왕을 존경하게 되었어.

개념① 고려의 건국과 후삼국 통일

1. 후삼국의 성립과 고려의 건국

후삼국의 성립	• 신라 말 왕위 다툼과 농민 봉기 등으로 정치가 혼란해지자, 지방에서 호족들이 등장했음. • 여러 호족 중 견훤이 후백제를, 궁예가 후고구려를 세웠음.
고려의 건국	• 궁예가 난폭한 정치로 믿음을 잃고 왕건이 왕으로 추대되었음. • 왕건은 고구려를 계승한다는 의미로 나라 이름을 고려로 고치고, 수도를 송악으로 옮겼음. → 여러 전투에서 승리하며 주변 사람들에게 신임을 얻었습니다.

2. 고려의 후삼국 통일

아들에게 왕위를 빼앗긴 견훤이 고려에 항복했음.

⬇

신라의 경순왕이 스스로 고려에 항복했음.

⬇

왕위 다툼으로 혼란해진 후백제를 물리치고 후삼국을 통일했음.

발해 유민 포용

서경(평양)
철원
고려의 건국(918)
고려의 천도(919)
송악(개성) 고려
동해
황해
후백제 멸망(936)
후백제
완산주(전주) 신라 금성(경주)
나주
신라 항복(935)
남해
건국 전 왕건의 점령지
0 50 km 탐라

⬆ 고려의 건국과 후삼국 통일 과정

중요 개념② 고려의 제도 정비

태조 왕건	• 불교를 장려하고 백성들의 세금을 줄여 주었음. • 발해 유민을 받아들이고 북쪽으로 영토를 넓혀 갔음. • 여러 호족의 딸과 결혼하고 자녀를 도읍에 머물게 했음.
광종	• 호족이 불법적으로 차지한 노비를 원래의 신분으로 되돌렸음. • 과거 제도를 실시해 왕에게 충성하고 능력 있는 신하를 뽑았음.
성종	유교를 바탕으로 여러 제도를 마련했음.

내 교과서 살펴보기 / 천재교육, 김영사, 미래엔, 비상교과서, 비상교육, 아이스크림 미디어, 지학사

태조의 〈훈요 10조〉 일부

제1조 불교의 힘으로 나라를 세웠으므로 불교를 장려할 것
제4조 중국의 풍습에 따르되 같게 갈 필요는 없고, 거란의 제도를 본받지 말 것
제5조 서경(평양)을 중요시할 것

☑ **고려의 후삼국 통일**

고려는 ❶[ㅅ][ㄹ]의 항복을 받은 후 후백제를 물리치고 후삼국을 통일했습니다.

간밤에 내가 왕건이 되어 후삼국을 통일하는 꿈을 꿨어.

꿈까지 꿀 정도로 공부한 거야?

고려

☑ **태조 왕건의 정책**

태조 왕권은 정치적 안정을 위해 ❷[ㅎ][ㅈ]을 존중하되 적절히 견제했습니다.

왕건의 부인이 스물아홉 명이나 된대.

지방 호족을 자신의 편으로 만들기 위해서였어.

정답 ❶ 신라 ❷ 호족

용어 사전

•호족(豪 호걸 호 族 겨레 족)
신라 말부터 고려 초까지 군사력과 경제력을 바탕으로 지역을 스스로 다스리던 세력

개념 ③ 거란과 여진의 침입과 극복

1. 거란의 침입과 극복 → 고려는 거란의 침입을 물리친 뒤 수도 개경을 둘러싼 성을 쌓고 국경 지역에 천리장성을 쌓아 북방 민족의 침입에 대비했습니다.

1차 침입	• 고려와 송의 관계를 끊기 위해 침입했음. • 서희의 외교 담판(993년): 서희가 거란의 장수 소손녕과 담판을 벌인 결과 고려는 송과 관계를 끊고 거란과 교류할 것을 약속했으며, 압록강 동쪽의 강동 6주를 확보했음.
2차 침입	• 고려가 송과 관계를 계속 이어가자 다시 침입했음. • 고려는 개경을 빼앗기는 어려움을 겪기도 했지만 양규의 군대가 거란군에 여러 차례 승리를 거두었음.
3차 침입	• 강동 6주를 돌려줄 것을 요구하며 다시 침입했음. • 귀주 대첩(1019년): 강감찬이 이끈 고려군이 귀주에서 거란군에 큰 승리를 거두었음.

2. 여진의 침입과 별무반 → 기병 중심의 여진을 정복하기 위해 특별히 조직한 군대

여진은 고려를 큰 나라로 섬겼으나, 점차 세력을 키워 고려를 위협했음. → 고려는 별무반이라는 군대를 만들었음. → 윤관이 이끄는 별무반은 여진을 공격하고 그들이 살던 곳에 9개의 성을 쌓았음.

개념 ④ 고려의 대외 교류

수출품 ↔ 수입품

여진(금)

거란(요)

농기구, 곡식, 문방구
은, 모피, 말

황해

개경
벽란도

동해

금, 은, 인삼, 삼베, 나전 칠기

비단, 약재, 서적

송

인삼, 곡식, 서적

일본

유황, 수은

남해

아라비아 상인

인삼

나전 칠기

삼베

⬆ 고려의 주요 수출품

① 고려는 송과 거란, 여진, 일본 등과 교류했습니다.

② 벽란도: 고려의 국제 무역항으로 송, 일본, 동남아시아, 아라비아 상인들도 드나들었습니다. → 벽란도는 고려의 수도 개경과 가까웠으며, 물이 깊어 배가 자유로이 드나들 수 있었습니다.

☑ **서희의 외교 담판**

거란의 1차 침입 때 서희가 거란의 장수와 담판을 벌여 ❸ ㄱ ㄷ 6주를 확보했습니다.

강동은 압록강 동쪽, 6주는 고려의 행정 구역인 주가 여섯 개란 뜻이에요.

아하!

☑ **고려의 대외 관계**

고려는 국제 무역의 중심 항구였던 ❹ ㅂ ㄹ ㄷ 를 통해 송, 일본, 아라비아 상인들과 교류했습니다.

아라비아 상인들에 의해 고려가 '코리아'로 알려졌구나.

코리아 물건의 품질이 뛰어나군요.

정답 ❸ 강동 ❹ 벽란도

용어 사전

외교 담판
목적을 이루려고 관계 국가의 대표자가 만나서 의견을 교환하고 그 일치를 꾀하는 일

대첩(大 클 대 捷 이길 첩)
전투에서 크게 승리하는 것

개념 5 몽골의 침입과 극복

1. 몽골의 침입에 맞선 고려

① 몽골의 침입

칭기즈 칸을 중심으로 통일한 몽골은 고려에 사신을 보내 물자를 바칠 것을 요구했음.	➡ 고려에 왔던 몽골 사신이 돌아가는 길에 죽자 고려를 침입했음.

▲ 몽골의 침입로

② 고려의 대응

강화도 천도	• 도읍을 강화도로 옮기고 몽골에 맞서 싸웠음. • 강화도: 섬과 육지 사이의 물살이 빠르고 암초가 많기 때문에 방어에 유리했음.
주요 전투	• 처인성 전투: 김윤후는 처인성에서 주민들과 힘을 합쳐 몽골의 장수인 살리타를 죽였음. • 충주성 전투: 김윤후가 노비 문서를 불태웠고, 노비들도 힘을 합쳐 성을 지켜 냈음.

2. 몽골과 강화를 맺은 고려

① 개경 환도 ┌ 전쟁 등으로 인해 정부가 수도를 버리고 다른 곳으로 옮겼다가 다시 옛 수도로 돌아오는 것

오랜 전쟁으로 많은 사람이 죽거나 포로로 끌려갔고, 황룡사 9층 목탑, 초조대장경 등이 불탔음.	➡ 최씨 무신 정권이 무너지자 전쟁을 멈추기로 하고, 도읍을 다시 개경으로 옮겼음.

② 삼별초의 항쟁과 몽골(원)의 간섭 → 원은 몽골이 중국 땅을 정복하고 세운 나라입니다.

삼별초의 항쟁	삼별초는 개경으로 돌아가는 것에 반대하고 근거지를 강화도 → 진도 → 탐라(제주)로 옮겨 가며 고려 정부와 몽골에 맞섰으나 실패했음.
몽골(원)의 간섭	전쟁 후 원은 고려왕의 칭호에 '충'자를 붙이고, 쌍성총관부 등을 두어 고려의 영토 일부를 직접 지배했음. ↳ 원이 철령 북쪽의 고려 영토를 직접 다스리려 설치한 기구
공민왕의 개혁	원의 힘이 약해지자 고려의 공민왕은 원을 따르는 세력을 제거했고, 쌍성총관부를 공격해 빼앗긴 영토도 되찾았음.

┌─ 내 교과서 살펴보기 / 천재교육, 금성출판사, 김영사, 동아출판, 미래엔

몽골과 고려의 교류
• 고려: 고려에는 몽골식 변발과 몽골 여성의 외출용 모자를 본뜬 족두리가 유행했습니다.
• 몽골: 몽골 황실에는 고려에서 들어온 상추쌈 등이 인기 있었습니다.

↳ 앞 머리털을 밀고 뒤 머리털만 남겨 땋은 머리 모양

☑ 몽골의 침입과 극복

몽골이 침입하자 고려는 도읍을 ❺ ㄱ ㅎ ㄷ 로 옮기고 싸웠으나 결국 원의 간섭을 받게 되었습니다.

> 고려는 왜 도읍을 강화도로 옮겼을까?

> 방어에 유리했기 때문이야.

정답 ❺ 강화도

용어 사전

• 사신(使 부릴 사 臣 신하 신)
임금이나 국가의 명령을 받고 외국에 대표로 가는 신하

개념 다지기

1. ❷ 독창적 문화를 발전시킨 고려(1)

1 다음에서 설명하는 인물은 누구입니까? (   )

> • 궁예를 도와 여러 전투에 참여해 공을 세워 높은 지위에 올랐습니다.
> • 궁예가 강압적인 정치를 펼치자 왕으로 추대되어 고려를 세웠습니다.

① 견훤   ② 왕건   ③ 김춘추
④ 강감찬   ⑤ 김윤후

2 태조 왕건의 정책으로 알맞지 <u>않은</u> 것은 어느 것입니까?
(   )

① 세금을 줄였다.
② 불교를 금지했다.
③ 발해 유민을 받아들였다.
④ 여러 호족의 딸과 결혼했다.
⑤ 북쪽으로 영토를 넓히고자 했다.

3 다음과 같이 거란의 장수와 담판을 지어 거란의 침입을 극복한 인물을 보기 에서 찾아 쓰시오.

> 고려는 어찌 바다 건너 송하고만 교류하는가?
>
> 여진이 길을 막고 있어 거란으로 가는 것이 어렵다.

보기
> • 서희   • 양규   • 강감찬

(   )

4 다음 (   ) 안에 들어갈 알맞은 말에 ○표를 하시오.

> 고려는 송과 거란, 여진, 일본 등과 교류했습니다. 고려의 국제 무역항이던 (벽란도 / 강화도)에는 송, 일본, 동남아시아, 아라비아 상인들도 드나들었습니다.

5 다음에서 설명하는 전투는 무엇입니까? (   )

> 김윤후는 백성의 힘을 북돋기 위해 공을 세우는 사람에게 신분에 상관없이 벼슬을 줄 것을 약속하며 노비 문서를 불태웠습니다. 노비들도 힘을 합쳐 성을 지켜 냈습니다.

① 임진왜란   ② 귀주 대첩
③ 병자호란   ④ 살수 대첩
⑤ 충주성 전투

6 몽골의 고려 침입의 결과로 알맞은 것을 두 가지 고르시오. (,   )

① 고려가 멸망했다.
② 고려는 도읍을 충주로 옮겨야 했다.
③ 고려는 정치적으로 몽골의 간섭을 받았다.
④ 고려는 별무반을 만들어 국방을 강화했다.
⑤ 황룡사 9층 목탑 등의 문화유산이 피해를 입었다.

개념 ① 팔만대장경 → 송, 거란에서 만든 대장경을 집대성해 만들었습니다.

1. 팔만대장경을 만든 까닭과 팔만대장경의 우수성

만든 까닭	• 거란의 침입 때 만든 초조대장경이 몽골의 침입으로 불에 타 없어졌음. • 나라에서는 몽골의 침입을 부처의 힘으로 이겨 내고자 팔만대장경(재조대장경)을 만들었음.
우수성	• 수준 높은 불교 지식이 담겨 있음. • 글자가 고르고 틀린 글자도 거의 없음. • 팔만대장경판은 유네스코 세계 기록 유산임.

△ 팔만대장경판 [출처: 국가유산청]

내 교과서 살펴보기 / 천재교육, 김영사, 동아출판, 미래엔, 비상교과서, 비상교육, 아이스크림 미디어

팔만대장경을 만드는 과정

갈라지거나 비틀어지는 것을 줄이기 위해 나무를 잘라 오랫동안 바닷물에 담가 둠. ➡ 나무를 소금물에 삶고 그늘에 말렸음. ➡ 나무를 다듬고 글자를 새겼음. ➡ 구리판으로 네 귀퉁이를 감싸고 옻칠을 해 판이 뒤틀리지 않게 했음.

2. 팔만대장경판의 보존

① 합천 해인사 장경판전: 조선 시대에 만들어진 대장경판 보관용 건물로 유네스코 세계 유산으로 등재되었습니다.

② 팔만대장경판은 합천 해인사 장경판전에 보관되어 목판이 상하거나 뒤틀리지 않게 보존되었습니다.

③ 합천 해인사 장경판전은 과학적 원리에 따라 온도와 습도를 일정하게 유지할 수 있도록 설계되었습니다.

장경판전 외부	장경판전 내부
건물 앞의 창 건물 뒤의 창 [출처: 게티이미지]	
서로 다른 크기의 창을 만들어 바람이 잘 통하게 했음.	안쪽 흙바닥에는 숯, 소금, 모래 등을 넣어 적절한 습도를 유지할 수 있었음.

☑ 팔만대장경

고려 시대에 ❶ ⬜⬜ 의 침입을 이겨 내기 위해 만든 것으로 고려 목판 인쇄술의 우수성을 알 수 있습니다.

팔만대장경판을 쌓아 올리면 백두산 높이보다 높대.

몽골군을 물리치려는 간절한 마음이 느껴져.

약 500m 높다

백두산 팔만대장경판

☑ 합천 해인사 장경판전

과학적 원리에 따라 만든 장경판전 덕분에 ❷ ⬜⬜⬜⬜ ⬜⬜ 이 잘 보존될 수 있었습니다.

창문의 크기가 달라.

바람이 잘 통하도록 하기 위해서야.

정답 ❶ 몽골 ❷ 팔만대장경판

용어 사전

• 재조(再 다시 한 번 재 造 만들 조)
다시 만듦.
• 목판 인쇄술
나무에 글씨를 새긴 후 종이에 찍어 내는 기술

개념② 금속 활자

1. 금속 활자의 발명

① 고려는 세계 최초로 금속 활자를 발명했습니다.

② 목판 인쇄술과 금속 활자 인쇄술

목판 인쇄술	• 같은 책을 여러 번 인쇄하는 데에는 편리했지만 여러 종류의 책을 인쇄하기 위해서는 매번 다른 판을 만들어야 했음. • 목판은 갈라지거나 휘어지는 나무의 성질 때문에 보관이 어려웠음.
금속 활자 인쇄술	• 금속으로 된 활자를 판에 짜 맞춰 종이에 찍어 내기 때문에 판을 새로 짤 수 있어 여러 종류의 책을 인쇄하는 데 효율적이었음. • 금속 활자는 금속으로 만들어져 쉽게 상하지 않고 보관이 쉬웠음.

2. 『직지심체요절』 → 본래 두 권인데 현재 한 권만 전해집니다.

① 불교의 가르침 중 깨달음에 관한 내용을 정리한 책입니다.

② 오늘날 전해지는 금속 활자 인쇄본 중 세계에서 가장 오래되었습니다.

③ 유네스코 세계 기록 유산으로, 현재 프랑스 국립 도서관에 보관되어 있습니다.

→ 독일의 구텐베르크가 만든 금속 활자보다 70여 년 앞서 제작되었습니다.

3. 금속 활자 제작과 인쇄 방법

밀랍판에 글자 새기기

밀랍 활자를 하나씩 잘라 밀랍 가지에 붙이기

주물토를 밀랍 가지에 발라서 거푸집 만들기

열을 가해서 밀랍을 녹이고 쇳물 붓기

쇳물이 식으면 거푸집 꺼내기

활자를 한 자 한 자 떼어서 다듬기

인쇄할 내용에 따라 활자 배열하기

먹물을 칠하고 한지를 놓고 문질러 인쇄하기

내 교과서 살펴보기 / **천재교과서, 비상교육**

청주 고인쇄 박물관에서 체험할 수 있는 것

• 고려의 금속 활자 인쇄 기술을 배울 수 있습니다.

• 고려부터 조선까지 우리나라의 전통 인쇄 문화를 배울 수 있습니다.

• 우리나라의 근현대 인쇄 문화와 일본, 중국, 유럽의 인쇄 문화를 살펴볼 수 있습니다.

개념 체크

1 단원

☑ **금속 활자 인쇄술**

금속 활자는 여러 종류의 책을 인쇄하는 데 ❸(효율적 / 비효율적)이었고, 단단해 오래 사용할 수 있었습니다.

☑ **『직지심체요절』**

청주 흥덕사에서 인쇄된 불교와 관련된 책으로, 세계에서 가장 오래된 ❹ ㄱ ㅅ 활자 인쇄본입니다.

 정답 ❸ 효율적 ❹ 금속

용어 사전

 활자(活 살 활 字 글자 자)

인쇄를 하기 위해서 만든 글자 모형

개념 체크

개념 ③ 고려청자

1. 고려청자의 의미와 용도

의미	고려 시대를 대표하는 공예품으로 푸른 빛깔의 도자기임.
용도	의자, 접시, 주전자, 베개 등 고려 지배층의 생활용품으로 사용되었음.

중요 2. 고려청자의 우수성 → 초기에는 중국의 기술을 받아들여 청자를 만들었으나 이후에는 상감 기법으로 독창적인 청자를 만들어 냈습니다.

상감 청자	청자 표면을 파서 무늬를 만들고 그 자리에 다른 색깔의 흙을 메워 넣어 굽는 방식으로 만들었음.
청자를 만드는 기술	가마를 만드는 기술과 유약을 만드는 기술, 불을 다루는 기술 등이 뛰어나야 했음.

[출처: 국립중앙박물관]

🔵 청자 상감 모란 구름 학 무늬 베개
└ 청자 이름에는 기법, 무늬 종류, 그릇 종류가 담겨 있습니다.

> **내 교과서 살펴보기 / 김영사, 비상교과서, 비상교육**
>
> **상감 청자 만드는 과정**
>
> 흙에 물을 섞어 반죽하기 ➡ 그릇 모양 만들기 ➡ 무늬를 새기고 다른 색의 흙 넣기 ➡ 그늘에서 말린 뒤 굽기 ➡ 유약 바르기 ➡ 더 높은 온도에서 굽기

개념 ④ 불교 예술과 화약 제조 기술

1. 불교 예술

논산 관촉사 석조 미륵보살 입상	3개의 커다란 돌을 이어서 만들었는데, 머리 부분을 매우 크게 만들었음.
평창 월정사 8각 9층 석탑	고려 시대를 대표하는 석탑으로, 각이 많고 층이 여러 개로 화려함.
〈수월관음도〉	비단에 정교한 문양과 화려한 장식을 그리고 금가루를 이용해 채색하여 고려 불화의 특징을 잘 보여 줌.

[출처: 게티이미지]

🔵 평창 월정사 8각 9층 석탑

2. 화약 제조 기술

① 고려 말 왜구가 자주 침입했습니다.
② 최무선: 수차례의 연구를 통해 화약을 만드는 데 성공했습니다.
③ 이후 고려는 화약을 이용한 화포를 만들어 왜구를 무찔렀습니다.

☑ **고려청자**

처음에는 순청자를 만들었으나, 점차 상감 기법을 적용해 무늬를 새겨 넣은 ❺ [ㅅ][ㄱ] 청자가 발달했습니다.

역시 고려청자는 아름다워.

상감 기법이 돋보이네.

☑ **불교 예술의 발달**

고려 시대에는 불교를 널리 믿어 탑, 절, ❻ [ㅂ][ㅅ] 등 불교 예술이 발달했습니다.

논산 관촉사 석조 미륵 보살 입상이야.

불상의 높이가 18m가 넘어.

정답 ❺ 상감 ❻ 불상

용어
사전

❋**도자기**
흙에 물을 부어서 반죽해 모양을 만들고 말린 후 높은 열에 구워서 만든 그릇

개념 다지기

11종 공통

1 팔만대장경에 대한 설명으로 알맞은 것은 어느 것입니까? (   )

① 고려에서 처음으로 만든 대장경이다.

② 거란의 침입을 이겨 내고자 만들었다.

③ 현재 프랑스 국립 도서관에 보관되어 있다.

④ 고려의 목판 인쇄술이 뛰어났음을 잘 보여 준다.

⑤ 유교가 고려 사회에 미쳤던 영향력을 짐작해 볼 수 있다.

11종 공통

2 합천 해인사 장경판전에 대한 설명으로 알맞은 것에 ○표를 하시오.

(1) 고려 시대에 건축되었습니다. (   )

(2) 『직지심체요절』이 보관되어 있습니다. (   )

(3) 유네스코 세계 유산으로 등재되어 있습니다.

(   )

11종 공통

3 금속 활자의 특징으로 알맞은 것을 보기 에서 찾아 기호를 쓰시오.

보기
㉠ 쉽게 마모되어 보관이 어려웠습니다.
㉡ 여러 종류의 책을 만드는 데 효율적이었습니다.

(   )

11종 공통

4 『직지심체요절』에 대한 설명으로 알맞은 것은 어느 것입니까? (   )

① 우리나라 최초의 목판 인쇄본이다.

② 유교의 가르침을 담고 있는 책이다.

③ 현재 합천 해인사 장경판전에 보관되어 있다.

④ 경주 불국사 삼층 석탑을 보수하는 과정에서 발견되었다.

⑤ 유럽에서 만든 금속 활자보다 70여 년 이상 앞서 제작되었다.

11종 공통

5 고려청자에 대해 바르게 말한 어린이는 누구입니까?

(   )

① 해림: 만들기가 쉬웠다.

② 용성: 주로 서민들이 사용했다.

③ 진영: 주로 단순한 장식품으로 만들어졌다.

④ 성희: 몽골의 기술에 영향을 받아 만들어졌다.

⑤ 초아: 당시 귀족들의 화려한 문화를 엿볼 수 있다.

천재교육, 금성출판사, 동아출판, 비상교과서

6 고려 시대 불교 예술로 알맞은 것의 기호를 쓰시오.

㉠

⬢ 평창 월정사 8각 9층 석탑

㉡
⬢ 경주 불국사 다보탑

(   )

Step ① 단원평가

[1~5] 다음은 개념 확인 문제입니다. 물음에 답하시오.

1 후고구려를 세운 사람은 누구입니까?

(   )

2 귀주 대첩을 승리로 이끈 인물은 (강감찬 / 김춘추)
입니다.

3 근거지를 강화도에서 진도, 제주도로 옮겨 가며 고려
정부와 몽골에 맞서 싸운 군대는 무엇입니까?

(   )

4 팔만대장경은 부처의 힘으로 (몽골 / 일본)의 침입을
이겨 내고자 만들었습니다.

5 고려(청자 / 백자)는 푸른 빛깔의 도자기입니다.

11종 공통

6 다음은 후삼국의 통일 과정입니다. ㉠, ㉡에 들어갈 알
맞은 나라를 쓰시오.

아들에게 왕위를 빼앗긴 견훤이 고려에 항복했음.

⬇

힘이 약해진 ㉠ 가 고려에 항복했음.

⬇

왕위 다툼으로 혼란해진 ㉡ 를 물리치고 후삼국을 통일했음.

㉠ (   ) ㉡ (   )

11종 공통

7 다음 글을 통해 알 수 있는 왕건의 정책은 무엇입니까?

(   )

• 지방의 힘 있는 호족에게 왕씨 성을 주어 친척 관계가 되었습니다.   • 왕건은 여러 호족의 딸과 결혼해 부인 스물아홉 명과 자녀 서른네 명을 두었습니다.

① 백성들의 세금을 줄였다.
② 북쪽으로 영토를 넓혔다.
③ 발해 유민을 받아들였다.
④ 호족을 자신의 편으로 만들었다.
⑤ 가난한 사람들이 굶주리지 않도록 힘썼다.

11종 공통

8 다음 사건을 일어난 순서대로 기호를 쓰시오.

㉠ 윤관이 여진을 공격하고 9성을 쌓았습니다.   ㉡ 강감찬이 귀주 대첩에서 큰 승리를 거두었습니다.   ㉢ 서희가 외교 담판을 벌여 강동 6주를 확보했습니다.

(   ) → (   ) → (   )

천재교육, 교학사, 금성출판사, 김영사, 동아출판, 비상교과서, 지학사

9 고려의 주요 수출품으로 알맞은 것을 두 가지 고르시오.

(,   )

① 유황   ② 인삼   ③ 수은
④ 향신료   ⑤ 나전 칠기

11종 공통

10 몽골의 침입 때 고려가 다음과 같은 이유로 도읍으로 정하고 옮긴 지역은 어디입니까? (　　　)

> 육지와 가까운 섬이지만 물살이 매우 빠르고 갯벌이 넓어 몽골군이 침략하기 어려운 지역이었습니다.

① 서경　　　　② 진도　　　　③ 탐라
④ 개경　　　　⑤ 강화도

천재교육, 천재교과서, 김영사, 동아출판,
비상교과서, 아이스크림 미디어, 지학사

11 다음 전투에 대한 설명은 무엇인지 알맞게 줄로 이으시오.

(1) 처인성 전투　·

　·㉠ 김윤후는 주민들과 힘을 합쳐 몽골군의 장수를 죽였음.

(2) 충주성 전투　·

　·㉡ 김윤후가 노비 문서를 불태웠고, 노비들도 힘을 합쳐 성을 지켜 냈음.

천재교육, 동아출판, 미래엔

12 다음 ☐ 안에 들어갈 고려의 왕을 쓰시오.

> 원의 힘이 약해지자 ☐☐은 원을 따르던 세력을 제거하고 원에게 빼앗겼던 영토를 되찾았습니다.

(　　　　　　　　　)

11종 공통

13 다음 문화유산의 우수한 점은 무엇입니까? (　　　)

△ 합천 해인사 장경판전

① 동굴처럼 만들어졌다.
② 뛰어난 예술 감각을 보여 주는 건물이다.
③ 천장은 여러 개의 돌을 아치형으로 쌓았다.
④ 습도를 조절할 수 있게 과학적으로 설계되었다.
⑤ 우리나라에 남아 있는 문화유산 중 가장 오래된 건물이다.

11종 공통

14 고려 시대 문화유산으로 알맞지 <u>않은</u> 것은 어느 것입니까? (　　　)

①

△ 청자 상감 모란 구름 학 무늬 베개

②
[출처: 뉴스뱅크]
△ 『직지심체요절』

③
△ 평창 월정사 8각 9층 석탑

④
△ 첨성대

천재교육, 천재교과서, 김영사, 동아출판, 미래엔, 비상교과서, 아이스크림 미디어

15 다음과 같이 고려에서 과거 제도를 실시한 까닭을 쓰시오.

답 힘이 커진 ❶ [   ]이나 공신들의 세력을 약화하고 왕에게 충성하는 신

하를 뽑아 왕권을 ❷ [   ]하기 위해서이다.

16 다음 질문에 대한 알맞은 대답을 쓰시오.   11종 공통

> 서희의 담판으로 고려가 얻어낸 성과는 무엇입니까?

_____

_____

17 다음은 고려청자에 대해 정리한 표입니다.   11종 공통

사용한 사람	주로 귀족들이 사용했음.
㉠ 청자	표면을 파서 무늬를 만들고 그 자리에 다른 색깔의 흙을 메워 구운 청자
용도	㉡

(1) 위 ㉠에 들어갈 공예 기법은 무엇인지 쓰시오. (   )

(2) 위 ㉡에 들어갈 고려청자의 용도를 쓰시오.

_____

_____

서술형 가이드
어려워하는 서술형 문제!
서술형 가이드를 이용하여 풀어 봐!

15 과거제는 (유교 / 불교)적 지식을 평가해 왕에게 충성하는 신하를 뽑는 제도였습니다.

16 거란의 1차 침입 때 [ ][ ]는 거란의 장수와 담판을 벌여 강동 6주를 확보했습니다.

17 (1) 상감은 겉을 파내고 그 자리에 다른 [ ][ ]의 흙을 메워 무늬를 만드는 기법입니다.

(2) 고려청자는 찻잔, 주전자 등 [ ][ ][ ][ ]으로 사용되었습니다.

학습 주제 고려의 기술과 문화

학습 목표 팔만대장경을 통해 고려의 기술과 문화의 우수성을 알 수 있다.

[18~20] 다음은 팔만대장경판을 만드는 과정입니다.

1 나무를 잘라 바닷물에 2~3년간 담가 두기

2 나무를 알맞은 크기로 잘라 소금물에 삶기

3 바람이 잘 드는 그늘에서 말린 뒤 경판 만들기

4 목판에 대장경 원고를 새기기

5 새긴 목판을 종이에 찍어 내 보고 틀린 글자 골라내기

6 귀퉁이를 구리판으로 마감하고 옻칠하기

18 위 팔만대장경판을 만드는 과정을 보고 느낀 점을 쓰시오.   11종 공통

답 부처의 힘으로 [   ]을 물리치고자 하는 간절한 마음이 느껴진다.

천재교육, 김영사, 동아출판, 미래엔, 비상교과서, 비상교육, 아이스크림 미디어

19 다음은 팔만대장경판을 제작할 때 뒤틀림을 막고자 한 작업입니다. (   ) 안의 알맞은 말에 ○표를 하시오.

• 나무를 잘라 오랫동안 ❶(바닷물 / 강물)에 담가 두었습니다.
• 귀퉁이에 ❷(목판 / 구리판)을 덧대고 옻칠을 했습니다.

20 팔만대장경판으로 알 수 있는 고려 기술의 우수성을 쓰시오.   11종 공통

_____

_____

팔만대장경

• 몽골의 침입을 부처의 힘으로 극복하기 위해 만들었습니다.

• 고려 시대 목판 인쇄술의 우수함을 잘 보여 주고 있습니다.

• 팔만대장경판은 합천 해인사 장경판전에 보관되어 잘 보존될 수 있었습니다.

팔만대장경판에는 오천만 자가 넘는 글자가 새겨져 있지만 틀린 글자가 거의 없어.

개념 ① 조선의 건국

1. 조선의 건국 과정

> 고려가 몽골(원)의 간섭을 받던 시기부터 고려 말까지 권력을 누리던 지배 세력

고려 말의 사회 혼란	• 외적의 침입과 권문세족의 횡포로 나라가 혼란스러웠음. • 신진 사대부는 성리학을 바탕으로 개혁을 주장했고, 외적을 무찌르는 과정에서 이성계 등 신흥 무인 세력이 성장했음.
위화도 회군 (1388년)	요동 정벌을 나섰던 이성계가 위화도에서 군대를 돌려 개경으로 돌아와 권력을 잡았음.
신진 사대부의 대립	이성계와 신진 사대부는 토지 개혁 등 여러 제도를 고쳐 나갔으나, 개혁의 방향을 둘러싸고 신진 사대부 안에서 갈등이 생겼음. **정몽주** 고려를 유지하며 개혁하려고 했음. **정도전** 개혁을 위해 새로운 나라를 세우려 했음.
조선 건국 (1392년)	• 이성계는 정도전과 힘을 합쳐 정몽주 등을 제거하고 조선을 세움. • 도읍을 한양으로 옮겼음(1394년).

2. 한양 도읍의 건설

① 한양을 도읍으로 삼은 까닭: 한강이 있어 물자를 옮기거나 농사짓기에 좋았고, 산으로 둘러싸여 외적의 침입을 막아 내는 데 유리했습니다.

② 유교 정신을 담은 한양의 건축물

건물의 배치	경복궁을 중심으로 동쪽에는 종묘, 서쪽에는 사직단을 세웠음.
성곽의 4대문	• 유교의 가르침에서 중요한 덕목인 어질고(인), 옳고(의), 예의 바르고(예), 지혜롭다(지)의 의미를 담았음. • 흥인지문(인, 동쪽 대문), 돈의문(의, 서쪽 대문), 숭례문(예, 남쪽 대문), 숙정문(지, 북쪽 대문)

3. 『경국대전』 편찬 → 세조 때 만들기 시작하여 성종 때 완성되었습니다.

① 『경국대전』: 조선의 기본 법전으로, 유교의 가르침을 중심으로 나라를 다스리고 사회 질서를 유지하기 위해 만들었습니다.

② 담긴 내용 예 → 조선의 정치, 경제, 사회, 문화와 관련된 각종 법규가 담겨 있습니다.

> • 부모가 건강이 매우 나쁘거나 70세 이상이면 아들 한 명의 군역을 면제한다.
> • 남자는 15세, 여자는 14세가 되어야 혼인할 수 있다.
> • 땅을 사고팔면 100일 이내에 관청에 보고한다.

→ 일정 기간 나라의 군인이 되는 의무를 지는 일

→ 부모님께 효도하는 것을 중요시 했음을 알 수 있습니다.

☑ 조선의 도읍 한양

이성계는 나라의 중앙에 있는 한양을 도읍으로 삼고 ❶ ⃞ ⃞ 의 가르침을 담아 도읍으로 설계했습니다.

4대문에 인의예지를 왜 담았을까?

백성들에게 유교의 가르침을 알리고자 한 거야.

정답 ❶ 유교

> 내 교과서 살펴보기 / 교학사, 미래엔, 비상교과서, 비상교육

나라의 기틀을 마련하기 위한 노력

• 전국을 8도로 나누고, 그 아래 군현을 두어 수령을 파견했습니다.
• 16세 이상의 남자들에게 호패를 차게 해 인구수를 파악하고 세금을 거뒀습니다.
• 과거 시험을 통해 관리를 뽑았습니다.

→ 향교나 성균관 등에서 유교의 가르침을 공부한 사람들은 관리가 되기 위해 과거 시험을 보았습니다.

용어 사전

● **경복궁**
임금의 덕으로 큰 복을 누리라는 뜻의 궁궐

● **종묘**(宗 제사 종 廟 사당 묘)
역대 왕과 왕비의 위패를 모시고 제사를 지내는 곳

● **사직단**
토지의 신과 곡식의 신에게 제사를 지내는 곳

개념② 세종의 업적

→ 세종은 학문 연구를 위해 집현전을 설치해 도서 수집, 왕에게 자문 등을 담당하게 했으며 능력 있는 학자들을 키웠습니다.

1. 훈민정음의 창제

만든 까닭	한자를 몰라 어려움을 겪는 백성들의 불편함을 줄이기 위해서
특징	• 스물여덟 글자로, 혀와 입술의 모양, 하늘, 땅, 사람의 모양을 본떠 만들었음. • 독창적이고 과학적으로 만들어져 모든 소리를 표현할 수 있고, 누구나 쉽게 배우고 쓸 수 있음. → 훈민정음은 백성을 가르치는 바른 소리라는 뜻을 담고 있습니다.

2. 과학 기구의 발명

백성들이 시각을 알 수 있도록 많은 사람이 오는 한양 거리에 설치했습니다.

측우기	자격루	앙부일구	혼천의
비가 내린 양을 측정하는 기구	자동으로 종을 쳐 시각을 알려 주는 물시계	해의 그림자를 관측해 시각을 측정하는 해시계	해, 달, 별의 움직임을 관찰하는 천문 관측기구

[출처: 게티이미지]

3. 다양한 책의 편찬

『농사직설』	우리나라의 환경에 맞는 농사법을 정리한 책
『향약집성방』	우리나라의 약재로 질병의 치료법을 소개한 책
『삼강행실도』	효자, 충신 등 유교의 가르침을 담은 책

4. 국방의 안정과 영토 확장

쓰시마섬 정벌	왜구의 근거지인 대마도(쓰시마섬)를 정벌했음.
4군 6진 개척	여진을 몰아내고 4군 6진을 설치해 압록강과 두만강까지 영토를 넓혔음.

⬥ 4군 6진

☑ 훈민정음

훈민정음은 ❷[한][자]를 모르는 백성들을 위해 만든 글자로, 누구나 쉽게 배우고 쓸 수 있었습니다.

내 교과서 살펴보기 / 천재교과서, 교학사, 김영사, 미래엔, 비상교과서, 비상교육, 아이스크림 미디어

『칠정산』
• 혼천의 등을 통해 조선에서 관측한 자료를 바탕으로 만든 역법서입니다.
• 현재 사용하고 있는 달력과 비교해도 큰 차이가 없을 정도로 정확합니다.

☑ 세종 대 과학 기구의 발명

세종 대 ❸[측][우][기], 앙부일구 등의 발명은 농사에 큰 도움을 주었습니다.

정답 ❷ 한자 ❸ 측우기

개념 3 조선 전기의 사회와 문화

1. 유교 국가 조선

① 조선은 유교를 나라의 통치 원리로 삼았습니다.

② 나라에 충성하고 부모와 어른을 공경하며, 남자와 여자, 아이와 어른 사이에 지켜야 할 도리를 중시했습니다.

③ 나라의 행사뿐 아니라 유교 예절에 따라 결혼, 장례, 제사 등이 치러졌습니다.

요.중 2. 조선 시대의 신분

① 법적으로 양인과 천인으로 신분이 정해져 있었지만, 실제적으로는 양반, 중인, 상민, 천민으로 구분되었습니다.

② 신분에 따른 생활 모습 → 사람들은 유교 질서에 따라 주어진 신분대로 살아갔습니다.

양반	유교의 가르침이 담긴 책을 공부하거나 관리가 되어 나라의 중요한 일을 결정했음.

중인	높은 관리를 도와 일을 하거나 의학, 법률에 관한 일, 통역 등을 했음.

상민	대부분 농사를 지었고, 세금을 냈으며 성인 남자 대부분은 군인으로서 나라를 지킬 의무가 있었음.

천민	대부분 노비이며, 노비는 양반이나 나라의 재산으로 여겨져 주인을 위해 일했음.

☑ 조선 시대의 신분

조선의 신분은 양반, **④** [ㅈ][ㅇ], 상민, 천민으로 나뉘었고, 사람들은 주어진 신분대로 살아갔습니다.

3. 조선 전기의 문화

양반 중심 문화	• 유교의 가르침에 따라 검소함이 강조되어 분청사기와 백자가 인기를 끌었음. • 양반들은 매화, 난초, 국화, 대나무를 소재로 하여 선비의 올곧은 마음을 표현했음.
신사임당	• 유교 경전을 공부했고 글과 시를 잘 썼음. • 그림 실력도 뛰어났음. 예「초충도」

☑ 조선 전기의 문화

조선 전기에는 **⑤** [ㅂ][ㅊ] 사기와 백자가 인기 있었고, 양반 중심의 문화를 보여 주는 그림이 그려졌습니다.

정답 ❹ 중인 ❺ 분청

용어 사전

•분청사기
청자의 그릇 표면에 흰 흙을 발라 다시 구워 낸 자기

•백자
흰 흙에 유약을 발라 구운 자기

> **내 교과서 살펴보기 / 천재교육, 교학사, 김영사, 동아출판, 미래엔**
>
> **조선 전기 여성의 삶**
> • 여성은 결혼한 뒤에도 한동안 남편과 함께 친정에 머물렀습니다.
> • 아들과 딸이 고르게 유산을 물려받았고, 제사도 아들과 딸이 돌아가며 지냈습니다.

개념 다지기

1

단원

1 다음에서 설명하는 인물은 누구입니까? (   )

11종 공통

- 위화도에서 군대를 되돌려 반대 세력을 몰아내고 권력을 잡았습니다.
- 고려를 멸망시키고 조선을 세웠습니다.

① 김춘추   ② 이순신
③ 김유신   ④ 이성계
⑤ 곽재우

천재교육, 천재교과서, 교학사, 금성출판사, 김영사,
동아출판, 미래엔, 비상교육, 지학사

2 조선이 한양을 도읍으로 삼은 까닭을 두 가지 고르시오.
(,   )

① 교통이 편리하기 때문에
② 낙동강이 흐르고 있기 때문에
③ 농사짓고 생활하기에 좋기 때문에
④ 우리나라의 남쪽에 위치하고 있기 때문에
⑤ 외적의 방어에 유리한 섬 지역이기 때문에

3 훈민정음에 대한 설명으로 알맞은 것을 보기 에서 두 가지 찾아 기호를 쓰시오.

11종 공통

보기

㉠ 양반을 위해 만들었습니다.
㉡ 선조가 만들어 보급했습니다.
㉢ 백성들이 쉽게 글을 읽을 수 있게 되었습니다.
㉣ 독창적이고 과학적으로 만들어져 모든 소리를 표현할 수 있습니다.

(,   )

4 비가 내린 양을 측정했던 과학 기구는 무엇입니까?
(   )

11종 공통

① 간의   ② 혼천의
③ 측우기   ④ 자격루
⑤ 앙부일구

5 조선 시대의 신분 제도에 관해 바르게 말한 어린이를 두 명 쓰시오.

11종 공통

진영: 상민은 나라에 세금을 냈어.
선아: 양반은 대부분 농사를 지었어.
효선: 천민이라도 노력을 하면 쉽게 신분을 바꿀 수 있었어.
세영: 실제적으로 양반, 중인, 상민, 천민으로 신분이 구분되었어.

(,   )

천재교육, 교학사, 동아출판, 비상교과서, 지학사

6 조선 전기의 문화를 엿볼 수 있는 문화유산에 ○표를 하시오.

(1)
[출처: 국립중앙박물관]
△ 분청사기 물고기무늬 병
(   )

(2)
[출처: 국립중앙박물관]
△ 청자 어룡형 주전자
(   )

개념 ① 임진왜란

1. 임진왜란의 발발과 전쟁 초기 조선의 상황

임진왜란 전 조선의 상황	오랫동안 평화가 유지되면서 전쟁에 관한 대비를 제대로 하지 않았음. → 양반 사회가 분열되어 정치적으로 혼란스러웠습니다.
임진왜란의 발발	일본을 통일한 도요토미 히데요시는 명을 치러 가는 길을 빌려 달라는 구실로 조선을 침략했음.
전쟁 초기 조선의 상황	• 일본군은 빠르게 부산에서 한양으로 향했음. • 선조는 의주로 피란하고 명에 지원군을 요청했음. • 조선군은 육지에서 거듭 패배했지만 이순신이 이끄는 수군과 의병의 활약으로 전쟁의 흐름이 바뀌었음. → 나라를 지키려고 백성들이 스스로 일으킨 군대

2. 이순신과 수군의 활약

⬆ 임진왜란 해전도

한산도 대첩에서 학익진 전법으로 큰 승리를 거두었습니다.

⬆ 학익진 전법

이순신의 활약	이순신은 옥포, 사천, 한산도 등에서 연이어 승리를 거두었음.
수군이 승리를 거둘 수 있었던 까닭	• 판옥선: 여러 대의 화포를 동시에 사용할 수 있을 뿐만 아니라 바닥이 평평해 방향 전환에 유리했음. • 거북선: 판옥선에 철 지붕을 씌운 배로 적진으로 돌진해 일본군의 대열을 무너뜨렸음. 거침없이 곧장 나아감.← • 학익진 전법: 학이 날개를 편 모양으로 상대방을 포위해 공격하는 전술임.
수군의 승리가 미친 영향	바다로 식량과 무기를 운반하려던 일본군의 계획을 막았고, 전라도와 충청도의 곡창 지대를 지켰음. → 쌀 따위의 곡식이 많이 나는 지대

내 교과서 살펴보기 / 천재교육, 천재교과서, 금성출판사, 김영사

『난중일기』

임진왜란 중에 이순신이 매일매일의 전투 상황을 기록한 일기로 이순신은 전쟁에서의 일뿐만 아니라 당시의 날씨, 지형, 백성의 생활 모습까지 상세히 기록했습니다.

☑ **임진왜란**

1592년에 ❶ ㅇ ㅂ 을 통일한 도요토미 히데요시가 조선을 침략하여 일어난 전쟁입니다.

도요토미 히데요시, 선조와 관련 있는 전쟁은?

임진왜란!

☑ **수군이 승리할 수 있었던 까닭**

판옥선, ❷ ㄱ ㅂ ㅅ, 우수한 전술 등으로 이순신은 여러 전투에서 승리할 수 있었습니다.

뾰족해서 적이 배에 올라탈 수 없었겠네.

거북선이다!

정답 ❶ 일본 ❷ 거북선

용어 사전

⬥ **발발**

전쟁이나 큰 사건 등이 갑자기 일어남.

⬥ **피란(避 피할 피 亂 어지러울 란)**

전쟁을 피해서 다른 곳으로 옮겨 가는 것

⬥ **판옥선**

널빤지로 지붕을 덮은 전쟁에 사용된 배

3. 의병의 활약과 조선군의 반격

△ 관군과 의병의 주요 전투

의병의 활약	• 곽재우 등은 의병을 일으켰음. → 곽재우는 붉은색 옷을 입고 전투에 나가 '홍의 장군'이라고 불렸습니다. • 양반부터 노비까지 다양한 신분이 참여했음. • 익숙한 지형을 활용해 전투에서 적은 인원으로도 승리했음.
진주 대첩	진주성에서 김시민은 관군과 의병을 이끌고 일본군에 맞서 큰 승리를 거두었음.
행주 대첩	행주산성에서 권율의 지휘 아래 군인, 승병, 일반 백성이 힘을 합쳐 일본군에 큰 승리를 거두었음. → 나라를 지키기 위해 모인 승려로 구성된 군사

4. 전쟁의 결과와 피해

전쟁 결과	• 정유재란(1597년): 행주 대첩에서 패한 일본군은 강화 회담을 제안했지만 실패하자 다시 침입했음. • 조선의 승리: 이순신이 명량과 노량 앞바다에서 일본군을 물리치면서 전쟁이 끝났음. → 도요토미 히데요시가 죽자 일본군은 조선에서 철수했고, 이순신이 철수하는 일본군을 노량에서 물리쳤습니다.
전쟁의 피해	• 문화유산들이 불타 없어지고 일본에 약탈당했음. • 많은 사람이 죽거나 다쳤고, 일본에 포로로 끌려갔음. • 땅이 황폐해져 백성들의 생활과 나라 살림이 어려워졌음.

☑ 의병의 활약

의병은 양반에서 천민까지 신분이 다양했으며, 고장의 ❸ㅈㅎ을 잘 활용해 전투에서 승리했습니다.

곽재우는 자신의 재산으로 의병을 일으켰대.

나라를 지키려는 마음이 대단해.

정답 ❸ 지형

내 교과서 살펴보기 / 천재교과서

통신사
• 통신사는 조선에서 일본에 보냈던 사신을 부르는 명칭입니다.
• 임진왜란으로 조선은 일본과의 외교 관계를 끊었지만 몇 년 후 조선은 통신사를 보내 일본과 국교를 회복하고 일본에 끌려갔던 사람들을 데려왔습니다.

용어 사전
• 반격(反 돌이킬 반 擊 칠 격) 되받아 공격함.
• 강화 회담 서로 전쟁을 하던 나라가 싸움을 그만두기 위해 한 자리에 모여 토의하는 일
• 황폐(荒 거칠 황 廢 폐할 폐) 집, 토지, 삼림 따위가 거칠어져 못 쓰게 됨.

개념 2 병자호란

1. 광해군의 중립 외교

→ 중립 외교는 나라 사이에 다툼이나 전쟁이 일어났을 때 어느 편에도 끼지 않고 중간 입장을 지키는 것입니다.

임진왜란을 틈타 세력이 커진 여진족이 후금을 세우고 명을 위협했음.	»	명은 후금을 물리치려고 조선에 군사를 요청했음.

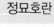 **광해군의 중립 외교**
- 명의 요청으로 군사를 보냈지만 상황을 판단해 행동하도록 했음.
- 명과 후금 사이에서 중립 외교를 펼치며 후금의 침략을 피하려 했음.

2. 정묘호란(1627년)

인조가 왕이 됨.		정묘호란		결과
중립 외교 정책에 반대한 세력은 광해군을 몰아내고 인조를 왕으로 세웠음.	⇒	인조가 명을 가까이 하고 후금을 멀리하자 후금이 조선을 침략했음.	⇒	조선은 후금과 형제의 나라로 지내자는 약속을 하고 전쟁을 끝냈음.

3. 병자호란(1636년)

청의 침입	후금은 나라 이름을 청으로 바꾸고, 조선에 임금과 신하의 관계를 요구했으나 조선이 거절하자 침입했음.

↓

→ 남한산성은 높고 가파른 산으로 둘러싸여 있어 적의 공격을 방어하기에 유리했고 전투 시설과 왕이 머물 수 있는 행궁이 있었습니다.

인조 남한산성 으로 피신	• 인조는 <u>남한산성</u>으로 들어가 싸웠음. • 남한산성 상황: 식량이 떨어지고 한겨울의 추위가 심해졌고, 성안 신하들의 의견이 둘로 나뉘었음. 　김상헌 청과 끝까지 싸워야 함. 　최명길 화해로 싸움을 멈춰야 함.	 ⬆ 남한산성 *수어장대

↓

항복	• 인조는 남한산성에서 나와 삼전도에서 청 태종에게 항복했음. • 서울 삼전도비: 청 태종이 인조의 항복을 받은 후 자신의 공덕을 기록해 세운 비석

↓

결과	• 조선은 청과 임금과 신하의 관계를 맺었음. • 세자를 비롯해 많은 백성이 청에 끌려가 고통을 겪었음.

☑ 중립 외교

광해군은 약해지는 ❹ [口] 과 강해지는 후금 사이에서 중립 외교를 펼치며 후금의 침략을 피했습니다.

☑ 병자호란

청이 조선을 침략한 전쟁으로 인조는 ❺ [ㄴ][ㅎ][ㅅ][ㅅ] 에서 청군에 맞섰으나 결국 항복했습니다.

 정답 ❹ 명 ❺ 남한산성

용어사전

* **수어장대**
남한산성의 가장 높은 곳으로, 적을 살피고 군사를 지휘하던 장소

개념 다지기

11종 공통

1 다음 임진왜란 해전도와 관련 있는 인물은 누구입니까?
( )

① 왕건 ② 이순신
③ 강감찬 ④ 김춘추
⑤ 정몽주

11종 공통

2 임진왜란 중에 일어났던 의병의 활약에 대한 설명으로 알맞은 것에 모두 ○표를 하시오.

(1) 의병은 양반만 될 수 있었습니다. ( )

(2) 익숙한 지형을 활용하는 전술을 펼쳤습니다.
( )

(3) 곽재우는 자신의 재산으로 의병을 모아 여러 전투에서 일본군과 싸워 이겼습니다. ( )

11종 공통

3 권율이 일본군을 물리치고 큰 승리를 거둔 전투는 무엇입니까? ( )

① 귀주 대첩 ② 행주 대첩
③ 명량 대첩 ④ 상주 전투
⑤ 진주 대첩

11종 공통

4 명이 쇠퇴하고 후금이 성장하는 상황에서 중립 외교를 펼쳤던 조선의 왕은 누구입니까? ( )

① 선조 ② 세종
③ 태조 ④ 영조
⑤ 광해군

11종 공통

5 다음은 정묘호란에 대한 설명입니다. ( ) 안에 들어갈 알맞은 말에 ○표를 하시오.

> 조선에 쳐들어온 후금은 (형제 / 임금과 신하)의 관계를 맺는다는 조건으로 전쟁을 끝냈습니다.

11종 공통

6 병자호란에 대한 설명으로 알맞지 <u>않은</u> 것은 어느 것입니까? ( )

① 청이 침략한 전쟁이다.
② 인조는 남한산성으로 피신했다.
③ 전쟁이 끝나고 청과 형제의 관계를 맺었다.
④ 청은 조선에 임금과 신하의 관계를 요구했다.
⑤ 전쟁이 끝나고 많은 대신과 백성이 청에 인질로 끌려갔다.

Step ① 단원평가

[1~5] 다음은 개념 확인 문제입니다. 물음에 답하시오.

1 이성계가 세운 나라는 무엇입니까?
( )

2 세종 대에 만든 천문 관측기구는 (앙부일구 / 혼천의)
입니다.

3 조선은 정치와 일상생활에서도 (유교 / 불교) 예절을
강조했습니다.

4 율곡 이이의 어머니로, 「초충도」 등의 작품을 남긴 사람
은 누구입니까? ( )

5 병자호란은 (청 / 명)이 조선을 침략해 일어난 전쟁
입니다.

11종 공통

6 조선의 건국 과정에 대한 설명으로 알맞은 것은 어느
것입니까? ( )
① 개경을 도읍으로 정했다.
② 정몽주를 중심으로 한 세력이 조선을 세웠다.
③ 정도전은 고려 사회를 유지해야 한다고 주장했다.
④ 정몽주는 고려를 무너뜨리고 새 왕조를 세워야
한다고 주장했다.
⑤ 위화도 회군으로 권력을 잡은 이성계와 신진 사
대부가 힘을 합쳐 개혁을 했다.

11종 공통

7 한양에 대한 설명으로 알맞지 <u>않은</u> 것은 어느 것입니까?
( )
① 조선의 도읍이다.
② 나라의 중심에 위치해 있다.
③ 한강이 흘러 교통이 편리하다.
④ 경복궁, 종묘, 사직단 등의 건축물이 있다.
⑤ 불교의 가르침을 담아 도읍으로 설계되었다.

천재교육, 천재교과서, 교학사, 금성출판사, 김영사,
동아출판, 미래엔, 비상교과서, 비상교육, 지학사

8 다음과 같은 내용을 담고 있는 조선 최고의 법전은 무
엇인지 쓰시오.

⚐ 남자는 15세, 여자는 14세가 되　⚐ 땅을 사고팔면 100일 이내에
어야 혼인할 수 있다.　　　　　　 관청에 보고한다.

( )

11종 공통

9 다음과 관련된 세종의 업적은 무엇입니까? ( )

> 백성들이 글을 쓰고 읽을 수 있게 되었습니다.

① 4군 6진 개척　　　　② 훈민정음 창제
③ 『칠정산』 편찬　　　　④ 쓰시마섬 정벌
⑤ 앙부일구 발명

천재교육, 천재교과서, 교학사, 금성출판사, 김영사, 동아출판,
비상교과서, 비상교육, 아이스크림 미디어, 지학사

10 다음 과학 기구에 대해 바르게 말한 어린이를 두 명 고르시오. (,)

△ 자격루

△ 혼천의

① 예림: 성종이 만든 과학 기구들이야.

② 태린: 양반들을 위한 과학 기구들이야.

③ 민지: 자격루는 시간을 알려 주는 시계야.

④ 성준: 백성들의 생활에는 도움이 되지 않았어.

⑤ 효선: 혼천의는 하늘의 해와 달, 별의 움직임을 관찰하는 기구야.

천재교육, 천재교과서, 교학사, 김영사, 동아출판, 비상교과서,
비상교육, 아이스크림 미디어, 지학사

11 다음과 같은 전법으로 승리를 거둔 전투는 어느 것입니까? ( )

△ 학익진 전법

① 옥포 해전　　　② 노량 해전

③ 사천 해전　　　④ 명량 대첩

⑤ 한산도 대첩

12 임진왜란 때 다음 인물의 활약을 바르게 줄로 이으시오.

(1) 권율 ・

・㉠ 행주산성에서 관군, 의병, 승병과 힘을 합해 일본군을 물리쳤음.

(2) 곽재우 ・

・㉡ 자신의 재산으로 의병을 모아 여러 전투에서 일본군과 싸워 이겼음.

13 다음에서 설명하는 전쟁은 무엇입니까? ( )

- 인조를 왕으로 세운 세력이 후금과의 관계를 끊고 명을 돕자 후금이 쳐들어왔습니다.
- 조선과 후금이 형제 관계를 맺는다는 조건으로 전쟁을 끝냈습니다.

① 임진왜란　　　② 병자호란

③ 정묘호란　　　④ 행주 대첩

⑤ 한산도 대첩

14 병자호란과 관련 있는 문화유산에 ○표를 하시오.

(1)

△ 남한산성

(2)

△ 석굴암

( )　　( )

15 다음은 세종 대의 국방에 대한 설명입니다.

천재교육, 천재교과서, 금성출판사, 김영사, 동아출판, 비상교과서, 비상교육, 아이스크림 미디어

> 세종은 남쪽으로는 왜구의 근거지인 ⊙ (대마도)을 정벌하였고, 북쪽으로는 여진을 몰아내고 4군 6진을 설치하여 조선의 국경을 ⓒ

(1) 위 ⊙에 들어갈 지역을 쓰시오. (   )

(2) 위 ⓒ에 들어갈 조선의 국경을 쓰시오.

답 압록강과 [   ] 까지 넓혔다.

16 다음은 세종 대에 편찬된 책을 정리한 표입니다.

천재교육, 천재교과서, 교학사, 금성출판사, 김영사, 동아출판, 미래엔, 비상교과서, 비상교육, 아이스크림 미디어

⊙	우리나라의 환경에 맞는 농사법을 정리한 책
『향약집성방』	우리나라의 약재로 질병의 치료법을 소개한 책
『삼강행실도』	ⓒ

(1) 위 ⊙에 들어갈 책은 무엇인지 쓰시오. (   )

(2) 위 ⓒ에 들어갈 알맞은 내용을 쓰시오.

_____

_____

17 다음에서 설명하는 전쟁의 결과를 쓰시오.

11종 공통

> 1636년에 청이 조선에 임금과 신하의 관계를 요구하며 침략했습니다.

_____

_____

서술형 가이드
어려워하는 서술형 문제!
서술형 가이드를 이용하여 풀어 봐!

15 (1) 세종은 (왜 / 여진)의 근거지인 쓰시마섬을 정벌했습니다.

(2) 세종의 4군 [ ] 진 개척으로 오늘날의 국경선이 만들어졌습니다.

16 (1) 세종 대에 편찬한 농사 관련 책으로는 『(농사직설 , 삼국유사)』이/가 있습니다.

(2) 『삼강행실도』는 [ ][ ] 의 가르침을 담은 책입니다.

17 병자호란으로 조선은 청과 임금과 (신하 / 형제)의 관계를 맺었습니다.

Step ③ 수행평가

학습 주제 조선의 신분 질서

학습 목표 조선 시대에는 신분에 따라 생활 모습이 달랐음을 알 수 있다.

조선 시대의 신분

• 법적으로 양인과 천인으로 신분이 정해져 있었습니다.

• 실질적으로는 양반, 중인, 상민, 천민으로 나뉘었습니다.

• 유교 질서에 따라 주어진 신분대로 살았으므로 신분에 따라 하는 일과 입는 옷 등이 달랐습니다.

[18~20] 다음은 조선 시대 사람들의 생활 모습을 나타낸 그림입니다.

양반	㉠
관리가 되어 나라의 중요한 일을 결정했음.	의학, 법률에 관한 일, 통역 등을 했음.
상민	천민
㉡	대부분 노비로, 주인을 위해 일했음.

18 위 그림을 통해 알 수 있는 조선 사회의 모습을 쓰시오. 11종 공통

답 조선 시대에는 태어날 때부터 ❶ [   ] 이 정해져 있었으며, 사람들은 ❷ (유교 / 불교) 질서에 따라 주어진 신분대로 살아갔습니다.

19 위 ㉠에 들어갈 조선 시대의 신분을 쓰시오. 11종 공통

(   )

20 위 ㉡에 들어갈 상민의 생활 모습을 쓰시오. 11종 공통

_____

_____

상민은 대부분 농사를 지었으며, 상인, 수공업자도 상민에 속했어.

Q 배점 표시가 없는 문제는 문제당 4점입니다.

1 나라의 등장과 발전

11종 공통

1 다음 고조선의 법을 통해 알 수 있는 고조선 사회의 모습으로 알맞지 <u>않은</u> 것은 어느 것입니까? (   )

> • 사람을 죽인 사람은 사형에 처한다.
> • 남을 다치게 한 사람은 곡식으로 갚는다.
> • 도둑질한 사람은 데려다 노비로 삼는다. 죄를 면하려면 50만 전을 내야 한다.

① 농경 사회였다.
② 화폐의 개념이 있었다.
③ 노비가 있는 신분제 사회였다.
④ 개인이 재산을 소유할 수 없었다.
⑤ 큰 죄는 법으로 엄격하게 다스렸다.

11종 공통

2 삼국의 성립과 발전에 대한 설명으로 알맞은 것은 어느 것입니까? (   )
① 신라의 법흥왕은 대가야를 정복했다.
② 신라는 삼국 중 가장 먼저 전성기를 맞았다.
③ 백제는 박혁거세가 한강 지역에 세운 나라이다.
④ 백제의 근초고왕은 요동 지역으로 세력을 확장했다.
⑤ 고구려의 장수왕은 평양 지역으로 수도를 옮기고 남쪽으로 영역을 확대했다.

11종 공통

3 다음 왕들의 공통점으로 알맞은 것을 두 가지 고르시오.
(,   )

> • 근초고왕   • 장수왕   • 진흥왕

① 도읍을 옮겼다.
② 영토를 확장했다.
③ 나라의 전성기를 이루었다.
④ 중국에서 불교를 받아들였다.
⑤ 이웃 나라와의 교류를 금지했다.

11종 공통

4 백제 사람들의 뛰어난 공예 기술과 예술성을 알 수 있는 문화유산은 어느 것입니까? (   )

①
△ 금관총 금관

②
△ 금동 대향로

③
△ 첨성대

④
△ 수렵도

🗂 서술형·논술형 문제
11종 공통

5 다음은 신라의 삼국 통일 과정입니다. [총 10점]

신라와 당의 동맹	신라의 김춘추와 당이 동맹을 맺었음.
백제 멸망	⊙ 이 이끄는 신라의 군대는 당의 군대와 연합해 백제를 멸망시켰음.
고구려 멸망	나당 연합군은 지배층이 내분에 빠진 고구려를 멸망시켰음.
삼국 통일	ⓛ

(1) 위 ⊙에 들어갈 인물은 김유신과 이순신 중 누구인지 쓰시오. [3점]

(   )

(2) 위 ⓛ에 들어갈 알맞은 내용을 쓰시오. [7점]

_____

_____

6 불국사에 대해 <u>잘못</u> 말한 어린이는 누구입니까?
( )

① 원권: 유네스코 세계 유산이야.
② 지호: 불국사의 불국은 부처의 나라라는 뜻이야.
③ 태린: 뛰어난 건축 기술과 예술성을 지니고 있어.
④ 민지: 고구려의 불교문화를 알 수 있는 중요한 문화유산이야.
⑤ 세영: 경주 불국사 삼층 석탑, 경주 불국사 다보탑 등의 문화유산이 있어.

7 다음 ㉠ 나라에 대한 설명으로 알맞은 것을 두 가지 고르시오. (,)

① 금성이 도읍지였다.
② 불교문화가 발달했다.
③ 한강 유역에 세워졌다.
④ 신라를 계승한 나라이다.
⑤ 당에서 '해동성국'이라고 불렀다.

---

2 독창적 문화를 발전시킨 고려

8 신라 말의 상황으로 알맞은 것을 두 가지 고르시오.
(,)

① 호족의 성장   ② 몽골의 침입
③ 권문세족의 횡포   ④ 신진 사대부의 등장
⑤ 귀족들의 왕위 다툼

9 다음은 태조의 〈훈요 10조〉의 일부입니다. ㉠, ㉡에 들어갈 알맞은 말을 쓰시오.

> 제1조 불교의 힘으로 나라를 세웠으므로 불교를 장려할 것
> 제4조 중국의 풍습에 따르되 같게 갈 필요는 없고, ㉠ 의 제도를 본받지 말 것
> 제5조 ㉡ (평양)을 중요시할 것

㉠ ( )
㉡ ( )

10 고려 시대 외적의 침입과 극복에 대해 바르게 말한 어린이를 쓰시오.

> 운용: 서희는 몽골의 장수와 담판을 벌여 강동 6주를 확보했지.
> 나현: 거란이 침입하자 고려는 도읍을 개경에서 강화도로 옮기고 거란과 싸웠어.
> 세진: 강감찬은 거란의 3차 침입 때 돌아가는 거란군을 귀주에서 크게 물리쳤어.

( )

11종 공통

11 몽골의 고려 침입과 관련된 내용으로 알맞지 <u>않은</u> 것은 어느 것입니까? (   )

① 몽골의 침입으로 황룡사 9층 목탑이 불탔다.

② 몽골 침입의 결과 고려는 몽골의 간섭을 받게 되었다.

③ 고려는 귀주성, 처인성, 충주성 등에서 몽골을 무찔렀다.

④ 별무반은 근거지를 옮겨 가며 고려와 몽골의 연합군에 저항했다.

⑤ 몽골의 1차 침입 이후 고려는 도읍을 개경에서 강화도로 옮겼다.

📋 **서술형·논술형 문제**

11종 공통

12 다음은 고려의 문화유산을 정리한 표입니다. [총 10점]

고려청자	고려 시대를 대표하는 공예품으로 푸른 빛깔의 도자기임.
팔만대장경	⟨⊙⟩의 침입을 막기 위해 만든 대장경임.
『직지심체요절』	⟨ⓛ⟩

(1) 위 ⊙에 들어갈 알맞은 말을 **보기**에서 찾아 ◯ 표를 하시오. [3점]

보기

• 송   • 여진   • 몽골

(2) 위 ⓛ에 들어갈 알맞은 내용을 쓰시오. [7점]

_____

_____

동아출판, 미래엔

13 고려 시대에 수차례의 연구를 통해 화약을 만드는 데 성공한 사람은 누구입니까? (   )

① 서희   ② 양규   ③ 강감찬

④ 김윤후   ⑤ 최무선

---

3 민족 문화를 지켜 나간 조선

11종 공통

14 다음 조선의 건국 과정에서 ⊙에 들어갈 내용으로 알맞은 것을 두 가지 고르시오. [6점] (,   )

| 신진 사대부와 신흥 무인 세력의 등장 | ➡ | ⊙ | ➡ | 조선의 건국 |

① 위화도 회군

② 몽골의 침입

③ 정몽주 제거

④ 4군 6진 개척

⑤ 권문세족의 등장

11종 공통

15 다음에서 설명하는 한양의 건축물은 무엇입니까?

(   )

한양 도성의 남쪽 대문으로 예의를 존중한다는 의미를 담고 있습니다.

① [출처: 셔터스톡] ⬆ 흥인지문

② [출처: 게티이미지] ⬆ 숭례문

③ [출처: 게티이미지] ⬆ 종묘

④ [출처: 게티이미지] ⬆ 숙정문

🗂 서술형·논술형 문제

16 다음은 조선 시대의 과학 기구입니다. [총 10점]

⬆ 자격루　　　　　　　⬆ 앙부일구

(1) 위와 같은 과학 기구를 만든 조선의 왕을 쓰시오.
[3점]

(　　　　　　　　　　)

(2) 위 과학 기구의 공통점을 쓰시오. [7점]

_____

_____

17 다음과 같은 생활을 했던 조선의 신분은 무엇입니까?
(　　　)

> 높은 관리를 도와 일을 하거나 의학, 법률에 관한 일, 통역 등을 했습니다.

①
⬆ 양반

②
⬆ 중인

③
⬆ 상민

④
⬆ 천민

18 조선이 임진왜란을 극복할 수 있었던 까닭을 두 가지 고르시오. (　　,　　)

① 삼별초의 항쟁
② 팔만대장경판의 제작
③ 강감찬의 뛰어난 전술
④ 이순신과 조선 수군의 활약
⑤ 곽재우를 비롯한 백성들의 의병 활동

19 다음과 같은 결과를 가져온 전쟁은 무엇인지 보기 에서 찾아 기호를 쓰시오.

> 조선과 후금이 형제 관계를 맺었습니다.

보기
㉠ 정묘호란　　　　㉡ 명량 대첩
㉢ 병자호란　　　　㉣ 행주 대첩

(　　　　　　　　　　)

20 병자호란에 대한 설명으로 알맞은 것은 어느 것입니까?
(　　　)

① 도요토미 히데요시가 조선에 쳐들어왔다.
② 권율이 행주산성에서 청군을 크게 무찔렀다.
③ 청군을 피해 인조는 강화도로 도읍을 옮겼다.
④ 병자호란이 발생하자 인조는 의주까지 피란했다.
⑤ 전쟁이 끝나고 조선과 청은 임금과 신하의 관계를 맺었다.

경주 불국사의 문화유산

불국사 | 부처 불佛 | 나라 국國 | 절 사寺 |

신라의 불교문화를 알 수 있는 중요한 문화유산으로 유네스코 세계 유산으로 지정되어 있습니다.

[출처: 게티이미지]

불국사 청운교와 백운교

불국토와 현실 세계를 이어 주는 다리라는 의미가 있기 때문에 계단이지만 다리의 이름처럼 '□□교'라고 합니다.

불국사 삼층 석탑
| 석 삼三 | 층 층層 | 돌 석石 | 탑 탑塔 |

탑의 원래 이름은 '석가여래상주설법탑'입니다.

불국사 다보탑 | 많을 다多 | 보배 보寶 | 탑 탑塔 |

목조 건물처럼 화려하게 장식되어 뛰어난 예술성을 보여 줍니다.

『무구정광대다라니경』

현재 남아 있는 목판 인쇄물 중 가장 오래된 목판 인쇄본으로 불국사 삼층 석탑을 보수하는 과정에서 발견되었습니다.

세종 때 만들어진 과학 기구

혼천의 | 뒤섞일 혼渾 | 하늘 천天 | 거동 의儀 |

하늘의 해와 달, 별의 움직임을 관찰할 수 있는 기구로, 천체 관측에 사용되었습니다.

하늘의 해와 달의 움직임을 알아야 정확한 시간이나 계절의 변화를 알 수 있습니다.

측우기 | 헤아릴 측測 | 비 우雨 | 그릇 기器 |

비가 내린 양을 측정해 지역의 기후를 파악하고 세금을 걷는 데 활용했습니다.

측우기를 만들어 각 고을에 보급해 백성들이 농사짓는 데 큰 도움이 되도록 했습니다.

앙부일구

| 우러를 앙仰 | 가마 부釜 | 날 일日 | 그림자 구晷 |

앙부일구는 햇빛을 받은 침의 그림자로 시각과 절기를 나타냈습니다.

자격루 | 스스로 자自 | 칠 격擊 | 샐루 루漏 |

2시간마다 십이지 신에 해당하는 동물 인형이 종과 북을 울려 시각을 알려 주었습니다.

초등 5학년 2학기	초등 5학년	중학교
임진왜란과 병자호란 임진왜란은 일본이, 병자호란은 청이 우리나라를 침입한 사건이에요.	6·25 전쟁 6·25 전쟁은 북한이 남한을 무력 통일 하려고 남침하면서 일어났어요.	6·25 전쟁의 발발 북한이 소련의 지원을 받고 선전포고 없이 무력 침공했어요.

만화로 단원 미리보기

사회의 새로운 변화와 오늘날의 우리

2

⑥ 조선 후기 사회의 모습

개념① 영조와 정조의 개혁 정치

1. 배경: 임진왜란 즈음부터 사람들이 ●붕당을 이루어 정치를 이끌어 나갔으나, 붕당 간에 의견 대립이 자주 일어나면서 정치가 혼란해졌습니다.

2. 영조의 개혁 정책

탕평책 실시	• 각 붕당의 인재를 골고루 뽑아 나랏일을 맡기는 탕평책을 시행했음. • 왕권을 강화하고 정치를 안정시킬 수 있었음. 두루 사귀면서 편을 가르지 않는 것이 군자의 공정한 마음이요, 편을 가르고 두루 사귀지 않는 것은 소인의 사사로운 마음이다. ◀ 탕평비(서울특별시 종로구)
생활 안정	• 백성의 생활을 안정시키고자 세금을 줄였음. • 억울한 옥살이를 하지 않도록 큰 죄를 지은 사람이 반드시 세 번 재판받을 수 있도록 했음.
학문과 제도 정비	법 조항을 정리하여 법전을 펴냈고, 여러 분야의 책을 만들었음.

3. 정조의 개혁 정책 → 법과 제도를 고쳐 여러 상인이 자유롭게 장사를 할 수 있도록 하고, 노비에 대한 대우를 개선했습니다.

탕평책 시행	영조의 탕평책을 이어받아 적극적으로 탕평책을 시행했음.
규장각 설치	여러 분야의 책을 수집해 나랏일과 관련된 정책과 학문을 연구하게 하고, 인재들을 재교육해 개혁 세력으로 길러 냈음.
수원 화성 건설	• 수원 화성을 건설하여 정치·군사·경제의 새로운 중심지로 삼았음. • 새로운 과학 기술과 거중기, 녹로 등의 기구를 이용해 수원 화성 공사에 들어가는 시간과 비용을 크게 절약했음.

▲ 수원 화성 장안문

→ 정조의 개혁 정치를 뒷받침하는 계획도시였습니다.

> **내 교과서 살펴보기 / 천재교육, 미래엔, 지학사**
>
> **백성들의 억울한 소리를 들어 주었던 '격쟁' 제도**
> • 격쟁은 임금이 행차하는 길에서 징이나 꽹과리를 쳐서 억울한 일을 하소연하는 것입니다.
> • 정조는 격쟁 제도를 통해 백성의 억울함이나 어려움을 풀어 주려고 했습니다.

☑ 영조가 펼친 탕평책

영조는 어느 한 ❶ [ㅂ][ㄷ]에 치우치지 않고 인물을 고루 뽑아 쓰는 탕평책을 실시했습니다.

영조는 탕평책을 널리 알리기 위해 탕평비를 세웠어.

☑ 정조의 개혁 정책

정조는 ❷ [ㄱ][ㅈ][ㄱ]을 설치해 나라의 중요한 문제를 상의하고 학문을 연구하는 공간으로 삼았습니다.

규장각은 왕실의 도서관이야.

정답 ❶ 붕당 ❷ 규장각

용어
사전

●붕당(朋 벗 붕 黨 무리 당)
학문이나 정치적으로 생각을 같이하는 사람들이 모인 정치 집단

개념 2 실학

1. 실학의 등장 → 당시 지배층은 붕당 정치와 유교에 치우쳐 백성의 생활과 사회 문제에는 큰 관심을 두지 않았습니다.

조선의 변화	실학의 등장
임진왜란과 병자호란 이후 백성의 생활이 어려워지고, 양반 중심의 신분제가 흔들리기 시작했음.	현실 문제에 관심을 가지고 적극적으로 해결하려는 새로운 학문인 실학이 나타났음.

2. 실학자들의 주장

청의 문물 수용	청의 발달된 문물과 기술을 적극적으로 받아들여야 함.
토지 제도 개혁	토지 제도를 개혁해 농민에게 땅을 나누어 주고, 새로운 농사 기술을 보급해야 함.
공업과 상업 발달 장려	새로운 기술을 개발하고 공업과 상업을 발달시켜야 함.
우리의 역사와 문화 연구	중국이 세상의 중심이라는 생각에서 벗어나 우리의 언어와 역사, 지리 등을 연구해야 함.

내 교과서 살펴보기 / 천재교육, 천재교과서, 교학사, 김영사, 아이스크림 미디어

우리의 역사와 문화를 연구한 사람들

김정호	오늘날의 지도와 큰 차이가 없을 정도로 정확한 『대동여지도』를 만들었음.
안정복	고조선부터 고려 말까지의 우리 역사를 체계적으로 정리한 『동사강목』을 지어 우리나라의 역사를 이해하는 새로운 기준을 제시했음.
유득공	발해가 고구려를 계승한 나라임을 밝힌 『발해고』를 펴냈음.

3. 정약용의 업적

① 실학자로서 다양한 분야에서 실제 생활에 도움이 되는 지식과 방법을 찾고자 연구했습니다.
② 『목민심서』, 『경세유표』 등 많은 책을 썼습니다.
③ 과학 기술에도 관심을 가져 거중기를 개발해 수원 화성을 건설할 때 큰 도움을 주었습니다.

◎ 무거운 물체를 들어 올리는 장치인 거중기

☑ 실학의 등장

실학자들은 ❸ ⬚ ⬚ 의 생활을 안정시키고 나라의 힘을 기를 방법을 다양하게 연구했습니다.

실학자들은 백성의 생활을 안정시키고

나라의 힘을 기르기 위해 노력했어!

☑ 실학자 정약용

정약용은 ❹ (거북선 / 거중기)을/를 만들어 수원 화성을 건설하던 백성의 어려움을 덜어 주었습니다.

나는 무거운 물체를 들어 올릴 수 있는 거중기를 만들었다네.

정약용 흉내 내는 거야?

정답 ❸ 백성 ❹ 거중기

용어사전

•문물(文 글월 문 物 물건 물)
정치, 경제, 종교, 예술, 법률 따위의 문화에 관한 모든 것을 통틀어 이르는 말

•장려(獎 장려할 장 勵 힘쓸 려)
좋은 일에 힘쓰도록 북돋아 줌.

개념③ 서민 문화의 발달

1. 배경: 조선 후기에는 농업, 상업, 수공업이 발달하면서 경제적으로 여유가 생긴 백성들이 문화와 예술 활동에 관심을 가지게 되었습니다.

중요 2. 조선 후기에 발달한 여러 가지 서민 문화

한글 소설	판소리	탈놀이
「홍길동전」 [출처: 국립중앙박물관]	[출처: 국립중앙박물관]	[출처: 국가유산청]
• 한글을 익힌 사람들이 늘어나며 널리 읽혔음. • 『홍길동전』, 『춘향전』, 『흥부전』 등	• 이야기를 노래로 들려주는 공연 • 관중도 추임새를 넣으며 이야기에 참여했음.	• 탈을 쓰고 하는 연극이나 춤 • 백성의 생각과 감정을 솔직하게 표현했음.

풍속화	민화
[출처: 국립중앙박물관]	[출처: 국립중앙박물관]
• 사람들의 생활 모습을 생생하게 그린 그림 • 대표적인 화가에는 김홍도, 신윤복이 있음.	• 백성의 소망을 담아 자유롭게 그린 그림 • 해, 달, 동물, 식물 등을 소재로 삼았음.

> 민화는 주로 이름이 알려지지 않은 화가들이 그렸으며, 행복과 장수를 바라는 백성들의 소망이 담겨 있었습니다.

내 교과서 살펴보기 / 천재교육, 천재교과서, 금성출판사, 김영사, 동아출판, 미래엔, 비상교과서, 비상교육, 지학사

여러 책을 읽어 주는 '전기수'
• 글을 모르는 사람들을 위해 돈을 받고 책을 읽어 주는 전문 이야기꾼을 '전기수'라고 합니다.
• 조선 후기에는 문화를 즐길 만한 여유가 있는 사람이 많아지면서 전기수와 같은 새로운 직업이 생겨날 수 있었습니다.

☑ 조선 후기 서민 문화

조선 후기에는 **❺**(한글 / 영어) 소설, 판소리, 탈놀이 등 서민 문화가 발달했습니다.

조선 후기에는 서민 문화가 발달했어.

자자, 『홍길동전』을 읽어 드립니다.

☑ 민화

민화에는 백성들의 **❻** ㅅ ㅁ 이 담겨 있었으며, 병풍으로 만들어 생활 공간을 장식하는 데 사용되었습니다.

나쁜 일을 막고 복을 가져다주면 좋겠네.

호응~

정답 ❺ 한글 ❻ 소망

용어사전

● 서민(庶 여러 서 民 백성 민)
아무 벼슬이나 신분적 특권을 갖지 못한 일반 백성

개념 다지기

11종 공통

1 다음에서 설명하는 영조가 펼친 정책을 보기 에서 찾아 기호를 쓰시오.

> 영조는 붕당 간에 의견 대립이 자주 일어나면서 정치가 혼란해지자, 어느 한 붕당에 치우치지 않고 인물을 고루 뽑아 쓰는 정책을 펼쳤습니다.

보기
ㄱ 격쟁   ㄴ 탕평책   ㄷ 신문고

(   )

11종 공통

2 다음에서 설명하는 성은 어느 것입니까? (   )

```
←  →                              🔍

┌──────────────────────┐
│     정조의 개혁 도시        │  검색
└──────────────────────┘

• 거중기, 녹로 등을 활        [사진]
  용해 건설함.
• 정조의 개혁 정치를 뒷
  받침하는 계획도시임.
```

① 몽촌토성   ② 부소산성
③ 남한산성   ④ 수원 화성
⑤ 공주 공산성

11종 공통

3 조선 후기에 실학이 등장한 배경으로 알맞은 것은 어느 것입니까? (   )

① 붕당 정치가 완전히 사라졌다.
② 양반 중심의 신분제가 확고해졌다.
③ 전쟁을 겪은 이후 백성의 생활이 어려워졌다.
④ 대부분의 백성이 모두 자기 땅을 가지고 있었다.
⑤ 지배층이 현실 문제에 관심을 가지고 적극적으로 해결하려고 노력했다.

11종 공통

4 조선 후기 실학자들의 주장에 대해 **잘못** 말한 어린이를 쓰시오.

> 건희: 다른 나라의 문물을 전혀 받아들이지 않고 거부해야한다고 주장했어.
> 혜진: 토지 제도를 바꾸어 농민에게 땅을 골고루 나누어 주어야한다고 주장했어.

(   )

천재교육, 천재교과서, 금성출판사, 김영사, 동아출판,
미래엔, 비상교과서, 비상교육, 지학사

5 다음 ㉠, ㉡에 들어갈 말이 알맞게 짝 지어진 것은 어느 것입니까? (   )

> 조선 후기에는 한글을 익힌 사람들이 늘어나면서 ⃞㉠⃞ 이/가 인기를 끌었고, 돈을 받고 책을 읽어 주는 전문 이야기꾼인 ⃞㉡⃞ (이)라는 직업이 새로 생겨나기도 했습니다.

	㉠	㉡		㉠	㉡
①	풍속화	고수	②	한글 소설	소리꾼
③	풍속화	소리꾼	④	한글 소설	전기수
⑤	판소리	전기수			

천재교과서, 교학사, 금성출판사, 김영사, 동아출판, 미래엔,
비상교과서, 비상교육, 아이스크림 미디어, 지학사

6 조선 후기 사람들이 오른쪽과 같은 그림을 그린 까닭으로 알맞은 것에 ○표를 하시오.

호랑이와 까치 ▶

(1) 양반이나 임금님에게 바치기 위해 그렸습니다.
(   )

(2) 행복과 장수를 바라는 백성들의 소망을 담아 그렸습니다.
(   )

개념 ❶ 흥선 대원군의 정책

1. 흥선 대원군의 개혁 정책 → 세도 가문의 힘을 약화하고, 능력 있는 사람들을 관리로 뽑기도 했습니다.

배경	세도 정치로 인해 정치 기강이 무너지고 부정부패가 심해져 나라 살림과 백성의 생활이 어려워지고 사회가 혼란해졌음.
흥선 대원군의 정책	• 세금 제도를 개혁해 양반도 세금을 내게 했음. • 백성을 수탈하고 세금을 면제받던 서원을 정리했음. • 왕실의 권위를 세우기 위해 임진왜란때 불탔던 경복궁을 고쳤음.

2. 외세의 침략과 흥선 대원군의 대응

① 프랑스와 미국의 침략 → 서양 세력이 일으킨 난리

구분	병인양요(1866년)	신미양요(1871년)
원인	프랑스가 통상을 요구하며 강화도를 침략했음. →나라와 나라 사이에 물품을 사고파는 것	통상을 요구하며 횡포를 부리던 미국 배를 조선인이 불태운 사건을 구실로 강화도를 침략했음.
과정 및 결과	• 조선군은 강화도 곳곳에서 프랑스군을 물리쳤음. • 프랑스군은 물러나며 강화도에 보관되어 있던 귀중한 책과 문화유산 등을 약탈해 갔음.	• 조선군은 미군에 맞서 싸웠지만, 광성보가 함락되고 어재연 장군 등 많은 사람이 희생되었음. • 조선군의 계속된 저항에 미군은 결국 스스로 물러갔음.

② 흥선 대원군의 대응: 서양과의 통상을 거부한다는 뜻을 굳건히 하기 위해 전국 각지에 척화비를 세웠습니다. → 조선이 발전하려면 다른 나라와 교류를 해야 한다고 생각하는 사람도 점차 늘어났습니다.

개념 ❷ 강화도 조약

1. 강화도 조약의 체결과 개항

① 강화도 조약의 체결: 일본은 강화도에서 조선군과 전투를 벌이고, 이 사건을 구실로 통상을 강요해 강화도 조약을 맺었습니다.

② 조선이 외국과 맺은 최초의 근대적 조약이자, 불리한 불평등 조약입니다.

2. 강화도 조약의 내용

내용	• 제7조 일본인이 조선의 해안을 자유롭게 측량하는 것을 허가한다. • 제10조 조선의 항구에서 죄를 지은 일본인은 일본 관리가 심판한다.
불평등 조항인 까닭	• 바다의 깊이와 지형은 나라를 지키는 데 중요한 기밀을 공개하는 것이기 때문임. • 조선 땅에서 일본인이 법을 어기거나 조선 사람에게 해를 입혀도 조선의 법으로 처벌할 수 없기 때문임.

☑ **흥선 대원군의 개혁**

흥선 대원군은 백성을 수탈하고 세금을 면제받던 ❶ ⬚ㅅ⬚ ⬚ㅇ⬚ 을 대부분 정리했습니다.

백성들을 괴롭히는 서원을 정리하라!

정답 ❶ 서원

내 교과서 살펴보기 / 천재교육, 천재교과서, 금성출판사, 동아출판, 비상교과서, 비상교육, 아이스크림 미디어, 지학사

어재연 장군의 '수자기'

[출처 강화역사박물관]

• '수자기'는 신미양요 때 광성보 전투에서 빼앗긴 어재연 장군의 깃발입니다.
• 현재는 미국에서 빌려 오는 조건으로 강화역사박물관에 보관되어 있습니다.

📖 용어 사전

❊ **대원군**(大 큰 대 院 집 원 君 임금 군)
왕이 자손이나 형제가 없이 죽어 왕의 친족 중에서 왕위를 이어받을 때, 해당 왕의 친아버지를 높여 부르던 말

❊ **세도 정치**
왕실과 혼인 관계를 맺은 몇몇 가문이 권력을 독차지하는 정치 형태

개념③ 갑신정변 → 비합법적인 수단으로 생긴 정치상의 큰 변동

1. 개화 방법을 둘러싼 서로 다른 주장

예전부터 이어져 오던 청과의 관계를 인정하고, 조선의 정치 제도와 사상을 유지하면서 서양의 기술만을 받아들이고 천천히 개화를 추진해야 합니다. → 온건 개화파

[출처: 뉴스뱅크]

⬆ 김홍집

조선이 발전하려면 청의 간섭에서 벗어나야 하며, 서양의 기술뿐만 아니라 제도와 사상 등을 적극적으로 받아들여 나라 전체를 개혁해야 합니다. → 급진 개화파

[출처: 뉴스뱅크]

⬆ 김옥균

2. 갑신정변(1884년)

① 갑신정변의 전개 → 김옥균을 중심으로 한 세력은 자신들의 힘만으로는 당장 나라를 바꾸기 어렵다고 생각하여 일본에 도움을 요청했습니다.

김옥균 등은 일본의 지원을 약속받고 우정총국 개국 축하 잔치를 틈타 정변을 일으켰음.	⟫	김옥균을 중심으로 권력을 장악하고 개혁 정책을 발표했음.	⟫	청의 군대가 개입했고, 일본이 약속을 지키지 않아 갑신정변은 3일 만에 끝났음.

② 갑신정변의 개혁안(일부)

- 청에 대한 조공을 폐지한다.
- 문벌을 폐지하고, 백성들이 평등한 권리를 갖는 제도를 마련하며, 능력에 따라 관리를 임명한다.
- 세금 제도를 고쳐 관리의 부정을 막고 국가의 살림살이를 튼튼히 한다.
- 부정한 관리를 처벌하고, 백성들이 빚진 쌀을 면제한다.

③ 갑신정변의 의의와 한계

의의	갑신정변은 새로운 나라를 만들기 위한 정치 개혁 운동이었음.
한계	일본의 침략 의도를 소홀히 여기고, 일본의 힘에 의존하려고 하여 많은 사람의 지지를 얻지 못했음.

개념 체크

☑ **김옥균과 갑신정변**

김옥균은 ❷(청 / 일본)의 지원을 약속받고 우정총국 개국 축하 잔치를 틈타 갑신정변을 일으켰습니다.

2 단원

☑ **갑신정변의 한계**

갑신정변은 일본의 힘에 의존하려고 하여 많은 사람의 지지를 ❸(받았 / 받지 못했)습니다.

정답 ❷ 일본 ❸ 받지 못했

용어 사전

*개화(開 열 개 化 될 화)
서양의 발전한 문화와 제도를 받아들이는 것
*우정총국
우리나라 최초의 우편 업무를 담당하던 관청

개념 ④ 동학 농민 운동

1. 동학의 보급: 세금과 관리들의 수탈, 외국의 경제 침탈 등으로 백성의 생활이 어려워지면서 평등사상과 사회 개혁 등을 내세운 동학이 널리 퍼졌습니다.

2. 동학 농민 운동의 전개

고부 농민 봉기	전라도 고부 군수의 횡포에 맞서 전봉준을 중심으로 한 농민들이 봉기함(1894년). ┗→ 벌 떼처럼 때 지어 세차게 일어남.
조선 정부의 대응과 농민군 해산	• 조선 정부는 청에 지원군을 요청했고 일본도 군대를 보냈음. • 농민군은 외국의 군대가 개입하는 것을 막기 위해 정부와 협상하고 전주성에서 물러났음. ┌ 동학 농민 운동에서 나온 개혁 요구 중 일부는 갑오개혁(1894년)에 반영되었습니다. **동학 농민군의 개혁안(일부)** • 탐관오리, 못된 양반은 그 죄를 조사하여 벌한다. • 노비 문서를 불태운다. • 정해진 세금 외에 잡다한 세금을 없앤다.
청일 전쟁	조선 정부는 청과 일본에 군대 철수를 요구했으나 일본이 청을 공격하며 조선에서 전쟁을 벌였고(청일 전쟁), 전쟁에서 승리한 일본이 조선의 정치에 심하게 간섭했음.
2차 봉기와 농민군의 패배	동학 농민군은 일본군을 몰아내기 위해 다시 봉기했지만, 우금치에서 벌어진 전투에서 패배했고 지도자가 체포되었음.

3. 동학 농민 운동의 의의: 조선의 정치와 사회를 개혁하려는 시도이자, 외세의 침략을 물리치려는 움직임이었습니다.

개념 ⑤ 갑오개혁

1. 배경: 조선 정부는 갑신정변의 개혁안과 동학 농민군의 요구를 일부 받아들여 개혁을 추진했습니다.

2. 내용: 신분제 폐지, 과거 제도 폐지, 공식 문서에 한글 사용, 재판소 설립 등

⬆ 신분제 폐지

이제 과거 시험 안 보는데.
⬆ 과거 제도 폐지

⬆ 공식 문서에 한글 사용

☑ 동학 농민 운동

1894년 ④ 〔 ㅈ 〕〔 ㅂ 〕〔 ㅈ 〕 등 동학 지도자와 농민들은 관리들의 수탈에 맞서 동학 농민 운동을 일으켰습니다.

나라를 개혁하기 위해 힘썼던 조상들의 노력이 느껴져요.

동학 농민 운동을 재현하고 계신 소감이 어떤가요?

정답 ④ 전봉준

내 교과서 살펴보기 / **천재교육, 천재교과서, 교학사, 금성출판사, 지학사**

사발통문

[출처: 연합뉴스]

• 사발통문은 농민군이 봉기 계획을 널리 알리기 위해 작성한 문서입니다.
• 사발을 엎어 그린 원을 중심으로 이름을 둥글게 써넣어 봉기의 주동자를 알 수 없게 했습니다.

용어 사전

● **동학**
최제우가 세상과 백성을 구한다는 뜻으로 민간 신앙과 다른 종교의 장점을 모아 서학(천주교)에 대응해 만든 민족 종교

개념 다지기

11종 공통

1 다음 ☐ 안에 들어갈 알맞은 말은 어느 것입니까?

( )

> 왕실과 혼인 관계를 맺은 몇몇 가문이 권력을 독차지하는 형태를 ☐ (이)라고 합니다.

① 탕평책
② 격쟁 제도
③ 세도 정치
④ 붕당 정치
⑤ 신분 제도

11종 공통

4 강화도 조약에 대해 바르게 말한 어린이를 두 명 쓰시오.

> 은수: 조선과 프랑스가 맺은 조약이야.
> 혜진: 조선이 외국과 맺은 최초의 근대적 조약이야.
> 규원: 조선에 불리한 내용이 담긴 불평등 조약이야.

(,)

2 단원

11종 공통

2 흥선 대원군이 다음과 같은 정책을 펼친 까닭으로 알맞은 것을 보기에서 찾아 기호를 쓰시오.

서원을 정리하고 양반에게도 세금을 걷겠다.

세금

보기
㉠ 백성들의 생활을 안정시키기 위해
㉡ 경복궁을 다시 지어 왕실의 권위를 세우기 위해

( )

11종 공통

5 다음 중 갑신정변을 일으킨 사람은 누구인지 쓰시오.

서양의 기술만을 받아들이고 천천히 개화를 추진해야 합니다.

서양의 제도와 사상 등을 적극적으로 받아 들여 나라 전체를 개혁해야 합니다.

△ 김홍집 　　 △ 김옥균

( )

11종 공통

6 동학 농민 운동의 역사적 의의는 어느 것입니까?

( )

① 일본을 물리치고 자주독립을 이루었다.
② 조선의 정치와 사회를 개혁하려는 시도였다.
③ 다른 나라의 도움을 받은 사회 개혁 시도였다.
④ 조선이 다른 나라와의 교류를 끊는 계기가 되었다.
⑤ 동학 농민 운동에서 나온 개혁 요구 중 일부는 나중에 갑신정변에 반영되었다.

11종 공통

3 흥선 대원군이 서양과의 통상을 거부한다는 뜻을 굳건히 하기 위해 전국 각지에 세웠던 오른쪽 비석은 무엇인지 쓰시오.

[출처: 게티이미지]

( )

Step ① 단원평가

[1~5] 다음은 개념 확인 문제입니다. 물음에 답하시오.

1 각 붕당의 인재를 골고루 뽑아 나랏일을 맡기는 정책을 무엇이라고 합니까? ( )

2 정조는 (규장각 / 집현전)을 설치해 여러 분야의 책을 수집하고, 정책과 학문을 연구했습니다.

3 조선 후기에 나타난 (실학 / 유교)은/는 사회의 현실 문제에 관심을 가지고 적극적으로 해결하려는 학문입니다.

4 흥선 대원군은 서양과의 통상을 (찬성 / 거부)한다는 뜻을 굳건히 하기 위해 척화비를 세웠습니다.

5 개항 이후 백성의 생활이 매우 어려워지면서 평등 사상과 사회 개혁 등을 내세운 (동학 / 성리학)을 믿는 농민이 많아졌습니다.

11종 공통

6 영조의 개혁 정책으로 알맞지 <u>않은</u> 것은 어느 것입니까?
( )

① 백성의 생활을 안정시키고자 세금을 줄였다.
② 각 붕당의 인재를 골고루 뽑는 탕평책을 시행했다.
③ 법전을 새로 정비하고 정치, 지리와 관련된 책을 편찬했다.
④ 큰 죄를 지은 사람이 반드시 세 번 재판받을 수 있도록 했다.
⑤ 수원 화성을 건설해 정치와 군사, 경제의 새로운 중심지로 삼으려 했다.

11종 공통

7 다음 인물에 관한 설명으로 알맞은 것은 어느 것입니까?
( )

거중기를 만든 정약용은 대표적인 실학자로, 실제 생활에 도움이 되는 지식과 방법을 찾고자 노력했습니다.

◀ 정약용 [출처: 연합뉴스]

① 왜군의 침입에 맞서 장렬하게 싸웠다.
② 훈민정음을 창제하고 4군 6진을 설치했다.
③ 『목민심서』, 『경세유표』 등 많은 책을 썼다.
④ 우리 역사를 체계적으로 정리한 『동사강목』을 지었다.
⑤ 오늘날의 지도와 큰 차이가 없을 정도로 정확한 『대동여지도』를 만들었다.

11종 공통

8 조선 후기에 발달한 서민 문화와 관련 <u>없는</u> 것은 어느 것입니까? ( )

①
▲ 판소리

②
[출처: 국립중앙박물관]
▲ 상감 청자

③
▲ 한글 소설

④
▲ 탈놀이

11종 공통

9 정조가 죽은 이후 왕들이 어린 나이에 왕위에 오르면서 나타난 정치 형태에 대해 바르게 말한 어린이를 쓰시오.

> 상현: 서양의 여러 나라들과 교류를 시작했어.
> 동해: 나라 살림이 좋아지고 백성의 생활과 사회가 안정되었어.
> 희수: 왕실과 혼인 관계를 맺은 몇몇 가문이 권력을 독차지하는 세도 정치가 나타났어.

( )

11종 공통

10 다음 외국의 침략과 그 원인을 찾아 바르게 줄로 이으시오.

(1) 병인양요 ・

・㉠ 미국 배가 공격당한 사건을 구실로 강화도를 침략했음.

(2) 신미양요 ・

・㉡ 프랑스가 통상을 요구하며 강화도를 침략했음.

11종 공통

11 다음 신문 기사에 나타난 사건의 결과로 알맞은 것은 어느 것입니까? ( )

△△ 신문	1875년 △△월 △△일

일본 군함, 강화도 침범!

일본은 조선을 개항하기 위해 군함을 보냈다. 일본 군함이 강화도에 접근하자 조선의 수비대는 대포를 쏘아 경고했고, 일본 군함은 강화도를 침입해 조선군과 전투를 벌였다.

① 조선과 일본이 강화도 조약을 맺었다.
② 흥선 대원군이 전국에 척화비를 세웠다.
③ 수원 화성을 건설하고 규장각을 설치했다.
④ 조선이 프랑스와 미국의 군대를 격파했다.
⑤ 조선이 다른 나라와의 교류를 완전히 끊었다.

[12~13] 다음은 조선을 개혁하고자 했던 사람들입니다.

11종 공통

12 위 사람들이 우정총국 개국 축하 잔치를 틈타 일으킨 사건을 **보기**에서 찾아 기호를 쓰시오.

> **보기**
> ㉠ 임진왜란 ㉡ 갑신정변 ㉢ 위화도 회군

( )

11종 공통

13 위 12번 답의 사건이 백성의 지지를 받지 못한 까닭으로 알맞은 것에 ○표를 하시오.

(1) 불교 사상을 바탕으로 개혁을 진행했기 때문입니다. ( )

(2) 일본의 침략 의도를 소홀히 여기고, 일본의 힘에 의존했기 때문입니다. ( )

11종 공통

14 동학 농민 운동의 전개 과정에서 일어난 일로 알맞은 것은 어느 것입니까? ( )

① 농민군은 일본군과 함께 청에 대항했다.
② 일본이 미국을 공격해 전쟁이 벌어졌다.
③ 조선 정부는 다른 나라에 도움을 요청하지 않고 농민군을 진압했다.
④ 전라도 고부 군수의 횡포에 맞서 전봉준을 중심으로 한 농민들이 봉기했다.
⑤ 농민군은 조선 정부와 끝까지 협상하지 않고 평양성에서 맞서 싸워 승리했다.

2

단원

천재교육, 천재교과서, 금성출판사, 김영사, 동아출판, 미래엔, 비상교과서, 비상교육, 지학사

15 다음은 조선 후기 사람들의 생활 모습입니다

길동이 분을 이기다 못해 말하길⋯⋯

(1) 위 그림과 같이 돈을 받고 책을 읽어 주는 전문 이야기꾼을 무엇이라고 하는지 쓰시오. (   )

(2) 조선 후기에 위 (1)번 답과 같은 직업이 생길 수 있었던 까닭을 쓰시오.

답 농업, 상업, 수공업이 발달하면서 경제적인 ❶[   ]이/가 생긴 백성들이 ❷[   ] 활동에 관심을 가지게 되었기 때문이다.

16 다음은 흥선 대원군이 실시한 정책입니다.   11종 공통

ⓐ 서원을 정리하고 양반에게도 세금을 걷겠다.

ⓑ 경복궁 공사가 언제나 끝나나. / 그리던 가족을 만나나 볼 수 있을까!

(1) 위 ㉠, ㉡ 중 세도 정치의 문제점을 바로잡고 백성의 생활을 안정시키고자 시행했던 정책은 무엇인지 기호를 쓰시오. (   )

(2) 위 ㉡ 정책이 백성들에게 미친 영향을 쓰시오.

_____

_____

17 동학 농민 운동의 역사적 의의를 쓰시오.   11종 공통

_____

_____

서술형 가이드
어려워하는 서술형 문제!
서술형 가이드를 이용하여 풀어 봐!

15 (1) 조선 후기에는 전기수와 같이 돈을 받고 책을 읽어 주는 [   ]이 생겼습니다.
(2) 조선 후기에는 일반 백성이 문화 활동의 주체가 된 (귀족 / 서민) 문화가 발달했습니다.

16 (1) 흥선 대원군은 [   ]을 정리하고 양반들에게도 세금을 매겼습니다.
(2) 흥선 대원군은 (경복궁 / 불국사)을/를 다시 짓기 위해 무리하게 백성들을 동원해 원망을 샀습니다.

17 농민들은 [   ]을 중심으로 탐관오리에 맞서 동학 농민 운동을 일으켰습니다.

Step 3 수행평가

학습 주제 나라를 개혁하려는 노력

학습 목표 개항 이후 조선을 개혁하기 위한 주장과 노력에 관해 알 수 있다.

[18~20] 다음은 조선의 개화 방법에 대해 서로 다른 주장을 하는 두 사람입니다.

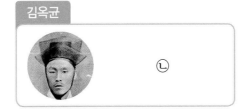

ㄱ   서양의 기술만을 받아들여 개화를 추진해야 합니다.

김옥균   ㉡

천재교과서, 교학사, 금성출판사, 김영사, 동아출판, 미래엔, 비상교과서, 비상교육, 아이스크림 미디어, 지학사

18 다음 설명을 읽고 위 ㉠에 들어갈 알맞은 사람을 쓰시오.

온건 개화파의 인물로, 예전부터 이어져 오던 청과의 관계를 인정하고 천천히 개화를 추진해야 한다고 주장했던 사람입니다.

(   )

19 위 ㉡에 들어갈 김옥균의 주장을 쓰시오.   11종 공통

_____

_____

11종 공통

20 다음 보기 에서 김옥균이 위 **19**번 답의 내용을 실천하기 위해 한 일로 알맞은 것을 찾아 기호를 쓰시오.

보기
㉠ 동학 농민 운동을 일으켰습니다.
㉡ 일본의 지원 약속을 받고 갑신정변을 일으켰습니다.
㉢ 서양과의 통상을 거부한다는 뜻을 굳건히 하기 위해 전국 각지에 척화비를 세웠습니다.

(   )

개화 방법을 둘러싼 서로 다른 주장

- 개항 이후 조선 사회의 개혁 방법을 두고 여러 주장이 나타났습니다.
- 청과의 관계, 개화의 속도와 방법에 대해 생각이 다른 두 파벌이 서로 대립하며 조선의 개화를 이끌어 나갔습니다.

2 단원

김옥균 등은 청에 대한 조공을 폐지하고, 능력에 따라 관리를 임명할 것을 주장했어.

개념 ① 을미사변과 아관 파천

을미사변	• 일본이 조선의 정치에 깊이 간섭하자 고종과 명성황후는 러시아의 힘을 빌려 일본을 견제하고자 함. • 일본은 경복궁에 침입하여 명성황후를 무참히 시해함. • 을미사변으로 일본에 대한 반감이 커진 가운데 단발령이 시행되면서 일본에 저항하는 항일 의병이 일어났음.
아관 파천	• 을미사변 이후 고종은 일본의 위협을 피해 러시아 공사관으로 피신했음. • 조선에서 일본의 영향력은 약해지고 러시아의 간섭이 심해졌음.

☑ 아관 파천

을미사변 이후 위험을 느낀 고종은 궁에서 나와 ❶ `ㄹ` `ㅅ` `ㅇ` 공사관에 머물렀습니다.

이곳은 옛날 러시아 공사관이 있던 곳이란다.

고종이 일본을 피해 피신한 곳이네요.

개념 ② 『독립신문』과 독립 협회

1. 『독립신문』

→ 신문 따위의 첫 번째 호를 펴냄.

창간	서재필이 정부의 지원을 받아 창간했음.
특징	• 순 한글로 쓰였음. • 자주독립을 강조하고 정부의 정책과 세계에서 일어나는 여러 가지 일을 알렸음.

[출처: 국립민속박물관]

🔺 「독립신문」

2. 독립 협회 → 서재필은 개화파 관료, 지식인과 함께 독립 협회를 만들었습니다.

독립문 건설	청의 사신을 맞이하던 영은문을 허물고 그 부근에 독립문을 세웠음.
만민 공동회	독립 협회가 주도한 민중 집회로, 신분이나 나이에 상관없이 누구나 참석해 자기의 주장을 펼 수 있었음. → 다른 나라의 경제적 침탈과 정치 간섭을 비판했습니다.

☑ 『독립신문』

서재필은 순 ❷ (한문 / 한글)로 쓰인 『독립신문』을 창간해 많은 사람에게 세상의 소식을 알렸습니다.

독립신문은 한자를 사용하지 않고 순 한글과 영문으로만 쓰였어.

정답 ❶ 러시아 ❷ 한글

내 교과서 살펴보기 / 비상교육

만민 공동회를 보도한 신문 기사

> 열두 살 먹은 아이가 만민 공동회에서 연설을 하다가 "우리나라 망하겠소." 말 한마디에 그 아이도 울고 사방에서 듣던 이들도 다 통곡하며 눈물도 흘리었소.
>
> [출처: 매일신문, 1898. 11. 8.]

> 눈먼 걸인이 약간의 돈을 가지고…… 보조금으로 내면서 하는 말이, "이것이 얼마 안 되지만, 나도 동포 형제로 충성하고 애국하는 사람들을 위한다."라고 하였더라.
>
> [출처: 매일신문, 1898. 11. 11.]

➡ 만민 공동회에는 누구나 참여해 나라를 걱정하는 마음을 나눌 수 있었습니다.

용어 사전

• 시해(弑 윗사람 죽일 시 害 해할 해) 부모나 임금 등 윗사람을 죽임.
• 자주독립 다른 나라의 간섭을 받지 않고 스스로 나랏일을 결정하고 처리하는 것

개념③ 대한 제국의 수립과 개혁 → 황제에게 권력을 집중해 외국 세력의 압력에 효과적으로 대응하려 했습니다.

1. 대한 제국의 수립: 고종은 러시아 공사관에서 1년 만에 경운궁(덕수궁)으로 돌아와 나라 이름을 대한 제국으로 바꾸고 환구단에서 황제로 즉위했습니다.
└→ 황제가 하늘에 제사를 지내는 곳

2. 대한 제국이 추진한 근대적 개혁

개혁 정책	• 군사 제도를 개혁하고 근대적 제도를 마련했음. • 교통·통신 시설을 갖추고 공장과 회사의 설립을 지원했음. • 새로운 학문과 기술을 가르치는 학교를 세우고 외국에 유학생을 보냈음.
한계	• 황제의 권리를 지나치게 강화했음. • 국민의 권리를 제대로 보장하지 못했음.

> 내 교과서 살펴보기 / 교학사, 금성출판사, 김영사, 동아출판, 미래엔, 비상교과서, 비상교육, 아이스크림 미디어

근대문물의 수용으로 변화된 사회 모습
• 전기의 힘을 이용해 이동하는 교통수단인 전차를 운행했습니다.
• 덕수궁과 인천 지역 사이에 전화가 개통되어 관리들과 외국인이 전화를 이용했습니다.
• 학교, 교회 등 다양한 서양식 건물이 지어졌습니다.

개념④ 을사늑약

1. 을사늑약의 체결(1905년)

일제는 러시아와 전쟁(러일 전쟁)을 벌여 승리한 후 대한 제국의 정치에 간섭했음.	일본은 고종과 신하들을 위협해 을사늑약을 맺고, 대한 제국의 외교권을 빼앗았음.

2. 을사늑약에 대한 우리 민족의 저항

언론을 통한 저항	『황성신문』은 『시일야방성대곡』이라는 글을 실어 을사늑약의 부당함을 알리고 일제의 침략을 비판했음.
죽음으로써 저항한 사람	민영환은 을사늑약이 체결되자 이천만 동포에게 사죄한다는 등의 내용이 담긴 유서를 남기고 스스로 목숨을 끊었음.
헤이그 특사 파견	• 고종은 네덜란드 헤이그에서 열리는 만국 평화 회의에 비밀리에 특사를 파견해 을사늑약이 무효임을 알리고자 했음. → 일본의 방해로 실패했습니다. • 이를 구실로 일제는 고종을 황제의 자리에서 강제로 물러나게 하고, 대한 제국의 군대를 해산시켰음.

☑ 대한 제국의 수립

고종은 나라 이름을 ❸ [ㄷ][ㅎ] 제국으로 바꾸고 황제로 즉위하면서 다양한 근대적 개혁을 추진했습니다.

> 고종 황제의 즉위식이네!
> 고종은 자주독립국임을 내세우려 했어.

☑ 을사늑약의 체결

일본은 을사늑약을 강제로 체결하여 대한 제국의 ❹ [ㅇ][ㄱ]권을 빼앗았습니다.

> 대한 제국은 을사늑약을 체결하면서 일본에 외교권을 빼앗겼어.
> 이건 무효야!

정답 ❸ 대한 ❹ 외교

용어사전

•**늑약**(勒 굴레 늑 約 맺을 약)
억지로 맺은 조약
•**일제**(日 날 일 帝 임금 제)
'일본 제국주의'를 줄인 말로, 자기 나라의 이익을 위해 주변 나라를 침략한 일본을 가리키는 말

개념 ⑤ 일제의 침략을 막기 위한 노력

1. 항일 의병

① 을사늑약에 반발해 전국 각지에서 의병이 일어났습니다.

② 신돌석과 같은 평민 출신 의병장도 활동했고, 해산된 군인들이 의병에 참여하면서 의병들의 전투력이 강해졌습니다.

'태백산 호랑이'라고 불렸습니다.

③ 일본이 의병 운동을 탄압하면서 국내 활동이 어려워진 의병들은 만주나 연해주 등으로 이동해 항일 투쟁을 이어갔습니다.

△ 대표적인 의병장의 활동

2. 애국 계몽 운동

의미	애국심을 높이고 민족의 실력을 키워 국권을 지키고자 한 운동
활동	• 신민회를 비롯한 여러 단체와 학회를 조직하고, 학교를 설립해 인재를 길렀음. → 안창호, 이승훈은 대성 학교, 오산 학교를 세웠습니다. • 산업을 발전시켜 나라를 부강하게 하고자 노력했음. • 신문과 잡지를 펴내 국민을 계몽하고 애국심을 높이는 일에 앞장섰음.

3. 안중근의 의거 활동(1909년)

① 계몽 운동가이자 의병 활동을 펼치던 안중근은 하얼빈역에서 이토 히로부미를 처단했습니다.

② 체포된 안중근은 사형을 선고받아 뤼순 감옥에서 순국했습니다.

안중근 [출처: 독립기념관] ▷

내 교과서 살펴보기 / 천재교육

안중근이 재판 과정에서 남긴 말 → 재판 과정에서 동양 평화를 지키기 위해 독립운동을 펼쳤음을 이야기했습니다.

이토 히로부미가 입으로는 평화를 위한다고 하나…… 한국 사람을 죽이고 황제를 자기 부하와 같이 누르고 사람들을 파리와 같이 죽여버렸다.
나는 한국의 독립을 굳건히 하고…… 이토 히로부미가 있어서는 동양 평화의 유지는 할 수 없다고 생각하였으므로 이번 일을 한 것이다.

☑ 나라를 지키기 위해 노력한 의병

을사늑약이 체결되고 더욱 심해진 일제의 ❺(침략 / 지원)에 대항해 전국 각지에서 의병이 일어났습니다.

☑ 이토 히로부미를 처단한 안중근

안중근은 ❻ ㅎ ㅇ ㅂ 역에서 대한 제국의 국권을 빼앗는 데 앞장섰던 이토 히로부미를 처단했습니다.

정답 ❺ 침략 ❻ 하얼빈

 용어 사전

• 계몽(啓 열 계 夢 어두울 몽) 모르는 것을 가르쳐서 깨우침.
• 의거(義 옳을 의 擧 들 거) 정의를 위하여 개인이나 집단이 의로운 일을 도모함.

개념 다지기

11종 공통

1 청일 전쟁 이후 조선의 상황으로 알맞은 것은 어느 것입니까? (　　　)

① 프랑스군이 강화도를 침략했다.

② 조선에 대한 청의 영향력이 커졌다.

③ 흥선 대원군이 서양과의 통상을 거부했다.

④ 일본이 경복궁에 침입해 명성황후를 시해했다.

⑤ 고종과 명성황후가 영국의 힘을 빌려 러시아를 견제하고자 했다.

11종 공통

2 다음 편지를 보낸 밑줄 친 '나'는 누구입니까? (　　　)

> 친구에게
>
> 　자네가 없는 동안 조선에서는 많은 일이 있었다네. 나는 순 한글로 쓰인 『독립신문』을 창간했네. 또 나는 개화파 관료, 지식인과 함께 독립 협회를 만들어 독립문을 건설하고, 만민 공동회를 열었다네.

① 김구　　　　　② 정약용

③ 서재필　　　　④ 명성황후

⑤ 흥선 대원군

11종 공통

3 대한 제국이 추진한 근대적 개혁으로 알맞은 것에 모두 ○표를 하시오.

(1) 학교를 세우고 외국에 유학생을 보냈습니다.

(　　　)

(2) 전차와 철도, 전화 등 교통·통신 시설을 들여왔습니다. (　　　)

(3) 왕을 없애고 대통령을 뽑는 민주주의 국가로 변화했습니다. (　　　)

11종 공통

4 다음 □ 안에 공통으로 들어갈 조약을 쓰시오.

> 일본, 고종 황제를 위협해 □□□□ 체결!
>
> 　일본은 러시아와의 전쟁에서 승리한 후 대한 제국의 정치에 적극적으로 간섭하기 시작했다.
>
> 　결국 1905년, 일본은 고종과 신하들을 위협해 강제로 □□□□을 맺게 했다.

(　　　　　　　)

11종 공통

5 다음 □ 안에 들어갈 인물은 누구입니까? (　　　)

'태백산 호랑이'라고 불린 □□□은 평민 출신 의병장으로, 일제의 침략에 대항해 의병을 일으켰습니다.

① 신돌석　　② 김옥균　　③ 윤희순

④ 전봉준　　⑤ 신채호

11종 공통

6 다음 검색 결과 중 안중근과 관련 없는 내용을 찾아 기호를 쓰시오.

독립운동가 안중근　　검색

㉠ 대한민국의 제1대 대통령

㉡ 동양 평화를 위한 독립운동

㉢ 하얼빈역에서 이토 히로부미 처단

(　　　　　　　)

2. ❷ 일제의 침략과 광복을 위한 노력(2)

일제의 식민 지배와 나라를 되찾으려는 노력

개념 체크

개념 ① 일제에게 나라를 빼앗긴 뒤 우리나라 사람들의 생활

1. 일제의 ˚강압적인 식민 지배 → 1910년 일제는 대한 제국의 국권을 강제로 빼앗고 식민지로 만들었습니다.

강압적인 통치	• 조선 총독부를 설치해 한국인을 강압적으로 통치했음. • ˚헌병에게 경찰의 임무를 맡겨 독립운동을 탄압하고, 한국인의 일상생활을 감시하고 통제했으며, 교사도 제복을 입고 칼을 차게 했음.
경제적 수탈	• 조선 총독부는 ˚토지 조사 사업을 실시해 주인이 없거나 모호한 땅을 차지해 일본인에게 싼값에 넘겼음. • 토지를 소유한 일부 한국인들의 세금 부담이 늘어났음.

→ 한국인은 정해진 기간 안에 자신의 땅을 신고해야 했지만, 신고 기간이 짧고 서류가 복잡해 신고하지 못한 농민은 땅을 잃었습니다.

2. 나라를 떠난 독립운동가

안창호	• 교육의 중요성을 깨닫고 대성 학교를 세워 인재를 길렀음. • 미국으로 건너가 흥사단을 세우고 독립을 위한 활동을 계속했음.
이회영	나라를 빼앗기자 가족과 함께 만주로 건너가 신흥 강습소(신흥 무관 학교)를 세워 많은 독립운동가와 독립군을 키웠음.

개념 ② 3·1 운동

1. 의미: 전 민족이 참여한 최대 규모의 독립운동으로, 한국인의 독립 의지를 전 세계에 널리 알린 사건

2. 3·1 운동의 전개(1919년)

제1차 세계 대전이 끝나고 전쟁에서 진 나라들의 식민지들이 독립하자 우리나라도 독립에 대한 희망을 가지게 되었음.	»	1919년 3월 1일, 민족 대표들은 독립 선언서를 발표했고, 학생과 시민들은 서울 종로의 탑골 공원에서 독립 선언서를 낭독하고 만세 시위를 벌였음.
일제는 군인과 경찰을 동원해 제암리 사건을 벌이는 등 만세 시위를 잔인하게 진압했음.	«	만세 시위는 전국으로 퍼져나가 전 민족적인 운동으로 발전했고, 국외에서도 만세 시위가 일어났음.

→ 유관순은 천안에서 만세 시위를 벌이다 순국했습니다.

내 교과서 살펴보기 / 천재교육, 김영사, 미래엔, 아이스크림 미디어

3·1 운동 이후 일제의 식민 통치 방법 변화
• 3·1 운동 이전: 일제는 무력과 탄압으로 한국인을 굴복시키려고 했습니다.
• 3·1 운동 이후: 친일파를 키우고 민족을 분열시켜 항일 운동을 막으려고 했습니다.

☑ **일제의 강압적인 통치**

일제는 한국인을 강압적으로 통치하려고 조선 ❶[ㅊ][ㄷ][ㅂ]를 세우고 총독을 파견했습니다.

☑ **3·1 운동**

1919년 3월 1일, 사람들은 서울 종로의 탑골 공원에서 ❷(만세 / 폭력) 시위를 벌였습니다.

정답 ❶ 총독부 ❷ 만세

용어 사전

• ˚**강압**(強 강할 강 壓 누를 압)
강한 힘이나 권력으로 강제로 억누름.
• ˚**헌병**(憲 법 헌 兵 군사 병)
군대 안에서 경찰 역할을 하는 군인
• ˚**토지 조사 사업**
일제가 우리나라의 토지에서 세금을 더 걷기 위해 벌인 대규모 조사 사업

개념 ③ 대한민국 임시 정부

1. 대한민국 임시 정부의 ˙수립

① 배경: 3·1 운동을 계기로 우리 민족을 대표하고 독립운동을 체계적으로 이끌어 갈 정부가 필요해졌습니다. → 일제의 탄압을 피하고, 외교 활동을 펴기에 유리하며, 각 지역의 독립운동 세력과 연락이 편했기 때문입니다.

② 대한민국 임시 정부 수립(1919년 9월, 중국 상하이)

[출처: 뉴스뱅크]

▲ 대한민국 임시 정부 신년 축하 기념사진(1921)

수립
3·1 운동 이후 세워진 여러 임시 정부를 통합해 대한민국 임시 정부가 수립되었음.

의의
헌법을 제정하고 주권이 국민에게 있는 민주 공화국을 수립함.

2. 대한민국 임시 정부의 활동

독립운동 지휘	• 독립운동에 필요한 자금을 모으고 정보를 수집했음. • 여러 독립운동 단체와 연락망을 만들어 국내의 독립운동을 지휘했음.
외교 활동	한국인의 독립 의지를 세계에 널리 알리고자 외교 활동에 힘썼음.
한인 애국단 조직	• 대한민국 임시 정부의 김구가 조직해 일제의 주요 인물을 처단하는 활동을 했음. • 이봉창은 일본 도쿄에서 일본 왕을 암살하려 했으나 실패했음. • 윤봉길은 중국 상하이 훙커우 공원에서 일본군 사령관과 고위 관리들을 처단했음.
한국광복군	독립군을 모아 한국광복군을 창설하고 일본과의 전쟁에 나섰음.

개념 ④ 독립군의 활약 → 일제에 맞서 무기를 들고 싸워야 한다고 생각한 사람들은 독립군 부대를 만들어 만주, 연해주 지역에서 활동했습니다.

봉오동 전투	홍범도가 이끄는 독립군은 봉오동에서 일제가 보낸 군대를 물리쳤음.	
청산리 ˙대첩	일본이 보낸 대규모 군대를 김좌진과 홍범도가 이끄는 독립군 연합 부대가 청산리 일대에서 전투를 벌여 큰 승리를 거두었음.	

☑ 한인 애국단의 활동

한인 애국단의 ❸ ㅇ ㅂ ㅊ 과 윤봉길은 일제의 주요 인물을 처단하기 위해 노력했습니다.

서울 효창공원에는 이봉창 의사를 기리기 위한 동상이 세워져 있단다.

우와

정답 ❸ 이봉창

내 교과서 살펴보기 / 천재교육, 아이스크림 미디어

광주 학생 항일 운동
• 나주에서 일어난 한국 학생과 일본 학생의 다툼에서, 경찰이 한국 학생만 체포한 것이 발단이 되었습니다.
• 광주 학생 항일 운동은 3·1 운동 이후 우리나라에서 일어난 가장 큰 항일 운동입니다.
→ 일본 학생과 한국 학생 차별, 우리말과 역사를 제대로 배우지 못하는 점 등을 항의했습니다.

용어사전

•˙수립(樹 나무 수 立 설 립)
국가나 정부, 제도, 계획 따위를 이룩하여 세움.

•˙대첩(大 클 대 捷 이길 첩)
크게 이김. 또는 큰 승리

개념 ⑤ 1930년대 후반 일제의 식민 통치

1. 민족 말살 정책

① 의미: 일제가 한국인의 전통과 문화의 뿌리를 없애려고 한 정책

② 내용

배경	일제가 1930년대 후반 침략 전쟁을 확대하면서 한국인의 민족의식을 없애고, 침략 전쟁에서 한국인을 동원하기 위해 실시했음.
실시한 정책	• 학교에서 우리말 교육을 금지시켰음. • 한국인의 성과 이름을 일본식으로 바꾸도록 강요했음. • 신사에 절하고 예를 올리도록 하는 신사 참배를 강요했음.

2. 일제의 물자와 인력 수탈 → 1930년대 침략 전쟁을 일으킨 일제는 전쟁에 필요한 물자와 인력을 확보하기 위해 한국인에 대한 수탈을 강화했습니다.

① 일제는 식량, 금속으로 된 밥그릇과 숟가락까지 빼앗아 갔습니다.

② 한국인을 전쟁터와 탄광, 무기 공장에 강제로 동원하기도 했습니다.

③ 한국인 여성들도 일본군 '위안부'로 강제로 끌고 갔습니다.

> • 일본군 '위안부': 일본 정부와 일본군에 의해 전쟁터에 강제로 동원되어 성폭력과 인권 침해를 당한 여성을 말합니다.
> • '평화의 소녀상': 전쟁의 아픔과 일본군 '위안부' 문제를 기억하자는 뜻을 담아 국 내외 여러 곳에 세워졌습니다. → 일본 정부는 일본군 '위안부' 강제 동원 사실을 인정하지 않고 있습니다.

개념 ⑥ 우리 역사와 우리말을 지키기 위해 노력한 사람들

→ 나라를 사랑하는 마음을 기르기 위해서는 역사를 잘 알아야 한다고 생각했습니다.

신채호	일제의 역사 왜곡을 정면으로 반박했으며 『을지문덕』, 『이순신』과 같은 민족 영웅 이야기를 책으로 썼음.
조선어 학회	• 우리말과 우리글을 연구하고, 한글을 널리 보급하는 데 힘씀. • 『우리말큰사전』을 편찬하려 했으나 일제의 탄압으로 중단되었음.
이육사	일제에 저항하는 <u>문학 작품</u>을 발표하여 독립 의지를 드러냈음. → 예 청포도
전형필	• 자신의 재산을 들여 일본으로 넘어갈 뻔한 문화유산을 구입하고 보존했음. • 『훈민정음』 『해례본』, 고려 시대의 자기, 신윤복의 풍속화 등 일본으로 넘어가던 많은 문화유산을 지킬 수 있었음.

1930년대 일제의 인력 수탈

일제는 한국인을 전쟁터에 강제로 동원하고, 여성들을 일본군 ❹ '◯',

'◯ ㅂ'로 끌고 갔습니다.

일본군 '위안부' 문제가 하루빨리 해결 됐으면 좋겠어.

신채호

신채호는 나라를 사랑하는 마음을 기르기 위해 ❺ '◯ ㅅ'를 잘 알아 야 한다고 생각했습니다.

신채호는 민족 영웅 이야기를 책으로 썼어.

『을지문덕』과 『이순신』!

정답 ❹ 위안부 ❺ 역사

 용어 사전

● 신사(神 귀신 신 社 모일 사)
일본 왕실의 조상이나 나라에 큰 공로를 세운 사람을 신으로 모시고 제사를 지내는 곳

● 수탈(收 거둘 수 奪 빼앗을 탈)
강제로 빼앗음.

1 일제의 식민 지배 정책에 대해 바르게 말한 어린이를 쓰시오.

> 성대: 일본인과 한국인이 동등하게 대우받을 수 있도록 참정권을 주었어.
> 유란: 헌병에게 경찰의 임무를 맡겨 독립운동을 탄압하고, 한국인의 일상생활을 통제했어.

(   )

4 다음 ☐ 안에 들어갈 알맞은 지역을 [보기]에서 찾아 기호를 쓰시오.

> 일제의 감시가 심해지자, 무기를 들고 싸워야 한다고 생각한 사람들은 독립군 부대를 만들어 ☐☐☐와/과 같은 지역으로 이동했습니다.

[보기]
> ㉠ 만주   ㉡ 유럽   ㉢ 오스트레일리아

(   )

2 1919년 3월에 일어난 대규모 만세 운동에 대한 설명으로 알맞은 것은 어느 것입니까? (   )

① 부산에서만 만세 운동이 일어났다.
② 유관순 등 어린 학생들도 함께 참여했다.
③ 일제는 만세 운동을 평화적으로 진압했다.
④ 전봉준을 비롯한 동학을 믿는 농민들이 일으켰다.
⑤ 만세 운동의 영향으로 대한민국 임시 정부가 폐지되었다.

5 다음 퀴즈의 정답으로 알맞은 사람은 누구입니까?

(   )

나는 누구일까요?

힌트 ①	힌트 ②	힌트 ③
독립군을 이끌었던 의병장이다.	봉오동 전투에서 일본군을 물리쳤다.	김좌진 장군과 함께 청산리 대첩을 승리로 이끌었다.

① 이순신   ② 안창호   ③ 김홍집
④ 홍범도   ⑤ 정약용

3 다음 설명과 관련 있는 인물을 [보기]에서 모두 찾아 ○표를 하시오.

> 대한민국 임시 정부의 김구는 한인 애국단을 조직하여 일제의 주요 인물을 처단하는 활동을 했습니다.

[보기]
> • 이봉창   • 윤봉길   • 김좌진

6 일제가 한국인의 민족의식을 없애기 위해 벌인 일로 알맞지 <u>않은</u> 것은 어느 것입니까? (   )

① 신사 참배를 강요했다.
② 학교에서 일본말 사용을 금지했다.
③ 한국의 역사를 축소하고 왜곡했다.
④ 한국인의 성과 이름을 일본식으로 바꾸도록 강요했다.
⑤ 매일 아침 일본 왕이 있는 곳을 향해 절을 하며 충성을 맹세하게 했다.

Step ① 단원평가

[1~5] 다음은 개념 확인 문제입니다. 물음에 답하시오.

1 일본이 경복궁에 침입하여 명성황후를 무참히 시해한 사건은 (아관 파천 / 을미사변)입니다.

2 고종은 러시아 공사관에서 돌아와 나라 이름을 (조선 / 대한 제국)으로 바꾸고 황제로 즉위했습니다.

3 1905년 일본이 대한 제국의 외교권을 빼앗기 위해 맺은 조약은 무엇입니까? ( )

4 1919년 학생과 시민들이 서울 종로의 탑골 공원에서 독립 선언서를 낭독하고 벌인 만세 시위는 무엇입니까? ( )

5 1930년대 후반 일제는 한국인의 전통과 문화의 뿌리를 없애기 위해 (신사 / 교회) 참배를 강요했습니다.

11종 공통

6 고종이 청일 전쟁 이후 강해진 일본의 영향력에서 벗어나고자 한 일로 알맞은 것은 어느 것입니까? ( )
① 전국에 척화비를 세웠다.
② 러시아 공사관으로 거처를 옮겼다.
③ 일본을 상대로 선전포고를 하고 전쟁을 벌였다.
④ 우정총국 개국 축하 잔치를 틈타 갑신정변을 일으켰다.
⑤ 청의 사신을 맞이하던 영은문을 허물고 그 자리에 독립문을 세웠다.

11종 공통

7 다음 밑줄 친 ㉠에 들어갈 내용으로 알맞은 것은 어느 것입니까? ( )

『독립신문』의 특징
• 정부의 지원을 받아 창간했다.
• ㉠

① 영어로만 쓰인 최초의 신문이다.
② 조선 정부가 직접 발행했던 신문이다.
③ 해외 여러 나라의 도움을 받아 발행했다.
④ 정부의 정책과 세계에서 일어나는 여러 가지 일을 알렸다.
⑤ 나라의 힘이 약하기 때문에 청에 의지해야 한다고 주장했다.

11종 공통

8 을사늑약에 대한 설명으로 알맞은 것에 ○표를 하시오.
(1) 우리나라와 미국이 대등한 입장에서 맺은 조약입니다. ( )
(2) 러시아는 러일 전쟁에서 승리한 후 대한 제국과 을사늑약을 맺었습니다. ( )
(3) 일본은 고종과 신하들을 위협해 을사늑약을 맺고, 대한 제국의 외교권을 빼앗았습니다. ( )

9 다음과 같은 의거 활동을 한 사람은 누구입니까? ( )

⬆ 중국 하얼빈역에서 이토 히로부미를 사살했음.

① 안창호 　　　　② 서재필
③ 안중근 　　　　④ 홍범도
⑤ 주시경

10 오른쪽 독립운동가가 한 일로 알맞은 것은 어느 것입니까? ( )

① 흥사단을 세웠다.
② 만민 공동회를 열었다.
③ 독립 협회를 만들었다.
④ 조선 총독부를 설치했다.
⑤ 만주로 건너가 신흥 강습소를 세웠다.

⬆ 이회영

11 다음 ㉠에 들어갈 단체에 대한 설명으로 알맞지 <u>않은</u> 것은 어느 것입니까? ( )

> 3·1 운동을 계기로 다양한 독립운동을 체계적으로 이끌 조직이 필요하다는 주장이 일어나면서 ㉠ 가 중국 상하이에 생겼습니다.

① 다른 나라와의 외교 활동에도 힘썼다.
② 우리 민족의 독립 의지를 널리 알렸다.
③ 만민 공동회를 개최하여 국내 정치에 참여했다.
④ 헌법을 제정하고 주권이 국민에게 있음을 밝혔다.
⑤ 비밀 연락망을 만들어 국내의 독립운동을 지휘했다.

12 일제의 민족 말살 정책에 대해 <u>잘못</u> 말한 어린이를 쓰시오.

> 병훈: 일제는 조선어 학회를 조직해 한글을 보급했어.
> 민서: 한국인의 성과 이름을 일본식으로 바꾸도록 강요했어.

( )

13 다음과 관련 있는 내용으로 알맞은 것에 ○표를 하시오.

> • 전국에 설치된 평화의 소녀상
> • 1992년부터 일본 대사관 앞에서 시작된 수요 집회

(1) 일제는 토지 조사 사업을 실시하여 한국의 많은 땅을 차지했습니다. ( )
(2) 일본 정부는 일본군 '위안부' 강제 동원 사실을 인정하지 않고 있습니다. ( )

14 신채호가 다음과 같은 책을 쓴 까닭으로 알맞은 것은 어느 것입니까? ( )

⬆ 『을지문덕』 [출처: 국립한글박물관]

① 한글을 널리 보급하기 위해서
② 서양의 문물을 배척하기 위해서
③ 일제의 주요 인물을 처단하기 위해서
④ 친일파를 키우고 민족을 분열시키기 위해서
⑤ 나라를 사랑하는 마음을 기르기 위해서는 역사를 잘 알아야 한다고 생각해서

15 다음은 대한 제국 시기 역사 연표입니다.

11종 공통

러일 전쟁(1904년)		㉠ (1905년)		고종 퇴위(1907년)
일제는 러시아와 전쟁을 벌여 승리했음.	»»	일본은 고종과 신하들을 위협해 ㉠ 을 맺게 했음.	»»	일제는 고종을 황제의 자리에서 강제로 물러나게 했음.

(1) 위 ㉠에 공통으로 들어갈 조약은 무엇인지 쓰시오.

(   )

(2) 고종이 위 (1)번 답의 부당함을 알리기 위해 했던 일을 쓰시오.

답 네덜란드 헤이그에서 열리는 만국 **❶**[   ] 회의에 특사를 파견해 강제로 체결된 조약이 **❷**[   ] 임을 국제 사회에 알리고자 노력했다.

16 다음은 일제가 통치하던 시기 한 어린이의 일기입니다.

11종 공통

> ★☆★☆★☆★☆★☆★☆★☆★☆★☆★
>
> 날씨: 맑음   1919년 ○○월 ○○일
>
> 나와 친구들은 일본인 선생님의 눈을 피해 몰래 태극기를 만들었다. 태극기를 품에 숨기고 조선 총독부 건물을 찾아가 문에 태극기를 붙였다. 우리는 태극기 아래에 우리말로 "대한 독립 만세! 만세! 만세!"를 써 놓았다.

(1) 위 어린이가 참여한 활동을 **보기**에서 찾아 ○표를 하시오.

보기
- 3·1 운동   - 청산리 대첩   - 봉오동 전투   - 애국 계몽 운동

(2) 위 (1)번 답의 활동에 대한 일제의 대응을 쓰시오.

_____

_____

17 오늘날 국내외 여러 곳에 오른쪽과 같은 '평화의 소녀상'이 세워진 까닭을 쓰시오.

11종 공통

[출처: 시흥시]

_____

_____

서술형 가이드
어려워하는 서술형 문제!
서술형 가이드를 이용하여 풀어 봐!

15 (1) 일제는 [ ][ ] 전쟁에서 승리하고 대한 제국과 을사늑약을 맺었습니다.
(2) 네덜란드 [ ][ ][ ]에 파견된 특사들은 일제의 방해로 큰 성과를 거두지 못했습니다.

16 (1) 3·1 운동은 [ ][ ]으로 퍼져나가 전 민족적인 운동으로 발전했습니다.
(2) 일제는 만세 시위를 벌이는 사람들을 (인도적으로 / 잔인하게) 진압했습니다.

17 평화의 [ ][ ][ ]은 전쟁으로 짓밟힌 여성의 삶을 이야기하는 여성 인권의 상징이 되었습니다.

Step ③ 수행평가

학습 주제 대한민국 임시 정부

학습 목표 대한민국 임시 정부가 수립된 배경과 활동을 알 수 있다.

[18~20] 다음은 대한민국 임시 정부에 대해 정리한 것입니다.

대한민국 임시 정부

수립 배경	㉠
의의	헌법을 제정하고 주권이 국민에게 있는 민주 공화국을 수립함.
활동	• 비밀 연락망을 조직해 국내의 독립운동을 지휘함. • ㉡ • 김구는 ㉢ 을 조직해 활동함.

18 위 ㉠에 들어갈 내용을 알맞게 말한 어린이를 쓰시오. 11종 공통

미경: 봉오동 전투에서 패배한 일제가 대규모 군대를 만주로 보냈어.

승민: 일제가 중일 전쟁을 일으키면서 한국인의 민족의식을 없애려고 했어.

유진: 3·1 운동을 계기로 우리 민족을 대표하고 독립운동을 체계적으로 이끌어
갈 정부가 필요해졌어.

(   )

19 위 ㉡에 들어갈 대한민국 임시 정부의 활동을 한 가지만 쓰시오. 11종 공통

_____

_____

20 위 ㉢에 들어갈 단체에 관한 다음 설명을 읽고, 단체의 이름을 쓰시오. 11종 공통

• 대한민국 임시 정부가 일제의 감시와 탄압 등으로 많은 어려움을 겪자, 독
립운동에 새로운 힘을 불어넣기 위해 김구가 조직했습니다.

• 이봉창, 윤봉길 등이 일제의 주요 인물을 처단하는 활동을 했습니다.

(   )

대한민국 임시 정부의 수립

• 3·1 운동을 계기로 나라 안팎에 여러 임시 정부가 세워졌습니다.

• 여러 임시 정부는 독립을 위해 힘을 하나로 모으고자 노력했으며, 그 결과 중국 상하이에서 대한민국 임시 정부가 수립되었습니다.

이봉창은 일본 도쿄에서, 윤봉길은 중국 상하이 훙커우 공원에서 의거를 일으켰어.

개념 ① 8·15 광복과 사회의 변화

1. 8·15 광복

→ 일본은 미국, 영국 등의 연합국에 맞서 제2차 세계 대전에 참전했고, 패배했습니다.

① 1945년 8월 15일, 일본이 연합국에 항복하면서 광복을 맞이했습니다.

② 광복은 연합국이 승리한 결과이기도 하지만, 우리 민족이 끈질기게 전개한 독립운동의 결실이기도 합니다.

2. 건국을 위한 준비

① 대한민국 임시 정부는 건국의 원칙과 방향을 발표했고, 국내에서도 건국을 준비하는 단체가 만들어졌습니다.

② 이승만, 김구 등 다른 나라에서 활동하던 동포와 독립운동가들이 귀국해 독립된 나라를 만들기 위해 노력했습니다.

🔺 대한민국 임시 정부 주요 인물들의 귀국

3. 광복으로 변화한 사람들의 생활

사람들의 귀국		일제가 강제로 끌고 갔던 사람들이 국내로 돌아왔음.
학교생활의 변화		학교에서 한글로 된 교과서로 우리말과 우리의 역사를 가르쳤음.
어린이날의 부활		일제가 금지했던 어린이날이 부활했고, 어린이날 행사가 다시 열렸음. → 어린이를 위한 라디오 드라마도 방송되었습니다.

✅ **8·15 광복**

광복은 연합국의 승리에 의한 것이기도, 끊임없는 ❶ ☐☐ 운동의 결과이기도 합니다.

대한 독립 만세!

✅ **광복으로 달라진 학교 모습**

광복을 맞이한 후 학교에서는 ❷(한글 / 일본어)로 된 교과서로 우리말과 우리의 역사를 가르쳤습니다.

광복으로 우리말과 글을 자유롭게 사용하게 되었어.

교과서도 바뀌었는걸?

정답 ❶ 독립 ❷ 한글

용어 사전

● 광복(光 빛 광 復 회복할 복)
잃었던 나라를 되찾음.

● 건국(建 세울 건 國 나라 국)
나라를 세움.

개념 ② 한반도의 분단과 통일 정부 수립을 위한 노력

미국과 소련의 한반도 진입	한반도에 남아 있는 일본군의 무장 해제를 명분으로 38도선을 경계로 남쪽에는 미군, 북쪽에는 소련군이 들어 왔음.

모스크바 3국 외상 회의	• 미국, 영국, 소련의 외무 장관이 모스크바에 모여 한반도 문제를 논의했음. • 한반도에 임시 민주 정부를 세우고, 미소 공동 위원회를 설치하며, 최대 5년간 신탁 통치를 시행할 것을 결정했음.

신탁 통치 문제를 둘러싼 갈등	모스크바 3국 외상 회의 결정 내용이 국내에 알려지자 신탁 통치 문제를 둘러싸고 반대하는 사람들과 찬성하는 사람들 사이에 갈등이 일어났음.

미소 공동 위원회	• 한반도의 임시 민주 정부 수립을 논의하기 위해 미국과 소련은 미소 공동 위원회를 열었지만 의견 차이를 좁히지 못했음. • 이에 미국은 한국 문제를 국제 연합(UN)에 넘겼음.

남한만의 단독 선거 시행	• 국제 연합은 남북한 총선거를 시행해 정부를 수립하기로 결정했으나, 소련은 이를 거부했음. → 유엔 한국 임시 위원단이 38도선 이북으로 들어오는 것을 거부했습니다. • 결국 국제 연합은 선거가 가능한 남한 지역에서만 선거를 실시하기로 다시 결정했음.

내 교과서 살펴보기 / 천재교육, 천재교과서, 금성출판사, 김영사, 미래엔, 비상교과서, 비상교육, 아이스크림 미디어, 지학사

통일 정부 수립에 관한 서로 다른 주장

이승만의 정읍 발언
…… 우리 남쪽만이라도 임시 정부 혹은 위원회 같은 것을 조직하여 38도선 이북에서 소련이 물러나도록 세계의 여론에 호소해야 할 것입니다.   - 「서울 신문」, 1946. 6. 4.

⬆ 이승만 [출처: 국립중앙박물관]

김구의 삼천만 동포에게 읍고함
…… 나는 통일된 조국을 세우려다가 38도선을 베고 쓰러질지언정 내 한 몸의 구차한 안일을 취하여 단독 정부를 세우는 데 협력하지 않겠습니다.   - 「서울 신문」, 1948. 2. 13.

⬆ 김구 [출처: 뉴스뱅크]

☑ **신탁 통치를 둘러싼 갈등**

다른 나라가 우리나라를 대신 다스리는 ❸ [ㅅ][ㅌ] 통치를 두고 사람들 간의 갈등이 심해졌습니다.

☑ **남북한 총선거를 둘러싼 국제 연합의 결정**

소련의 반대로 국제 연합은 선거가 가능한 ❹(북한 / 남한)에서만 총선거를 실시하기로 결정했습니다.

정답 ❸ 신탁 ❹ 남한

용어 사전

•**신탁 통치**
스스로 운영하기 힘든 나라를 안정될 때까지 국제 연합의 감독 아래 다른 나라가 대신 도맡아 다스리는 것

개념 알기

개념 ③ 대한민국 정부의 수립

1. 대한민국 정부 수립 과정

1 5·10 총선거
1948년 5월 10일 남한에서는 국회의원을 뽑는 우리나라 최초의 민주 선거가 시행되었음.

➡️

> 헌법을 만드는 임무를 가지고 구성되어 제헌 국회라고 불렸습니다.

2 제헌 국회 구성
제헌 국회가 구성되어 나라 이름을 '대한민국'으로 정하고 헌법을 제정했음.

➡️

3 초대 대통령 선출
헌법에 따라 국회의원들의 투표로 이승만이 대한민국의 제1대 대통령으로 뽑혔음.

➡️

4 대한민국 정부 수립
1948년 8월 15일, 대한민국 정부가 수립되어 한반도의 유일한 합법 정부로 인정받았음.

> **내 교과서 살펴보기 / 천재교육, 천재교과서, 교학사, 김영사, 아이스크림 미디어**
>
> **5·10 총선거의 특징**
> • 5·10 총선거에는 21세 이상의 모든 국민에게 투표권이 주어졌습니다.
> • 당시에는 글을 읽지 못하는 사람들이 많아 막대기를 그려 후보 번호를 대신해 사람들이 쉽게 알 수 있도록 했습니다.

[출처: 뉴스뱅크]
🔼 5·10 총선거 투표 사진

2. 제헌 헌법을 통해 알 수 있는 대한민국 정부 수립의 의의

> **제헌 헌법**
>
> 유구한 역사와 전통에 빛나는 우리들 대한 국민은 기미 3·1 운동으로 대한민국을 건립하여 세계에 선포한 위대한 독립 정신을 계승하여……
> 제1조 대한민국은 민주 공화국이다.
> 제2조 대한민국의 주권은 국민에게 있고, 모든 권력은 국민으로부터 나온다.

• 대한민국 임시 정부를 계승했음.
• 헌법을 통해 대한민국은 민주 공화국이며, 주권은 국민에게 있다고 밝힘.

3. 북한의 정부 수립
북한에서 1948년 9월에 조선 민주주의 인민 공화국이라는 이름으로 정권이 세워지면서, 한반도는 남과 북으로 나누어지게 되었습니다.

개념 체크

☑️ **대한민국 정부 수립**

초대 **⑤** ⬜⬜⬜ 으로 선출된 이승만은 8월 15일 대한민국 정부의 수립을 선포했습니다.

> 드디어 대한민국 정부가 수립되었어.
> 마침내!

☑️ **대한민국 정부 수립의 의의**

대한민국 정부는 대한민국 임시 정부를 계승했으며, 주권이 **⑥** ⬜⬜ 에게 있다고 밝혔습니다.

> 대한민국 정부는 3·1 운동의 정신을 계승했어.

정답 ⑤ 대통령 ⑥ 국민

용어 사전

● **초대**(初 처음 초 代 대신할 대)
차례로 이어 나가는 자리나 지위에서 그 첫 번째에 해당하는 차례

개념 다지기 🌸

천재교육, 천재교과서, 금성출판사, 김영사, 미래엔,
비상교과서, 비상교육, 아이스크림 미디어, 지학사

11종 공통

1 1945년 8월 15일에 있었던 일로 알맞은 것을 보기 에서 두 가지 찾아 기호를 쓰시오.

보기
㉠ 우리나라가 광복을 맞이했습니다.
㉡ 대한민국 임시 정부가 수립되었습니다.
㉢ 일본이 제2차 세계 대전에서 항복했습니다.

(,   )

천재교육

2 다음을 통해 알 수 있는 광복으로 변화한 사람들의 생활 모습으로 가장 알맞은 것은 어느 것입니까? (   )

어린이날 기념식 선서문

…… 우리는 배우고 또 배워서 다른 나라 동무들보다 앞서가는 사람이 되겠습니다. 우리는 또다시 조선의 어린이인 것을 잊지 않고 단단하고 끈끈하게 뭉치겠습니다.

– 『현대 일보』, 1946. 5. 6.

① 많은 사람이 외국으로 떠났다.
② 일제가 금지했던 어린이날이 부활했다.
③ 학교에서 일본어 교과서로 우리말을 가르쳤다.
④ 어린이들이 아침마다 황국 신민 서사를 외웠다.
⑤ 사회적 혼란과 대립 없이 모두가 의견을 통일하여 정부를 수립했다.

11종 공통

3 다음 광복 이후 우리나라에서 일어났던 사건들을 순서에 맞게 ☐ 안에 1~3의 숫자를 각각 쓰시오.

미소 공동 위원회	미국과 소련의 한반도 진입	모스크바 3국 외상 회의
❶	❷	❸

4 한반도의 통일 정부 수립에 관해 다음 사람이 한 주장을 바르게 줄로 이으시오.

(1) 김구   •　　•㉠ 통일 정부 수립이 어렵다면 남한만이라도 정부를 수립해야 한다.

(2) 이승만 •　　•㉡ 지금 당장 통일 정부를 수립하기 위해 힘을 쏟아야 한다.

11종 공통

5 1948년에 실시된 5·10 총선거에 대한 설명으로 알맞은 것은 어느 것입니까? (   )

① 대통령을 뽑았다.
② 남자만 투표에 참여했다.
③ 북한 지역에서도 실시되었다.
④ 우리나라 최초의 민주 선거였다.
⑤ 16세 이상의 모든 국민에게 투표권이 주어졌다.

11종 공통

6 다음 제헌 헌법의 내용 중 일부를 보고 알 수 있는 대한민국 정부 수립의 의의로 알맞은 것에 ○표를 하시오.

제헌 헌법

유구한 역사와 전통에 빛나는 우리들 대한 국민은 기미 3·1 운동으로 대한민국을 건립하여 세계에 선포한 위대한 독립 정신을 계승하여……

(1) 한반도에 통일 정부가 수립되었습니다. (   )
(2) 대한민국 정부가 3·1 운동 정신과 대한민국 임시 정부의 법통을 계승한 정부임을 밝혔습니다.

(   )

6·25 전쟁과 피해

개념 체크

개념 ① 6·25 전쟁의 전개 과정

1 북한군의 남침과 서울 점령

→ 북한군의 진로

백두산
평양
동해
38°
서울
울릉도 독도
황해
대전
대구
부산
남해
제주도
0   100 km

1950년 6월 25일, 북한은 남한을 기습적으로 공격했음. 북한군은 3일 만에 서울을 점령하고 국군은 낙동강까지 후퇴했음.

⬆ 서울로 들어온 북한군 [출처: 연합뉴스]

→ 국제 연합은 북한의 남침을 침략 행위로 규정했습니다.

2 국군과 국제 연합군의 반격

→ 서울과 가까워 북한군의 보급로를 끊을 수 있고, 국군과 함께 낙동강에서 공격할 수 있기 때문에 실시했습니다.

→ 국군과 국제 연합군의 진로

백두산
청진
압록강
평양
동해
38°
인천
서울
울릉도 독도
황해
부산
남해
제주도
0   100 km

국제 연합은 연합군을 남한에 파견했음. 국군과 국제 연합군은 인천 상륙 작전에 성공해 서울을 되찾고 압록강까지 다다랐음.

⬆ 인천 상륙 작전 모습   국군과 국제 연합군은 인천 상륙 작전을 펼쳐 전쟁의 흐름을 유리하게 바꾸었다.

내 교과서 살펴보기 / 동아출판

6·25 전쟁에 참전한 국제 연합군

• 6·25 전쟁이 일어나자 국제 연합(UN)에서는 북한의 남침을 침략 행위로 규정하고 국제 연합군 파병을 결정했습니다.
• 전투를 지원한 16개국, 의료를 지원한 6개국, 물자를 지원한 39개국 등 총 60여 나라가 대한민국을 도왔습니다.

우리나라는 국제 연합군 참전 용사들을 기리고자 7월 27일을 '유엔군 참전의 날'로 정하여 기념하고 있습니다.

[출처: 부산광역시]

⬆ 부산광역시 남구에 있는 재한 유엔 기념 공원

☑ 북한의 기습적인 남침

1950년 6월 25일, 북한은 한반도를 ❶(무력 / 평화적)으로 통일하고자 남한을 기습적으로 쳐들어왔습니다.

북한이 남한을 기습적으로 쳐들어오며 전쟁이 시작됐어.

☑ 국제 연합의 대응

국제 연합은 국제 연합군을 남한에 파견했고, 국군과 함께 ❷ ㅇ ㅊ 상륙 작전을 성공시켰습니다.

국제 연합은 남한을 도와 연합군을 파견했지.

정답 ❶ 무력 ❷ 인천

용어 사전

• 남침(南 남녘 남 侵 침노할 침)
 북쪽에서 남쪽을 침범함.
• 기습(奇 기이할 기 襲 엄습할 습)
 생각지 않았던 때에 갑자기 들이닥쳐 공격함.

③ 중국군의 개입과 국군의 후퇴

→ 북한군과 중국군의 진로
→ 국군과 국제 연합군의 진로

백두산

흥남
평양 ○ 원산
동해
38°
서울
울릉도 독도
황해
부산
남해

제주도   0   100 km

중국군이 북한을 도와 전쟁에 개입하면서 전쟁이 다시 국군과 국제 연합군에 불리해졌음. 국군과 국제 연합군은 다시 서울을 내주고 후퇴했음(1·4 후퇴).

⬆ 6·25 전쟁에서 북한을 돕기 위해 압록강을 건너는 중국군의 모습
[출처: 뉴스뱅크]

→ 어떤 상황이 굳어져 변하지 않음.

④ 전선의 고착과 정전

→ 북한군과 중국군의 진로
→ 국군과 국제 연합군의 진로

백두산

평양
동해
38°
판문점
서울
울릉도 독도
황해
부산
남해

제주도   0   100 km

국군과 국제 연합군은 반격하여 서울을 되찾았으나 38도선 근처에서 싸움을 계속했음. 1953년 7월에 정전 협정이 체결되었음.→ 군사 분계선(휴전선)이 설정되었습니다.

⬆ 판문점에서 정전 협상을 체결하는 모습
[출처: 뉴스뱅크]

─ 내 교과서 살펴보기 / **천재교육, 금성출판사, 아이스크림 미디어** ─

임시 수도 부산 → 피란민이 모여들어 천막 학교를 만들고 공부를 하기도 했습니다.

• 부산은 6·25 전쟁 기간 동안 서울 대신 우리나라의 수도 역할을 했습니다.
• 6·25 전쟁 기간 동안 정부의 각 기관과 국제 연합군이 머물던 숙소, 피란민의 흔적들이 남아 있어 사람들이 전쟁을 어떻게 겪고 극복했는지를 알아볼 수 있습니다.

⬆ 부산 임시 수도 정부 청사 [출처: 국가유산청]

✓ 1·4 후퇴

중국군의 개입으로 1951년 1월 4일 국군과 국제 연합군은 ❸ ▢ ▢ 을 내주고 다시 후퇴하였습니다.

중국

중국군이 참전하면서 국군과 국제 연합군은 다시 후퇴했어.

✓ 밀고 밀리는 전쟁

38도선 근처에서 밀고 밀리는 싸움이 계속되면서 전쟁이 길어졌고, ❹ ▢ ▢ 협상이 시작되었습니다.

1953년, 전쟁은 상처만 남긴 채 마무리되었어.

정답 ❸ 서울 ❹ 정전

용어
사전

❟ **개입**(介 낄 개 入 들 입)
자신과 직접적인 관계가 없는 일에 끼어듦.
❟ **정전**(停 머무를 정 戰 싸움 전)
잠시 전투를 멈추는 일

개념② 6·25 전쟁의 피해와 영향

인명 피해

3년 동안 이어진 전쟁으로 군인과 민간인 등 많은 사람이 목숨을 잃거나 다쳤음.

↳ 점령군이 바뀔 때마다 상대편에게 도움을 줬다고 죽거나 고통을 당하는 경우도 많았습니다.

(만 명)

99 62 179 64 97 15

남한 북한 중국군 국제 연합군

민간인 / 군인

[출처: 『통계로 본 6·25 전쟁』, 2014.]

⬆ 6·25 전쟁 중 다치거나 사망한 사람 수

이산가족과 전쟁고아

가족들과 헤어진 이산가족과 부모를 잃은 전쟁고아가 생겨났음.

↳ 이리저리 흩어져서 서로 소식을 모르는 가족

사람들의 의식 변화

남한과 북한 사람들은 서로를 미워하는 마음을 품게 되었음.

국토의 황폐화

국토가 황폐해지고 많은 산업 시설과 건물, 문화유산 등이 파괴되었음.

⬆ 폐허가 된 서울의 모습 [출처: 연합뉴스]

내 교과서 살펴보기 / 천재교육, 금성출판사, 동아출판, 미래엔, 비상교과서

이산가족을 찾기 위해 모여든 사람들

• 1983년에 방영된 특별 생방송 '이산가족을 찾습니다'는 신청자들이 늘면서 무려 138일에 걸쳐 진행되었고, 1만여 건의 만남이 이루어졌습니다.
• 방송을 통해 이산가족의 아픔과 전쟁의 비극을 사람들에게 일깨워 주었으며, 당시 방송의 기록물들은 유네스코 세계 기록 유산에 등재되었습니다.

☑ 6·25 전쟁으로 인한 인적 피해

6·25 전쟁으로 인해 수많은 전쟁고아와 ❺ ⬜⬜⬜⬜ 이 생겨났습니다.

전쟁의 아픈 흔적은 아직도 남아 있어.

☑ 6·25 전쟁으로 인한 물적 피해

전쟁으로 문화유산, 공장, 건물, 도로 등이 파괴되어 복구하는 데 ❻ (많은 / 적은) 시간과 비용이 들었습니다.

전쟁으로 국토가 황폐해지고 많은 문화유산이 파괴되었어요.

정답 ❺ 이산가족 ❻ 많은

용어사전

• 민간인(民 백성 민 間 사이 간 人 사람 인)
관리나 군인이 아닌 일반 사람
• 황폐(荒 거칠 황 廢 폐할 폐)
집, 토지, 삼림 따위가 거칠고 못 쓰게 됨.

개념 다지기

[1~2] 다음은 6·25 전쟁과 관련된 지도입니다.

🔺 북한의 기습적인 남침

🔺 국군과 국제 연합군의 반격

11종 공통

1 위 ㉠ 지도에 나타난 상황이 벌어진 시기에 있었던 사건으로 알맞지 <u>않은</u> 것은 어느 것입니까? (   )

① 국군은 낙동강까지 후퇴했다.

② 북한이 남한을 기습적으로 공격했다.

③ 북한군이 3일 만에 서울을 점령했다.

④ 국제 연합이 북한의 남침을 침략 행위로 규정했다.

⑤ 국군과 국제 연합군이 북쪽으로 나아가 압록강까지 이르렀다.

11종 공통

2 국군과 국제 연합군이 위 ㉡ 지도에 나타난 것과 같이 반격을 할 수 있었던 계기는 어느 것입니까? (   )

① 정전 협정이 체결되었다.

② 중국군이 북한을 도와 전쟁에 개입했다.

③ 국군과 국제 연합군이 서울을 내주고 후퇴했다.

④ 국군과 국제 연합군이 인천 상륙 작전에 성공했다.

⑤ 대전이 6·25 전쟁 기간 동안 우리나라의 수도 역할을 했다.

동아출판

3 6·25 전쟁에 참전한 국제 연합군에 관해 바르게 말한 어린이를 쓰시오.

> 해원: 국군이 압록강까지 진격하자 북한 편에 서서 전쟁에 개입했어.
> 정우: 의료와 물자를 제공한 나라도 있었고, 군사를 지원한 나라도 있었어.

(   )

11종 공통

4 6·25 전쟁으로 인한 피해로 알맞은 것을 두 가지 고르시오. (,   )

① 경제가 발전했다.

② 식량 생산량이 증가했다.

③ 많은 군인과 민간인이 죽거나 다쳤다.

④ 공장과 건물, 도로 등이 새롭게 만들어졌다.

⑤ 주민들은 점령군이 바뀔 때마다 상대편에게 도움을 주었다고 죽거나 고통을 당하는 경우가 많았다.

천재교육, 금성출판사, 동아출판, 미래엔, 비상교과서

5 1983년에 방영된 특별 생방송 '이산가족을 찾습니다'에 대한 설명으로 알맞은 것을 보기에서 두 가지 찾아 기호를 쓰시오.

> **보기**
> ㉠ 하루 동안만 진행되었습니다.
> ㉡ 이산가족의 아픔과 전쟁의 비극을 사람들에게 일깨워 주었습니다.
> ㉢ 당시 방송의 기록물들은 유네스코 세계 기록 유산에 등재되었습니다.

(,   )

Step ① 단원평가

[1~5] 다음은 개념 확인 문제입니다. 물음에 답하시오.

1 1945년 8월 15일 일본이 연합국에 항복하면서 우리나라는 (광복 / 식민 지배)을/를 맞이했습니다.

2 미국과 소련이 군대를 머물며 관리하기 위해 기준으로 잡았던 경계선을 무엇이라고 합니까?

(   )

3 남한은 1948년 5월 10일에 (국회의원 / 대통령)을 뽑는 총선거를 통해 제헌 국회를 구성했습니다.

4 1950년 6월 25일 북한군의 기습적인 (남침 / 북침)으로 전쟁이 시작되었습니다.

5 6·25 전쟁으로 이리저리 흩어져서 서로 소식을 모르는 가족을 무엇이라고 합니까?

(   )

11종 공통

6 8·15 광복 이후 우리나라의 상황으로 알맞은 것은 어느 것입니까? (   )

① 3·1 운동이 전국적으로 퍼져나갔다.

② 일본이 제2차 세계 대전에 참전했다.

③ 대한민국 임시 정부의 인물들이 귀국했다.

④ 일본 헌병이 경찰의 임무를 맡아 사람들을 감시했다.

⑤ 많은 독립운동가가 나라를 떠나 만주, 연해주 등으로 떠났다.

[7~8] 다음은 모스크바 3국 외상 회의 모습입니다.

11종 공통

7 위 회의에서 결정된 내용으로 알맞지 <u>않은</u> 것을 **보기** 에서 찾아 기호를 쓰시오.

> **보기**
>
> 〈모스크바 3국 외상 회의 결정문 일부〉
>
> ㉠ 미소 공동 위원회를 조직함.
>
> ㉡ 영국은 한반도에 정부를 세우고 관리함.
>
> ㉢ 조선 임시 정부를 세우고, 협의하여 최고 5년간의 신탁 통치 방안을 마련함.

(   )

11종 공통

8 다음은 위 회의 이후 일어난 사건을 시간순으로 정리한 것입니다. 틀린 내용은 어느 것입니까? (   )

① 미국은 한국 문제를 국제 연합에 넘겼음.

↓

② 국제 연합은 남북한 총선거를 시행하려 했으나 소련은 이를 거부했음.

↓

③ 남한에서만 총선거가 시행되었음.

↓

④ 한반도에 통일된 정부가 들어섰음.

[9~10] 다음은 1948년 7월 17일 공포된 헌법 내용입니다.

> 유구한 역사와 전통에 빛나는 우리들 대한 국민은 기미 3·1 운동으로 대한민국을 건립하여 세계에 선포한 위대한 독립 정신을 계승하여……
> 제1조 대한민국은 민주 공화국이다.
> 제2조 대한민국의 주권은 국민에게 있고, 모든 권력은 국민으로부터 나온다.

11종 공통

9 위 헌법에 대한 설명으로 알맞은 것은 어느 것입니까? ( )

① 대통령 혼자 만들었다.
② 투표를 통해 헌법을 제정했다.
③ 대한민국 임시 정부의 헌법이다.
④ 제헌 국회에서 만든 제헌 헌법이다.
⑤ 북한 정권도 헌법 제정에 참여했다.

11종 공통

10 위 헌법 내용과 관련해, 다음 ㉠, ㉡에 들어갈 말이 알맞게 짝 지어진 것은 어느 것입니까? ( )

> 위 헌법 내용을 통해 대한민국 정부는 ㉠ 과 독립 정신을 계승했고, 국가의 주인이 ㉡ 인 정부임을 알 수 있습니다.

	㉠	㉡		㉠	㉡
①	3·1 운동	왕	②	5·4 운동	왕
③	3·1 운동	국민	④	5·4 운동	대통령
⑤	6·25 전쟁	국회의원			

11종 공통

11 다음 중 6·25 전쟁이 발생한 까닭으로 알맞은 것에 ○표를 하시오.

(1) 북한이 남한을 기습적으로 침략했습니다.
( )

(2) 미국이 한반도를 상대로 전쟁을 일으켰습니다.
( )

(3) 남한이 중국의 도움을 받아 북한을 침략했습니다.
( )

11종 공통

12 6·25 전쟁 중 다음과 같은 사건 이후에 벌어진 일로 알맞은 것을 **보기**에서 찾아 기호를 쓰시오.

⬆ 압록강을 건너는 중국군의 모습

보기
> ㉠ 러시아는 남한에 지원군을 파견했습니다.
> ㉡ 국군이 서울을 되찾고 압록강까지 진격했습니다.
> ㉢ 국군과 국제 연합군이 다시 서울을 내주고 후퇴했습니다.

( )

11종 공통

13 6·25 전쟁과 관련해, 다음 ☐ 안에 들어갈 알맞은 말은 어느 것입니까? ( )

> 38도선 근처에서 싸움이 계속되자, 전쟁을 멈추기 위해 ☐☐ 협상이 진행되었습니다.

① 정전 ② 남침 ③ 북침
④ 참전 ⑤ 신탁 통치

11종 공통

14 오른쪽 사진을 통해 알 수 있는 6·25 전쟁의 피해로 가장 알맞은 것은 어느 것입니까? ( )

⬆ 전쟁으로 파괴된 수원 화성

① 전쟁고아가 생겨났다.
② 이산가족이 생겨났다.
③ 사람들이 살 곳을 잃었다.
④ 많은 문화유산이 훼손되었다.
⑤ 남한 사람과 북한 사람이 서로 화해하게 되었다.

15 다음은 1945년 8월 사람들이 만세를 부르는 모습입니다.

11종 공통

🔼 사람들이 [   ]을 맞이해 만세를 부르고 있음.

(1) 위 ☐ 안에 들어갈 알맞은 말을 쓰시오.　　　　(　　　　　　)

(2) 우리 민족이 위 (1)번 답을 맞이할 수 있었던 까닭을 쓰시오.

　답 제2차 세계 대전에서 패배한 일본이 연합국에 [❶　　　] 했고, 우리 민족이 끈질기게 [❷　　　　]을 전개했기 때문이다.

천재교육, 천재교과서, 금성출판사, 김영사, 미래엔, 비상교과서, 비상교육, 아이스크림 미디어, 지학사

16 다음은 우리나라의 통일 정부 수립에 관한 각기 다른 주장입니다.

38도선을 무너뜨리고 통일 정부를 수립하기 위해 힘을 쏟아야 한다.

◀ [㉠]

[㉡]

이승만 ▶

(1) 위 ㉠에 들어갈 알맞은 인물을 쓰시오.　　　　(　　　　　　)

(2) 위 ㉡에 들어갈 이승만의 주장을 쓰시오.

_____

_____

---

17 6·25 전쟁으로 인한 피해를 한 가지만 쓰시오.

11종 공통

_____

_____

서술형 가이드
어려워하는 서술형 문제!
서술형 가이드를 이용하여 풀어 봐!

15 (1) 1945년 8월 15일, 우리나라는 [☐☐]을 맞이했습니다.

(2) 광복은 [☐☐]을 위한 우리 민족의 끊임없는 노력의 결과이기도 합니다.

16 (1) 김구는 통일 정부가 세워지기를 바라며 남한만의 총선거를 (찬성 / 반대)했습니다.

(2) 이승만은 통일 정부 수립이 어렵다면 (남한 / 북한)만이라도 정부를 수립해야 한다고 주장했습니다.

17 6·25 전쟁으로 인해 많은 군인과 [☐☐☐]이 죽거나 다쳤습니다.

단원 **실력 쌓기** 정답 22쪽

수행평가 가이드
다양한 유형의 수행평가!
수행평가 가이드를 이용해 풀어 봐!

6·25 전쟁의 전개

· 1950년 6월 25일 북한은 남한을 기습적으로 공격했습니다.

· 국군은 국제 연합군의 도움으로 반격에 성공했으나 중국군의 개입으로 다시 후퇴했고, 1953년 7월 정전 협정이 체결되었습니다.

2 단원

학습 **주제** 6·25 전쟁의 전개 과정

학습 **목표** 6·25 전쟁의 전개 과정을 설명할 수 있다.

[18~20] 다음은 6·25 전쟁과 관련된 사진입니다.

㉠

🔺 중국군의 전쟁 개입

㉡

🔺 국군과 국제 연합군의 반격

㉢

🔺 정전 협정 체결 모습

㉣

🔺 북한군의 기습적인 남침

18 위 사진을 6·25 전쟁의 전개 과정에 맞게 나열하여 기호를 쓰시오.　11종 공통

(　　　　　) → (　　　　　) → (　　　　　) → (　　　　　)

19 위 ㉡과 같이 국군과 국제 연합군이 반격을 할 수 있게 했던 작전을 보기 에서 찾아 쓰시오.　11종 공통

보기
· 1·4 후퇴　　· 인천 상륙 작전　　· 흥남 철수 작전

(　　　　　　　　　)

20 위 19번 답의 작전을 실행한 까닭을 쓰시오.　아이스크림 미디어

_____

_____

국제 연합은 북한의 남침을 침략 행위로 규정하고 연합군을 남한에 파견했어.

◎ 배점 표시가 없는 문제는 문제당 4점입니다.

1 새로운 사회를 향한 움직임

11종 공통

1 다음과 같은 지시를 내렸던 왕에 대한 설명으로 알맞은 것을 두 가지 고르시오. (,   )

정약용을 시켜 수원에 화성을 건설하도록 하여라.

① 임진왜란을 승리로 이끌었다.
② 집현전을 설치하고 한글을 만들었다.
③ 격쟁을 하는 백성을 탄압하고 감옥에 보냈다.
④ 영조의 탕평책을 이어받아 탕평책을 시행했다.
⑤ 규장각을 설치해 나랏일과 관련된 정책을 연구했다.

2 다음에서 설명하는 인물은 누구입니까? (   )

11종 공통

오늘날의 지도와 비교해도 큰 차이가 없을 정도로 정확한 『대동여지도』를 만들었음.

① 정약용   ② 안정복
③ 김홍도   ④ 김정호
⑤ 신윤복

서술형·논술형 문제
11종 공통

3 다음은 조선 후기에 유행한 서민 문화입니다. [총 10점]

한글 소설

㉠

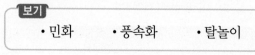

(1) 위 ㉠에 들어갈 서민 문화를 보기 에서 찾아 쓰시오. [3점]

보기
• 민화   • 풍속화   • 탈놀이

(   )

(2) 조선 후기에 위와 같은 서민 문화가 발달할 수 있었던 까닭을 쓰시오. [7점]

_____

_____

4 오른쪽 인물이 펼친 정책으로 알맞은 것을 두 가지 고르시오.

11종 공통

(,   )

① 서원을 정리했다.
② 경복궁을 다시 지었다.
③ 독립 협회를 만들었다.
④ 세도 정치를 부활시켰다.
⑤ 일반 백성에게만 세금을 걷었다.

⚠ 흥선 대원군
[출처: 국립중앙박물관]

5 다음 조선의 개항 과정을 순서대로 기호를 쓰시오.

11종 공통

> ㉠ 흥선 대원군이 전국 각지에 척화비를 세웠습니다.
> ㉡ 조선과 일본은 강화도 조약을 맺고 개항했습니다.
> ㉢ 일본 군함이 강화도를 침입하여 조선군과 전투를 벌였습니다.

(   ) → (   ) → (   )

6 다음 농민들이 일으킨 사건은 어느 것입니까?

11종 공통

(   )

전봉준과 함께 고부 군수를 내쫓자!

① 병인양요   ② 신미양요
③ 청일 전쟁   ④ 동학 농민 운동
⑤ 헤이그 만국 평화 회의

7 위 **6**번 답의 사건이 갖는 의의에 대해 바르게 말한 어린이를 쓰시오.

11종 공통

조선의 정치와 사회를 개혁하려는 시도였어.

⚠ 준영

외국의 도움을 받아 우리나라도 외국처럼 잘 살게 만들려는 움직임이었어.

⚠ 은희

(   )

---

2 일제의 침략과 광복을 위한 노력

[8~9] 다음은 독립문입니다.

[출처: 국립중앙박물관]

8 위 독립문을 만든 단체는 어느 것입니까? (   )

11종 공통

① 신민회
② 독립 협회
③ 한인 애국단
④ 미소 공동 위원회
⑤ 대한민국 임시 정부

9 위 **8**번 답의 단체가 한 일에 대해 바르게 말한 어린이는 누구입니까? (   )

11종 공통

① 봉오동 전투를 승리로 이끌었어.

② 영어와 한자로만 쓰인 『황성신문』을 창간했어.

③ 만민 공동회를 열어 다른 나라의 간섭과 경제적 침탈을 비판했어.

④ 일제의 침략과 을사늑약이 무효임을 국제 사회에 알리고자 노력했어.

11종 공통

10 대한 제국이 추진한 근대적 개혁으로 알맞지 <u>않은</u> 것은 어느 것입니까? (　　　)

① 공장과 회사의 설립을 지원했다.
② 외국에 유학생을 보내고 학교를 세웠다.
③ 전차와 철도, 전화 등의 시설을 설치했다.
④ 황제를 없애고 투표를 통해 대통령을 뽑았다.
⑤ 군사 제도를 개혁하고 근대적 제도를 마련했다.

11종 공통

11 다음과 같은 생각을 가진 사람들이 했던 활동으로 알맞은 것은 어느 것입니까? [6점] (　　　)

> 지식인과 일부 관료들은 애국심을 높이고 민족의 실력을 키워 일제로부터 국권을 지키고자 했습니다.

① 신민회를 조직하고 학교를 세웠다.
② 전국 각지에서 만세 운동을 벌였다.
③ 권문세족이 차지한 땅을 거두어들였다.
④ 총칼을 들고 무력으로 일제에 맞서 싸웠다.
⑤ 우정총국 개국 축하 잔치를 틈타 정변을 일으켰다.

11종 공통

12 다음 인터넷 검색 결과 중 유관순과 관련 있는 것을 찾아 기호를 쓰시오.

유관순의 삶 　검색

　㉠ 3·1 운동
　㉡ 아관 파천
　㉢ 무장 독립 투쟁

▲ 유관순

(　　　)

📋 서술형·논술형 문제 　　　11종 공통

13 다음은 1930년대 우리나라의 모습입니다. [총 10점]

▲ 황국 신민 서사를 외우는 어린이들

(1) 위와 같이 일제가 한국인의 전통과 문화의 뿌리를 없애려고 한 정책을 쓰시오. [3점]

(　　　　　　　　　　)

(2) 일제가 위 (1)번 답의 정책을 펼치기 위해 시행했던 제도를 한 가지만 쓰시오. [7점]

_____

_____

11종 공통

14 다음 단체가 일제의 탄압 속에서 우리말을 지키기 위해 한 노력으로 알맞은 것을 모두 찾아 ○표를 하시오.

▲ 조선어 학회

(1) 한글 맞춤법을 정리했습니다. (　　　)

(2) 『우리말큰사전』을 편찬하기 위해 노력했습니다.
(　　　)

(3) 베를린 올림픽 마라톤 경기에서 우승한 손기정의 옷에 그려져 있던 일장기를 지웠습니다.
(　　　)

---

3 대한민국 정부의 수립과 6·25 전쟁

11종 공통

15 광복으로 변화한 사람들의 생활 모습에 대해 바르게
말한 어린이를 두 명 쓰시오.

> 호민: 영은문을 허물고 그 부근에 독립문을 세웠어.
> 나영: 나라 안팎의 독립운동가들은 광복 이후 새
> 로운 나라를 세우기 위해 준비했어.
> 병건: 일제를 피해 해외로 나갔던 사람들이 광복
> 소식이 전해지자 고국으로 돌아왔어.

(,   )

11종 공통

16 한반도 문제와 관련하여 모스크바 3국 외상 회의에서
결정된 내용은 어느 것입니까? (   )

① 북한에만 정부를 세우기로 했다.
② 소련과 중국이 남한에 정부를 세웠다.
③ 일본이 다시 한반도를 지배하도록 했다.
④ 영국과 소련이 38도선을 기준으로 한반도를 분할
통치하기로 했다.
⑤ 한반도에 임시 정부를 세우고, 일정 기간 신탁
통치를 하기로 했다.

11종 공통

17 다음과 같은 국제 연합의 결정 이후에 일어난 일로 알
맞은 것에 ○표를 하시오.

> 국제 연합은 남북한 총선거를 시행하여 정부를
> 수립하기로 결정했습니다.

(1) 남한에서 5·10 총선거가 시행되었습니다.

(   )

(2) 남북한이 모두 참여한 총선거가 시행되었습니다.

(   )

---

18 제헌 국회에서 한 일로 알맞은 것을 두 가지 고르시
오. [6점] (,   )

① 헌법을 제정했다.
② 북한과의 통일 정부를 구성했다.
③ 나라 이름을 대한민국으로 정했다.
④ 국민 투표를 통해 대통령을 뽑았다.
⑤ 신탁 통치에 반대하는 시위를 했다.

[19~20] 다음은 6·25 전쟁과 관련된 지도입니다.

ⓐ 국군과 국제 연합군의 진격   ⓐ 국군과 국제 연합군의 후퇴

11종 공통

19 위 ㉠ 지도의 시기에 있었던 일로 알맞은 것은 어느
것입니까? (   )

① 정전 협정이 체결되었다.
② 국군이 낙동강 부근까지 후퇴했다.
③ 국제 연합군이 한반도에서 철수했다.
④ 미국군이 북한을 도와 전쟁에 개입했다.
⑤ 국군과 국제 연합군이 인천 상륙 작전에 성공해
전쟁의 흐름을 바꾸었다.

🗂 **서술형·논술형 문제**

11종 공통

20 위 ㉡ 지도에 나타난 시기에 있었던 사건을 쓰시오. [8점]

_____

_____

6·25 전쟁의 전개 과정

1 북한의 남침(1950. 6. 25.)

1950년 6월 25일, 북한이 선전 포고 없이 쳐들어왔고, 3일 만에 북한군에게 서울을 빼앗겼습니다.

2 인천 상륙 작전(1950. 9. 15.)

국군과 국제 연합군은 인천 상륙 작전으로 서울을 되찾고 압록강 지역까지 진격했습니다.

3 중국군 개입(1950. 10.)

국군과 국제 연합군이 북쪽으로 전진하자 중국군이 북한을 도와 전쟁에 개입했습니다.

4 1·4 후퇴(1951. 1. 4.)

국군과 국제 연합군은 북한군과 중국군에게 밀리면서 서울을 빼앗겼다가(1·4 후퇴), 전열을 정비해 되찾았습니다.

5 정전 협정(1953. 7. 27.)

6·25 전쟁 | 싸움 戰 | 다툴 爭 |

1950년 6월 25일, 북한이 남한을 기습적으로 공격해 일어난 전쟁

2년간의 협상 끝에 1953년 7월 27일, 정전 협정이 체결되면서 휴전선이 설정됐습니다.

BOOK 2

다양한 유형의 문제를 모은

평가북

평가북

사회
리더
5-2

1 우리 역사 속 최초의 국가는 무엇입니까?

🖉 _____

2 고조선을 대표하는 문화유산인 비파형 동검과 탁자식 [   ] 등을 통해 고조선의 문화 범위를 짐작할 수 있습니다.

🖉 _____

3 고조선의 법 조항 중 '남을 다치게 한 사람은 (곡식 / 금)으로 갚는다.'라는 조항을 통해 고조선이 개인의 재산을 중요하게 여겼음을 알 수 있습니다.

🖉 _____

4 삼국 중 가장 먼저 전성기를 맞이한 나라는 어디입니까?

🖉 _____

5 고구려 (장수왕 / 광개토대왕)은 수도를 평양성으로 옮긴 후 백제의 수도인 한성을 함락하여 한강 유역을 모두 차지했습니다.

🖉 _____

6 신라의 [   ]은 백제와 연합해 고구려가 차지하고 있던 한강 유역을 빼앗았습니다.

🖉 _____

7 삼국 시대 사람들은 [   ]를 받아들여 절, 탑, 불상 등의 문화유산을 남겼습니다.

🖉 _____

8 백제를 대표하는 고분인 (대릉원 / 무령왕릉)은 무덤 내부의 방이 벽돌로 만들어진 것이 특징입니다.

🖉 _____

9 하늘의 별, 해와 달의 모습과 움직임을 과학적으로 관찰하기 위해 세운 신라의 건축물은 무엇입니까?

🖉 _____

10 (신라 / 가야)의 문화유산으로 철제 갑옷, 토기, 가야금 등이 전해지고 있습니다.

🖉 _____

대표 문제

1. ❶ 나라의 등장과 발전(1)

● 고조선의 성립과 발전

고조선의 건국 이야기, 법, 문화유산 등을 통해 고조선의 성립과 발전을 알 수 있습니다.

1 다음 고조선에 대해 정리한 표를 보고 바르게 말한 어린이는 누구입니까? (   )

건국 이야기	환웅이 바람, 비, 구름을 다스리는 신하와 무리를 이끌고 내려와 세상을 다스렸음. 환웅은 웅녀와 결혼해 아들을 낳았고, 그 아들이 고조선을 세웠음.
고조선의 법	• 사람을 죽인 사람은 사형에 처한다. • 남을 다치게 한 사람은 곡식으로 갚는다. • 도둑질한 사람은 데려다 노비로 삼는다. 죄를 면하려면 50만 전을 내야 한다.
문화유산	비파형 동검, 탁자식 고인돌 등

① 해림: 고조선에는 화폐가 없었어. ↳ 화폐가 있었다.

② 선아: 고조선은 농업을 중요하게 생각했나봐.

③ 진영: 고조선은 개인의 재산을 인정하지 않았어. ↳ 인정했다.

④ 운용: 고조선은 신분이 없는 평등한 사회였나봐. ↳ 신분제 사회

⑤ 민주: 고조선은 철기 문화를 바탕으로 세워졌어. ↳ 청동기 문화

2 고조선에 대한 설명으로 알맞은 것을 보기에서 찾아 기호를 쓰시오.

> **보기**
> ㉠ 농업을 중요하게 여기지 않았습니다.
> ㉡ 큰 죄는 법으로 엄격하게 다스렸습니다.
> ㉢ 빗살무늬 토기가 대표적인 문화유산입니다.

(   )

● 삼국의 전성기

고구려, 백제, 신라를 전성기로 이끈 왕의 업적을 알 수 있습니다.

3 다음 지도와 같이 신라의 전성기를 이끌었던 왕이 한 일로 알맞은 것은 어느 것입니까? (   )

① 신라를 건국했다. ↳ 신라 박혁거세의 업적

② 도읍을 평양으로 옮겼다. ↳ 고구려 장수왕의 업적

③ 금관가야를 정복해 영토를 넓혔다. ↳ 신라 법흥왕의 업적

④ 화랑도를 통해 유능한 인재를 길렀다.

⑤ 고구려의 평양성을 공격하여 북쪽으로 영토를 넓혔다. ↳ 백제 근초고왕의 업적

4 삼국의 전성기에 대한 설명으로 알맞은 것을 두 가지 고르시오. (,   )

① 신라는 가장 먼저 전성기를 맞았다.
② 고구려는 4세기에 전성기를 맞았다.
③ 백제는 근초고왕 때 전성기를 맞았다.
④ 신라는 장수왕 때 전성기를 이루었다.
⑤ 삼국은 전성기에 공통적으로 한강 유역을 차지했다.

1 계속된 백제의 공격으로 위기에 처한 신라는 (김유신 / 김춘추)을/를 당에
파견해 당과 동맹을 맺었습니다.

2 김유신이 이끈 신라의 군대가 당의 군대와 연합해 (백제 / 발해)를 멸망시켰
습니다.

3 ☐☐는 당과 연합해 백제와 고구려를 멸망시켰고, 한반도 전체를 지배하려고
했던 당을 물리치고 삼국을 통일했습니다.

4 동모산 지역에 발해를 세운 인물은 누구입니까?

5 당은 발해를 바다 동쪽에서 크게 일어나 번성한 나라라는 뜻에서 '☐☐'이
라고 불렀습니다.

6 (석굴암 / 불국사)은/는 부처의 나라를 이루고자 하는 신라 사람들의 마음을
잘 보여 주는 절입니다.

7 경주 불국사 삼층 석탑에서 발견된 것으로, 지금까지 남아 있는 세계에서 가장
오래된 목판 인쇄물은 무엇입니까?

8 통일신라 시대에 만들어진 경주 ☐☐ 석굴은 화강암을 조각하여 쌓아 만든
굴 형태의 불교 건축물입니다.

9 고구려 문화를 바탕으로 당과 말갈의 문화를 받아들여 독자적인 문화를 이루
었던 나라는 어디입니까?

10 발해 이불병좌상의 부처를 표현한 방식과 조각 방식에서 ☐☐ 문화의 흔적을
볼 수 있습니다.

대표 문제

◉ 신라의 삼국 통일

신라의 삼국 통일 과정을 설명할 수 있습니다.

1 다음 신라의 삼국 통일 과정에서 ㉠에 들어갈 내용으로 알맞은 것을 두 가지 고르시오. (,   )

> 신라는 김춘추를 당에 파견해 당과 동맹을 맺었음.
>
> ↓
>
> ㉠
>
> ↓
>
> 신라는 당을 물리치고 삼국을 통일했음.

① 대조영이 발해를 세웠다.
　↳ 신라의 삼국 통일 이후에 세웠다.

② 고구려는 안시성에서 당의 군대를 무찔렀다.
　↳ 신라가 당과 동맹을 맺기 전의 일이다.

③ 나당 연합군의 공격으로 고구려가 멸망했다.

④ 고구려의 을지문덕이 수의 군대를 살수에서 물리쳤다. ↳ 신라가 당과 동맹을 맺기 전의 일이다.

⑤ 김유신이 이끈 신라의 군대와 당의 군대가 연합해 백제를 멸망시켰다.

2 신라의 삼국 통일 과정을 일어난 순서대로 기호를 쓰시오.

> ㉠ 나당 연합군이 고구려를 멸망시켰습니다.
> ㉡ 신라는 김춘추가 왕위에 오른 후 백제를 멸망시켰습니다.
> ㉢ 나당 전쟁에서 신라가 당을 물리쳐 삼국 통일을 이루었습니다.
> ㉣ 신라는 백제의 공격으로 위기에 처하자 당과 동맹을 맺었습니다.

(　　　) → (　　　) → (　　　) → (　　　)

◉ 통일신라와 발해의 문화유산

통일신라와 발해 문화유산의 우수성을 알 수 있습니다.

3 다음 문화유산에 대한 설명으로 알맞은 것을 두 가지 고르시오. (,   )

① 백제의 문화유산이다.
　↳ 통일신라

② 석굴 내부에 습도 조절 장치가 있다.

③ 석굴에서 『무구정광대다라니경』이 발견되었다.
　↳ 불국사 삼층 석탑에서 발견되었다.

④ 화강암을 조각해 쌓아 만든 굴 형태의 건축물이다.

⑤ 부처의 나라를 이루려는 신라 사람들의 마음을 잘 보여 준다. ↳ 불국사

4 고구려의 흔적을 발견할 수 있는 발해의 문화유산은 어느 것입니까? (   )

①
⬆ 경주 첨성대

②
⬆ 무령왕릉

③
⬆ 금동 연가 7년명 여래 입상

④
⬆ 막새기와

1 견훤이 백제의 계승을 내세우며 세운 나라는 어디입니까?

2 고구려를 계승한다는 의미로 나라 이름을 고려라고 하고 후삼국을 통일한 인물은 (궁예 / 왕건)입니다.

3 태조 왕건은 정치의 안정을 꾀하기 위해 [   ]과 공신을 견제하되 존중했습니다.

4 거란의 1차 침입 때 (강감찬 / 서희)은/는 거란의 장수와 담판을 벌여 거란을 물러나게 했고, 강동 6주를 확보할 수 있었습니다.

5 고려가 여진을 정복하기 위해 특별히 조직했던 군대는 무엇입니까?

6 고려는 몽골이 침략하자 도읍을 [   ]로 옮겨 저항했고, 고려 백성들은 힘을 합쳐 몽골군에 맞서 싸웠습니다.

7 강화도, 진도, 제주도로 근거지를 옮겨 가며 고려 정부와 몽골의 연합군에 저항했던 군대는 무엇입니까?

8 고려는 몽골의 침략을 부처의 힘으로 이겨 내고자 (초조대장경 / 팔만대장경)을 만들었습니다.

9 오늘날에 전해지는 금속 활자 인쇄본 중 세계에서 가장 오래된 책은 무엇입니까?

10 고려청자의 [   ] 기법은 청자 표면을 파서 무늬를 만들고 그 자리에 다른 색깔의 흙을 메워 넣어 굽는 방식입니다.

대표 문제

1. ❷ 독창적 문화를 발전시킨 고려

❶ 고려의 외침 극복 과정

고려의 거란, 여진, 몽골의 침략 극복 과정을 설명할 수 있습니다.

1 다음 ㉠에 들어갈 인물에 대한 설명으로 알맞은 것은 어느 것입니까? (   )

⚠ 거란의 침입에 대한 고려의 대응

① 별무반을 이끌었다. ➛ 윤관

② 압록강 동쪽에 강동 6주를 확보했다.

③ 충주성과 처인성에서 승리를 거두었다.
　➛ 몽골의 침입 때 김윤후의 활약

④ 뛰어난 전술로 귀주에서 큰 승리를 거두었다.
　➛ 거란의 3차 침입 때 강감찬의 활약

⑤ 포로가 되었던 3만 명의 고려 사람을 구출했다.
　➛ 거란의 2차 침입 때 양규의 활약

2 몽골의 침략에 따른 고려의 대응으로 알맞지 <u>않은</u> 것은 어느 것입니까? (   )

① 도읍을 강화도로 옮겼다.

② 삼별초는 근거지를 옮겨 가며 저항했다.

③ 별무반이라는 군대를 만들어 몽골군에 맞섰다.

④ 김윤후는 처인성의 주민들과 힘을 합쳐 몽골군을 물리쳤다.

⑤ 충주성 전투에서는 노비들까지 힘을 합쳐 성을 지켜 냈다.

❷ 고려의 문화유산

고려의 팔만대장경, 금속 활자, 고려청자의 우수성을 알 수 있습니다.

3 다음 고려의 문화유산에 대해 알맞게 말한 어린이는 누구입니까? (   )

⚠ 팔만대장경판

① 지수: 상감 기법으로 만들었어. ➛ 상감 청자

② 강현: 활자를 골라 인쇄할 수 있었어. ➛ 금속 활자

③ 혜미: 글자가 고르고 틀린 글자도 거의 없어.

④ 선아: 거란의 침입을 부처의 힘으로 이겨 내고자 만들었어. ➛ 몽골

⑤ 소정: 오늘날 전해지는 금속 활자 인쇄본 중 세계에서 가장 오래되었어. ➛ 『직지심체요절』

4 고려의 문화유산에 대한 설명으로 알맞은 것을 [보기] 에서 찾아 기호를 쓰시오.

[보기]
㉠ 고려청자는 주로 장식품으로 사용했습니다.
㉡ 고려는 세계 최초로 금속 활자를 발명했습니다.
㉢ 팔만대장경은 몽골의 침입으로 불타 없어졌습니다.

(   )

1 위화도 회군으로 권력을 잡은 ☐는 신진 사대부와 함께 조선을 세웠고, 한양을 도읍으로 정했습니다.

2 유교의 가르침을 중심으로 나라를 다스리고, 사회 질서를 유지하기 위한 내용이 담긴 조선의 기본 법전은 무엇입니까?

3 세종은 백성들이 쉽게 읽고 쓸 수 있는 글자가 필요하다고 생각하여 오랜 연구 끝에 ☐을 만들었습니다.

4 세종 대에 (자격루 / 혼천의)를 만들어 해, 달, 별의 움직임을 관찰하여 계절의 변화를 알 수 있도록 했습니다.

5 조선 시대에 유교의 가르침이 담긴 책을 공부하거나 관리가 되어 나라의 중요한 일을 결정했던 신분은 무엇입니까?

6 조선 전기에는 청자의 그릇 표면에 흰 흙을 발라 다시 구워 낸 소박한 느낌의 ☐와 백자가 인기를 끌었습니다.

7 (임진왜란 / 병자호란)은 일본이 명을 치러 가는 길을 빌려 달라는 구실로 조선을 침략한 전쟁입니다.

8 임진왜란 당시 (이순신 / 곽재우)이/가 이끄는 수군과 전국 각지에서 일어난 의병의 활약에 힘입어 백성들이 나라를 구하기 위해 힘을 합쳤습니다.

9 명과 후금 사이에서 중립 외교를 펼쳤던 왕은 누구입니까?

10 병자호란 때 청의 군대가 한양으로 쳐들어오자, 인조는 ☐으로 피란을 떠났습니다.

대표 문제

1. ③ 민족 문화를 지켜 나간 조선

◐ 조선의 건국

조선을 세우고 기틀을 마련하는 데 기여한 인물의 업적을 알 수 있습니다.

1 다음 사건을 통해 권력을 잡은 인물에 대한 설명으로 알맞은 것을 두 가지 고르시오. (　　,　　)

무리한 요동 정벌을 멈추고 군사를 돌려 도읍인 개경을 장악하겠다.

① 정도전과 함께 조선을 세웠다.

② 조선의 기본 법전인 『경국대전』을 완성했다. → 성종

③ 측우기, 앙부일구 등의 과학 기구를 발명했다. → 세종

④ 홍건적과 왜구 등을 물리치는 데 큰 공을 세웠다.

⑤ 고려 왕조를 유지하면서 개혁해야 한다고 주장했다. → 정몽주가 주장한 내용

2 조선의 건국과 기틀을 다지는 과정에 대한 설명으로 알맞은 것을 보기 에서 찾아 기호를 쓰시오.

보기
㉠ 세종은 도읍을 한양으로 정했습니다.
㉡ 정몽주는 이성계와 함께 조선을 세웠습니다.
㉢ 태종은 신분증인 호패를 가지고 다니게 했습니다.

(　　　　　　　)

◐ 임진왜란과 병자호란

임진왜란과 병자호란의 전개 과정과 극복하려는 노력을 알 수 있습니다.

3 임진왜란 당시 다음과 같이 활약한 조선 수군에 대한 설명으로 알맞은 것은 어느 것입니까? (　　　)

① 주로 육지에서 활약했다. → 바다에서

② 곽재우 등이 자기 고장을 지키고자 일으켰다. → 의병

③ 이순신은 거북선을 만들어 전투에서 승리를 거두었다.

④ 진주성에서 김시민은 일본군에 맞서 큰 승리를 거두었다. → 진주 대첩

⑤ 권율의 지휘 아래 군인과 승병, 백성이 힘을 합쳐 일본군에 맞서 싸웠다. → 행주 대첩

4 병자호란에 대한 설명으로 알맞지 <u>않은</u> 것은 어느 것입니까? (　　　)

① 조선은 청과 형제 관계를 맺었다.

② 인조가 남한산성으로 피란을 떠났다.

③ 인조가 삼전도에서 청 태종에게 항복했다.

④ 김상헌은 청과 끝까지 싸워야 한다고 주장했다.

⑤ 청이 임금과 신하의 관계를 요구했으나 조선이 거절하자 쳐들어왔다.

대단원 평가 1회

1. 옛사람들의 삶과 문화

1 다음은 고조선의 건국 이야기입니다. 밑줄 친 부분에 담긴 의미로 알맞은 것은 어느 것입니까? (   )

> 어느 날 곰과 호랑이가 환웅을 찾아와 사람이 되게 해 달라고 빌었다. 환웅은 쑥과 마늘을 주며 "이것을 먹으며 백 일 동안 햇빛을 보지 않으면 사람이 될 것이다."라고 말했다. 호랑이는 참지 못하고 곧 동굴에서 뛰쳐나갔다. 곰은 환웅이 말한 것을 잘 지켜 여자로 변해 웅녀가 되었다. <u>웅녀는 환웅과 혼인해 아들을 낳았다.</u> 그 아들이 후에 단군왕검이 되었고, 고조선을 세웠다.

① 화폐를 사용했다.
② 농업을 중요시했다.
③ 지배자의 신성함을 강조했다.
④ 사람의 노동력을 중요하게 여겼다.
⑤ 곰을 믿는 부족과 환웅의 부족이 결합했다.

🖋 서술형·논술형 문제

2 다음은 고구려 전성기에 대해 나눈 대화입니다.

> 소연: 고구려는 5세기 ㉠   , 장수왕 때 전성기를 이루었어.
> 영민: 맞아. ㉠   은 서쪽으로는 요동 지역, 남쪽으로는 한강 유역까지 세력을 확장했지.
> 소연: 장수왕은 _____ ㉡

(1) 위 ㉠에 공통으로 들어갈 왕을 쓰시오.

(   )

(2) 위 ㉡에 들어갈 장수왕의 업적을 쓰시오.

_____

_____

3 가야에 대한 설명으로 알맞은 것을 두 가지 고르시오.

(,   )

① 철의 생산지로 유명했다.
② 여러 작은 나라들로 이루어진 연맹 국가이다.
③ 도읍이 한강 유역에 위치해 일찍부터 중국과 교류했다.
④ 신라와 백제의 압력에 시달리다가, 백제에 흡수되었다.
⑤ 고구려 영향 아래에 있었으나, 점차 국력을 키워 성장했다.

4 백제의 문화유산이 <u>아닌</u> 것은 어느 것입니까? (   )

①
⬆ 미륵사지 석탑

②
⬆ 무령왕릉

③
⬆ 금동 대향로

④
⬆ 경주 분황사 모전 석탑

5 발해에 대한 설명으로 알맞은 것을 보기 에서 찾아 기호를 쓰시오.

> 보기
> ㉠ 삼국을 통일했습니다.
> ㉡ 신라를 계승한 국가임을 내세웠습니다.
> ㉢ 고구려 유민들이 세운 국가로, 당에서 '해동성국'이라 불릴 정도로 발전했습니다.

(   )

6 다음에서 설명하는 통일신라의 문화유산은 무엇입니까?
( )

> 부처의 나라를 이루려는 신라 사람들의 마음을 잘 보여 주는 절로, 삼층 석탑과 다보탑과 같은 우수한 예술성을 갖춘 탑이 남아 있습니다.

① 불국사　　　　② 석굴암
③ 분황사　　　　④ 황룡사
⑤ 미륵사

7 다음 고려의 후삼국 통일 과정을 일어난 순서대로 기호를 쓰시오.

> ㉠ 힘이 약해진 신라의 항복을 받았습니다.
> ㉡ 왕건이 궁예를 몰아내고 고려를 세웠습니다.
> ㉢ 왕건이 궁예의 신하로 있으면서 여러 전투에서 공을 세웠습니다.
> ㉣ 왕위 다툼으로 혼란해진 후백제를 물리쳐 후삼국을 통일했습니다.

( )→( )→( )→( )

8 고려 시대에 다음 밑줄 친 '이 제도'를 시행한 까닭으로 알맞은 것을 두 가지 고르시오. (,)

① 왕권을 강화하기 위해서이다.
② 불교를 널리 장려하기 위해서이다.
③ 북쪽으로 영토를 넓히기 위해서이다.
④ 고구려 계승의 정신을 드러내기 위해서이다.
⑤ 호족이나 공신들의 세력을 약화하기 위해서이다.

9 거란의 침입과 고려의 극복에 대한 설명으로 알맞지 않은 것은 어느 것입니까? ( )

① 서희가 거란의 장수와 담판을 벌였다.
② 압록강 동쪽의 강동 6주를 차지하게 되었다.
③ 양규가 거란군에 여러 차례 승리를 거두었다.
④ 고려의 도읍인 강화도가 함락되는 피해를 보았다.
⑤ 강감찬이 이끈 고려군이 귀주에서 거란군을 물리 쳤다.

10 다음 ☐ 안에 공통으로 들어갈 군대를 쓰시오.

> 고려는 여진을 정복하기 위해 ☐☐☐을 만들었습니다. 윤관이 이끄는 ☐☐☐은 여진을 공격하고 그들이 살던 곳에 9개의 성을 쌓았습니다.

( )

11 다음 문화유산에 대한 설명으로 알맞지 <u>않은</u> 것은 어느 것입니까? (   )

△ 「직지심체요절」

① 프랑스 국립 도서관이 소장하고 있다.
② 본래는 두 권인데 현재 한 권만 전해진다.
③ 불교와 관련된 책으로, 청주 흥덕사에서 인쇄되었다.
④ 오늘날 전해지는 목판 인쇄본 중 세계에서 가장 오래된 책이다.
⑤ 독일의 구텐베르크가 만든 금속 활자보다 70여 년 앞서 제작되었다.

12 다음은 고려청자입니다.

△ 청자 상감 운학무늬 매병   △ 청자 상감 모란 구름 학무늬 베개

(1) 위 고려청자에 공통으로 사용된 기법을 쓰시오.
(   )

(2) 위 고려청자의 우수한 점을 쓰시오.

_____

13 고려 말의 상황으로 알맞지 <u>않은</u> 것은 어느 것입니까?
(   )

① 외적의 침입이 잦았다.
② 지배층의 권력 다툼이 심했다.
③ 이성계가 위화도에서 군사를 돌려 권력을 잡았다.
④ 신진 사대부가 성리학을 바탕으로 개혁을 주장했다.
⑤ 정도전은 고려 왕조를 유지하면서 개혁해야 한다고 주장했다.

14 조선이 한양을 도읍으로 정한 까닭을 보기 에서 찾아 기호를 쓰시오.

보기
㉠ 조선이 고려를 계승했기 때문입니다.
㉡ 한양은 한강이 흘러 교통이 편리했기 때문입니다.
㉢ 한양은 불교의 가르침을 실현하기 좋은 곳이기 때문입니다.

(   )

15 세종이 다음과 같은 의미로 만든 과학 기구는 무엇입니까? (   )

백성들이 시각을 알 수 있도록 많은 사람이 오가는 한양 거리에 설치했습니다.

①
△ 앙부일구

②
△ 혼천의

③
△ 간의 [출처: 게티이미지]

④
△ 측우기

16 조선 시대 신분에 따른 사람들의 생활 모습을 알맞게 설명한 것은 어느 것입니까? (   )

① 양반: 대부분 농사를 지었다.

② 상민: 의학, 법률에 관한 일을 했다.

③ 중인: 주인을 위해 일하는 노비가 많았다.

④ 천민: 유교의 가르침이 담긴 책을 공부했다.

⑤ 상민: 성인 남자 대부분은 군인으로서 나라를 지킬 의무가 있었다.

🗂️ 서술형·논술형 문제

17 다음은 임진왜란 당시 수군의 활약입니다.

> 임진왜란 당시 [   ]이 이끄는 수군은 옥포, 사천, 한산도 등에서 연이어 승리를 거두었습니다.

(1) 위 □ 안에 들어갈 인물을 쓰시오.

(   )

(2) 위 (1)번 답의 인물이 이끄는 수군이 승리를 거둘 수 있었던 까닭을 쓰시오.

_____

_____

---

18 임진왜란 후 조선의 상황에 대한 설명으로 알맞지 <u>않은</u> 것은 어느 것입니까? (   )

① 백성들이 살 곳을 잃었다.

② 많은 사람이 일본에 포로로 끌려갔다.

③ 전쟁으로 많은 사람이 죽거나 다쳤다.

④ 농사지을 땅이 크게 줄어들어 백성들의 생활이 어려워졌다.

⑤ 일본이 두고 간 도자기 덕분에 도자기 문화가 발전하게 되었다.

---

19 다음 ㉠에 들어갈 내용으로 알맞은 것은 어느 것입니까?

(   )

| 광해군의 중립 외교 정책 | → | ㉠ | → | 병자호란 |

① 의병이 전쟁에서 활약했다.

② 일본이 부산으로 쳐들어왔다.

③ 세자 등 많은 백성이 청에 끌려가 고통을 겪었다.

④ 조선이 명을 가까이하고 후금을 멀리하자 후금이 조선을 침략했다.

⑤ 일본이 명을 치러 가는 길을 빌려 달라는 구실로 조선을 침략했다.

---

20 다음 비석을 통해 알 수 있는 것은 어느 것입니까?

(   )

🔺 서울 삼전도비 [출처: 연합뉴스]

① 인조가 청 태종에게 항복했음을 알 수 있다.

② 선조가 명에 지원군을 요청했음을 알 수 있다.

③ 일부 신하들이 광해군을 쫓아냈음을 알 수 있다.

④ 김상헌은 청과 끝까지 싸워야 한다고 주장했음을 알 수 있다.

⑤ 최명길은 청과의 화해를 통해 싸움을 멈춰야 한다고 주장했음을 알 수 있다.

대단원 평가 2회

1. 옛사람들의 삶과 문화

1 다음은 고조선의 문화 범위를 나타낸 지도입니다. ㉠, ㉡에 들어갈 문화유산을 쓰시오.

㉠ (   ) ㉡ (   )

2 다음 고조선의 법을 통해 알 수 있는 고조선 사회의 모습으로 알맞지 <u>않은</u> 것은 어느 것입니까? (   )

> • 사람을 죽인 사람은 사형에 처한다.
> • 남을 다치게 한 사람은 곡식으로 갚는다.
> • 도둑질한 사람은 데려다 노비로 삼는다. 죄를 면하려면 50만 전을 내야 한다.

① 노동력을 중요시했다.
② 화폐의 개념이 있었다.
③ 개인의 재산은 인정하지 않았다.
④ 노비가 존재하는 신분제 사회였다.
⑤ 큰 죄는 법으로 엄격하게 다스렸다.

3 백제에 대한 설명으로 알맞지 <u>않은</u> 것은 어느 것입니까? (   )

① 온조가 한강 유역에 세웠다.
② 근초고왕 때 전성기를 맞이했다.
③ 칠지도를 통해 왜와 교류했음을 알 수 있다.
④ 대가야를 정복하여 가야의 영토를 흡수했다.
⑤ 일찍부터 중국과 교류하여 문물을 발전시켰다.

🗂 서술형·논술형 문제

4 다음은 고구려의 문화유산입니다.

⌃ 무용총 수렵도　　　　⌃ 무용총 접객도

(1) 위 문화유산을 보고, ☐ 안에 들어갈 알맞은 말에 ○표를 하시오.

> 고분 내부의 벽과 천장에서 (토기 / 벽화)가 발견되기도 합니다.

(2) 위 문화유산을 통해 알 수 있는 것을 쓰시오.

_____

_____

5 신라에서 분황사, 황룡사와 같은 절을 세운 까닭을 보기 에서 찾아 기호를 쓰시오.

> 보기
> ㉠ 뛰어난 공예 기술을 보여 주기 위해서
> ㉡ 불교의 힘으로 나라를 다스리기 위해서
> ㉢ 하늘의 별, 해와 달의 모습을 관측하기 위해서

(   )

6 다음은 신라의 삼국 통일 과정입니다. ㉠, ㉡에 들어갈 인물을 쓰시오.

> 신라는 ㉠ 를 당에 파견해 당과 동맹을 맺었음. → ㉡ 이 이끄는 신라의 군대가 당의 군대와 연합해 백제를 멸망시켰음. → 나당 연합군의 공격을 받아 고구려가 멸망했음. → 신라가 당을 물리치고 삼국 통일을 달성했음.

㉠ (   ) ㉡ (   )

7 다음에서 설명하는 발해의 문화유산은 어느 것입니까?
(   )

> 연꽃무늬에서 고구려 문화의 영향을 확인할 수 있습니다.

①
△ 다보탑

②
△ 「무구정광대다라니경」

③
△ 상경성 2호 절터 석등

④
△ 금동 연가 7년명 여래 입상

8 다음 ☐ 안에 들어갈 나라는 어디입니까? (   )

> 궁예는 고구려의 계승을 내세우며 ☐ 를 건국했습니다.

① 고려   ② 백제   ③ 신라
④ 발해   ⑤ 후고구려

9 다음은 고려 초 나라의 기틀을 다지기 위한 노력입니다.

이제 저희도 왕실의 사람이군요.

호족들에게 고려 왕실의 성씨인 왕씨 성, 땅과 관직을 주겠노라.

세력이 강한 호족의 딸들과 결혼하여 호족과 친밀한 관계를 맺겠소.

충성을 다하겠습니다.

(1) 위와 같은 일을 했던 고려 왕을 쓰시오.
(   )

(2) 위 (1)번 답의 왕이 위와 같은 일을 한 까닭을 쓰시오.

_____

_____

10 몽골의 침략과 고려의 대응 모습을 알맞게 말한 어린이끼리 짝 지어진 것은 어느 것입니까? (   )

> 예지: 고려는 도읍을 강화도로 옮겨 저항했어.
> 민호: 몽골을 정복하기 위해 별무반을 조직했어.
> 수연: 무신 정변을 일으켜 많은 문신들을 제거했어.
> 태우: 백성들은 귀주성, 처인성, 충주성 등에서 힘을 합쳐 몽골군을 물리쳤어.

① 예지, 민호   ② 예지, 수연
③ 예지, 태우   ④ 민호, 수연
⑤ 수연, 태우

11 고려 시대에 다음 문화유산을 만든 까닭으로 알맞은 것은 어느 것입니까? ( )

△ 팔만대장경판

① 무신들의 힘을 약화하기 위해서이다.
② 거란의 침입을 물리치기 위해서이다.
③ 힘이 커진 호족을 견제하기 위해서이다.
④ 유교 이념에 따라 정치를 안정시키기 위해서이다.
⑤ 부처의 힘으로 몽골의 침입을 물리치기 위해서이다.

12 다음 과정을 통해 만들어진 활자의 우수성으로 알맞은 것에 모두 ○표를 하시오.

△ 밀랍에 글자본을 붙이고 글자를 새김.

△ 밀랍 글자를 밀랍 가지에 붙이고 이를 밀랍 봉에 붙여 글자 봉을 만듦.

△ 글자 봉에 황토 등을 발라 거푸집을 만듦. 거푸집을 불에 구워 밀랍을 녹인 후 쇳물을 부음.

△ 쇳물이 식으면 거푸집을 분리하고 활자를 떼어 내고 다듬어 활자를 만듦.

(1) 상감 기법으로 무늬를 새겨 넣습니다. ( )
(2) 필요한 활자를 골라서 인쇄할 수 있습니다.
( )
(3) 활자가 단단해 오랫동안 사용할 수 있습니다.
( )

13 조선의 건국 과정을 일어난 순서대로 기호를 쓰시오.

㉠ 이성계와 정도전 등이 조선을 세웠습니다.
㉡ 홍건적과 왜구 등이 고려를 침략했습니다.
㉢ 고려 왕조를 유지하자던 정몽주를 제거했습니다.
㉣ 이성계는 요동 정벌을 멈추고 위화도에서 군사를 돌려 권력을 장악했습니다.

( ) → ( ) → ( ) → ( )

14 유교를 가르치기 위해 세운 교육 기관으로 알맞은 것은 어느 것입니까? ( )

① 종묘   ② 경복궁
③ 사직단   ④ 성균관
⑤ 흥인지문

🗂 서술형·논술형 문제

15 다음은 『경국대전』에 담긴 내용입니다.

△ 부모가 많이 아프거나 나이가 70세 이상이면 아들 중 한 명은 군대에 가는 것을 면제해 줌.

△ 남자는 15세, 여자는 14세에 혼인할 수 있으며 13세가 되면 혼인을 정할 수 있음.

(1) 위 내용이 담긴 『경국대전』을 완성한 왕을 쓰시오.
( )

(2) 위 『경국대전』의 내용을 통해 조선에 관해 알게 된 점을 쓰시오.

_____

_____

16 세종의 업적으로 알맞지 <u>않은</u> 것은 어느 것입니까?
( )

① 백성을 위해 훈민정음을 만들었다.
②『농사직설』,『향약집성방』 등을 편찬했다.
③ 집현전을 설치해 뛰어난 학자를 길러 냈다.
④ 농사와 백성의 생활에 도움을 주는 여러 가지 과학 기구를 만들었다.
⑤ 고구려의 옛 도읍이었던 서경을 중요시하고, 북쪽으로 영토를 넓혔다.

17 조선 전기 사회와 문화의 특징으로 알맞은 것을 두 가지 고르시오. (,)

① 양반 중심의 문화가 발달했다.
② 아들과 딸은 조상의 제사를 돌아가며 지냈다.
③ 불교 예절에 따라 결혼, 장례 등 행사를 치렀다.
④ 유교의 가르침에 따라 화려한 문화를 강조했다.
⑤ 아들과 딸은 똑같이 부모의 재산을 물려받을 수 없었다.

18 임진왜란을 극복할 수 있었던 까닭으로 알맞은 것은 어느 것입니까? ( )

① 팔만대장경을 만들었기 때문이다.
② 강감찬이 귀주에서 큰 승리를 거뒀기 때문이다.
③ 김윤후가 백성들과 힘을 합쳐 싸웠기 때문이다.
④ 삼별초가 근거지를 옮겨가며 끝까지 저항했기 때문이다.
⑤ 이순신이 이끄는 수군과 전국 각지에서 일어난 의병이 활약했기 때문이다.

19 광해군에 대한 설명으로 알맞은 것을 두 가지 고르시오.
(,)

① 일본이 쳐들어오자 의주로 피란했다.
② 후금과 명 사이에서 중립 외교를 펼쳤다.
③ 후금과 형제의 나라로 지내자는 약속을 했다.
④ 청에 당한 수치를 씻고 복수해야 한다고 주장했다.
⑤ 명에 지원군을 보냈지만, 지원군에게 상황에 따라 판단하게 했다.

20 다음과 같은 전개 과정으로 일어난 사건은 무엇입니까?
( )

> 후금이 이름을 청으로 바꾸고,
> 조선에 임금과 신하의 관계를 요구했음.

> 조선이 청의 제안을 받아들이지 않자,
> 청 태종이 직접 군대를 이끌고 침입했음.

> 인조는 남한산성으로 피란해
> 청군에 맞서 저항했음.

> 청과 끝까지 싸워야 한다는 주장과
> 청과의 싸움을 멈춰야 한다는 주장이 대립했음.

> 인조는 남한산성에서 나와 삼전도에서
> 청 태종에게 항복했음.

① 임진왜란   ② 정유재란
③ 병자호란   ④ 정묘호란
⑤ 행주 대첩

대단원 서술형 평가 1회

1. 옛사람들의 삶과 문화

1 다음은 고조선과 관련되어 전해지는 자료입니다. [총 10점]

> • 사람을 죽인 사람은 사형에 처한다.
> • 남을 다치게 한 사람은 곡식으로 갚는다.
> • 도둑질한 사람은 데려다 노비로 삼는다. 죄를 면하려면 50만 전을 내야 한다.

(1) 다음 ☐ 안에 들어갈 알맞은 말을 쓰시오. [3점]

> 고조선의 ☐ 조항 중 위 3개가 현재까지 전해지고 있습니다.

( )

(2) 위 밑줄 친 조항을 통해 알 수 있는 고조선의 사회 모습을 쓰시오. [7점]

_____

_____

2 다음은 견고려사 목간에 대한 설명입니다. [총 10점]

> **[문화유산 정보]**
> • 유물 이름: 견고려사 목간
> • 만든 때: 758년
> • 발견된 곳: 일본
> • 특징: 일본에서는 ☐ 에 파견한 관리를 '견고려사'라고 불렀음.

(1) 위 ☐ 안에 들어갈 나라를 쓰시오. [3점]

( )

(2) 일본에서 위 (1)번 답의 나라에 파견한 관리를 '견고려사'라고 부른 까닭을 쓰시오. [7점]

_____

_____

3 다음은 고려 왕이 백성의 생활과 정치의 안정을 위해 노력한 일입니다. [총 10점]

> ☐ 은/는 불교를 널리 장려하고 백성들의 세금을 줄여 주었습니다. 고구려의 옛 도읍이었던 서경을 중요시하고, 북쪽으로 영토를 넓혔습니다. 또한 정치의 안정을 꾀하기 위해 _____ ⓛ

(1) 위 ☐ 안에 들어갈 고려의 왕을 쓰시오. [3점]

( )

(2) 위 (1)번 답의 왕이 정치의 안정을 꾀하기 위해 어떤 세력을 견제하고 존중했는지 ⓛ에 들어갈 내용을 쓰시오. [7점]

_____

_____

4 다음은 『훈민정음』의 내용 중 일부입니다. [총 10점]

> 우리나라 말이 중국과 달라 한자와는 서로 통하지 않으므로 백성이 말하고자 하는 바가 있어도 끝내 제 뜻을 펴지 못하는 사람이 많으니라. 내가 이것을 가엾게 여겨 새로 스물여덟 글자를 만드니 모든 사람들로 하여금 쉽게 익혀서 날마다 쓰는 데 편하게 하고자 할 따름이니라.
>
> – 『훈민정음(해례본)』

(1) 위 밑줄 친 '내'는 누구인지 쓰시오. [3점]

( )

(2) 위 (1)번 답의 인물이 훈민정음을 만든 까닭을 쓰시오. [7점]

_____

_____

대단원 서술형 평가 2회

1. 옛사람들의 삶과 문화

1 다음은 4세기 백제 전성기의 지도입니다. [총 10점]

(1) 위 백제의 전성기를 이끌었던 왕을 쓰시오. [3점]

( )

(2) 위 (1)번 답의 왕이 한 일을 쓰시오. [7점]

_____

_____

2 다음은 통일신라의 문화유산입니다. [총 10점]

(1) 위 문화유산의 이름을 쓰시오. [3점]

( )

(2) 위 문화유산이 기술적으로 우수한 까닭을 쓰시오.
[7점]

_____

_____

3 다음은 거란과 고려의 담판 내용입니다. [총 10점]

> 거란의 장수: 고려는 우리와 국경을 접하고 있으면서
> 어찌 바다 건너 송하고만 교류하는가?
> ☐ : 여진이 고려와 거란 사이에 살고 있어 당신
> 들과 교류할 수 없으니 여진을 쫓아내고 우리가
> 그 땅을 가질 수 있다면 교류하지 않을 까닭이 없다.

(1) 위 ☐ 안에 들어갈 고려의 인물을 쓰시오. [3점]

( )

(2) 위와 같은 담판의 결과를 쓰시오. [7점]

_____

_____

4 다음은 명과 후금 사이에서 고민하는 왕의 모습입니다.
[총 10점]

(1) 위 ☐ 안에 들어갈 조선의 왕을 쓰시오. [3점]

( )

(2) 위 (1)번 답의 왕이 명과 후금 사이에서 펼친 정책을
쓰시오. [7점]

_____

_____

1 영조는 어느 한 붕당에 치우치지 않고 인물을 고루 뽑아 쓰는 [   ]을 펼쳤습니다.

🖉 _____

2 수원에 화성을 건설하여 정치, 군사, 경제의 새로운 중심로 삼으려고 했던 왕은 누구입니까?

🖉 _____

3 조선 후기에는 현실 문제와 새로운 문물에 관심을 둔 (실학 / 성리학)이 등장했습니다.

🖉 _____

4 여러 분야에서 개혁을 주장했던 실학자인 (정약용 / 안정복)은 거중기를 만들었고, 『목민심서』를 썼습니다.

🖉 _____

5 조선 후기에는 한글 소설, 탈놀이, 판소리 등의 [   ] 문화가 인기를 끌었습니다.

🖉 _____

6 조선 후기 서민 문화 중 사람들의 생활 모습을 그린 그림을 무엇이라고 합니까?

🖉 _____

7 조선 후기에 서원을 정리하고, 양반에게도 세금을 매기는 등 개혁 정책을 펼친 사람은 [   ]입니다.

🖉 _____

8 조선이 외국과 맺은 최초의 근대적 조약이자, 조선에 불리한 불평등 조약은 무엇입니까?

🖉 _____

9 김옥균을 중심으로 한 사람들은 우정총국의 개국 축하 잔치를 틈타 [   ]을 일으켰습니다.

🖉 _____

10 전봉준과 농민들이 고부 군수의 횡포에 저항하며 일어난 사건은 무엇입니까?

🖉 _____

2. ❶ 새로운 사회를 향한 움직임

● 영조와 정조의 개혁 정치

조선 후기 영조와 정조가 펼쳤던 개혁 정치를 설명할 수 있습니다.

1 다음 비석을 세운 왕이 추진한 개혁 정책으로 알맞은 것은 어느 것입니까? (   )

> 두루 사귀면서 편을 가르지 않는 것이 군자의 공정한 마음이요, 편을 가르고 두루 사귀지 않는 것은 소인의 사사로운 마음이다.

① 4군 6진을 개척했다.
　↳세종이 추진했다.
② 백성들의 세금을 늘렸다.
　　↳줄였다.
③ 다양한 책을 편찬해 학문과 제도를 정비했다.
④ 규장각을 설립해 개혁을 뒷받침할 인재를 길렀다.
　↳정조가 추진했다.
⑤ 백성들이 쉽게 읽고 쓸 수 있는 훈민정음을 만들었다. ↳세종이 추진했다.

2 다음 설명과 관련된 왕이 추진한 정책으로 알맞은 것은 어느 것입니까? (   )

> 영조의 뒤를 이어 왕위에 오른 후 탕평책을 이어받아 시행하는 등 여러 개혁 정책을 펼쳤습니다.

① 서원을 정리했다.
② 양반들에게 세금을 매겼다.
③ 외국 세력을 물리치고 척화비를 세웠다.
④ 왕실의 권위를 세우기 위해 경복궁을 다시 지었다.
⑤ 개혁 정치를 뒷받침하기 위해 수원 화성을 건설했다.

● 조선 사회를 개혁하려는 노력

조선 사회의 개혁을 시도한 인물의 활동을 통해 사회 변화를 위한 옛사람들의 노력을 설명할 수 있습니다.

3 다음 밑줄 친 '정변'의 전개 과정으로 알맞은 것은 어느 것입니까? (   )

> 김옥균을 중심으로 한 사람들은 우정총국의 개국 축하 잔치를 틈타 정변을 일으켰습니다.

① 청의 군사 지원을 약속받은 후 일으켰다.
　　↳일본
② 정변 이후 전국 각지에 척화비를 세웠다.
　　↳흥선 대원군이 세웠다.
③ 새 정부를 조직하고 주요 개혁 정책을 발표했다.
④ 실패로 끝난 이후 일본의 간섭이 더욱 심해졌다.
　　　　　↳청의
⑤ 일본이 군사적으로 개입하면서 3일 만에 실패로 끝났다.
　↳청

4 다음 □ 안에 들어갈 사건에 대한 설명으로 알맞은 것을 두 가지 고르시오. (,   )

> 전봉준과 농민들은 고부 군수의 횡포에 저항하며 □□□을 일으켰습니다.

① 전주성까지 세력을 넓혔다.
② 청과 협상해 개혁안을 약속받았다.
③ 평등사상과 사회 개혁을 내세웠다.
④ 미국을 몰아내기 위해 다시 봉기했다.
⑤ 조선 정부는 진압을 위해 독일에 도움을 요청했다.

1 서재필 등이 설립한 [____]는 자주독립 의지를 높이고자 독립문을 세웠고, 누구나 사회 문제에 대해 말할 수 있도록 만민 공동회를 열었습니다.

2 고종이 러시아 공사관에서 경운궁(덕수궁)으로 돌아온 후 선포한 나라 이름은 무엇입니까?

3 일제가 대한 제국의 외교권을 빼앗기 위해 강제로 맺은 조약은 무엇입니까?

4 평민 출신 의병장 (신돌석 / 안창호)은/는 강원도, 경상도, 충청도 지역에서 일본군에 맞서 싸웠습니다.

5 1910년대 일제가 우리나라 토지의 소유자를 확인한다며 실시한 사업은 무엇입니까?

6 일제에 나라를 빼앗기자 만주로 건너간 (이회영 / 전형필)은 신흥 강습소를 세워 독립운동가를 길러냈습니다.

7 1919년 3월 1일, 일제의 폭력적인 통치에 맞서 일어난 만세 시위는 무엇입니까?

8 독립운동을 이끌어 나갈 힘을 하나로 모으기 위한 노력이 이어지면서 1919년 9월, 중국 상하이에 [____]가 수립되었습니다.

9 김좌진과 홍범도가 이끄는 독립군이 일본군을 유인하여 청산리 일대에서 맞서 싸웠던 전투는 무엇입니까?

10 일제는 전쟁이 오랜 기간 이어지자 여성들을 [____]라는 이름으로 전쟁터에 강제로 끌고 가 모진 고통을 주었습니다.

2. ❷ 일제의 침략과 광복을 위한 노력

2 단원

◎ 독립 협회와 대한 제국의 활동

독립 협회와 대한 제국이 근대화를 위해 어떤 노력을 했는지 설명할 수 있습니다.

1 다음 ☐ 안에 들어갈 단체의 활동으로 알맞은 것을 보기 에서 모두 찾아 기호를 쓰시오.

| 아관 파천 | → | 서재필 등이 ☐ 설립 | → | 대한 제국 수립 |

보기

㉠ 교통 시설을 갖추었습니다.
　↳ 대한 제국이 추진한 개혁이다.
㉡ 공장과 회사의 설립을 지원했습니다.
　↳ 대한 제국이 추진한 개혁이다.
㉢ 자주독립 의지를 높이고자 독립문을 세웠습니다.
㉣ 사회적으로 관심이 높은 일을 놓고 찬반 토론을 벌이는 토론회를 개최했습니다.

(　　, 　　)

2 근대 국가를 만들기 위해 고종이 추진했던 개혁의 내용으로 알맞은 것을 보기 에서 두 가지 찾아 기호를 쓰시오.

보기

㉠ 독립 협회를 세웠습니다.
㉡ 『독립신문』을 창간했습니다.
㉢ 학생들을 다른 나라로 유학을 보냈습니다.
㉣ 은행을 비롯한 근대 시설을 만들었습니다.

(　　, 　　)

◎ 3·1 운동의 전개와 의의

1919년에 일어났던 3·1 운동의 전개와 의의에 대해 설명할 수 있습니다.

3 다음 지도를 통해 알 수 있는 점에 ○표를 하시오.

△ 3·1 운동 지역별 시위 현황

(1) 3·1 운동은 국내에서만 일어났습니다. (　　)
　↳ 3·1 운동은 국외에까지 퍼졌다.
(2) 3·1 운동은 전국 각지에서 일어났습니다.
　　　　　　　　　　　　　　　　(　　)
(3) 3·1 운동은 서울과 경기도에서만 일어났고 전국으로 퍼지지는 못했습니다. (　　)
　↳ 3·1 운동은 전 민족적인 운동으로 발전했다.

4 3·1 운동의 의의로 알맞은 것은 어느 것입니까?
　　　　　　　　　　　　　　　　(　　)

① 황제의 권력을 강화했다.
② 신분제가 폐지되는 계기가 되었다.
③ 한국인의 독립 의지를 전 세계에 알렸다.
④ 대한민국 임시 정부를 폐지하는 계기가 되었다.
⑤ 외세의 힘을 끌어들여 나라를 개혁하고자 했다.

1 1945년 8월 15일, 일본의 항복과 연합국의 승리로 우리나라는 [   ]을 맞이했습니다.

2 한반도에 남아 있는 일본군을 몰아낸다는 명분으로 (38도선 / 적도)을/를 경계로 남으로는 미군이, 북으로는 소련군이 들어왔습니다.

3 한반도에 임시 정부를 세우고, 일정 기간 동안 신탁 통치 실시를 결정한 회의는 무엇입니까?

4 소련이 임시 위원단의 입국을 막자 선거가 가능한 남한에서만 총선거를 실시하기로 결정한 국제기구는 무엇입니까?

5 국회의원을 국민이 뽑는 우리나라 역사상 최초의 민주 선거는 무엇입니까?

6 국회의원들로 구성된 [   ]에서 우리나라 이름을 대한민국으로 정하고, 제헌 헌법을 만들었습니다.

7 1948년 8월 15일, (대한민국 / 북한) 정부의 탄생으로 일제의 지배에서 벗어나 독립 정부와 민주 공화국의 꿈을 이루게 됐습니다.

8 1950년 6월, 북한이 남한을 기습적으로 공격하여 일어난 전쟁은 무엇입니까?

9 국군과 국제 연합군은 [   ]의 성공으로 서울을 되찾고 압록강까지 다다랐습니다.

10 6·25 전쟁으로 인해 오랜 시간 동안 가족의 소식을 알지 못한 채 서로를 그리워하며 살아가는 가족을 무엇이라고 합니까?

2. ❸ 대한민국 정부의 수립과 6·25 전쟁

2 단원

◉ 대한민국 정부 수립의 과정

광복 이후부터 대한민국 정부가 수립되기까지의 과정을 설명할 수 있습니다.

1 다음 회의에서 결정된 사항으로 알맞은 것을 두 가지 고르시오. (,)

🔺 모스크바 3국 외상 회의

① 한반도에 임시 민주 정부를 세운다.

② 남북한이 동시에 총선거를 실시한다.
↳ 국제 연합(UN)이 결정했다.

③ 일정 기간 동안 신탁 통치를 실시한다.

④ 국제 연합(UN)에 한반도 문제를 넘긴다.
↳ 미소 공동 위원회가 성과 없이 끝난 이후 미국이 결정했다.

⑤ 한반도에서 일본군을 몰아내기 위해 38도선을 설치한다. ↳ 모스크바 3국 외상 회의가 열리기 전에 설치했다.

2 대한민국 정부 수립의 과정에서 가장 먼저 일어난 사건은 어느 것입니까? ( )

① 제헌 헌법을 만들었다.

② 5·10 총선거를 실시했다.

③ 대한민국 정부가 수립되었다.

④ 이승만이 대통령으로 뽑혔다.

⑤ 나라 이름을 '대한민국'으로 정했다.

◉ 6·25 전쟁의 전개 과정

1950년에 일어났던 6·25 전쟁의 전개 과정을 설명할 수 있습니다.

3 다음 6·25 전쟁의 전개 과정을 나타낸 지도 중 가장 먼저 일어난 일은 어느 것입니까? ( )

🔺 중국군의 개입과 국군의 후퇴

🔺 북한군의 남침과 서울 점령

🔺 밀고 밀리는 전쟁
↳ 정전 협정이 체결되면서 군사 분계선이 설정됐다.

🔺 국군과 국제 연합군의 반격
↳ 인천 상륙 작전 성공으로 서울을 되찾았다.

4 6·25 전쟁의 전개 과정에서 일어난 일이 <u>아닌</u> 것은 어느 것입니까? ( )

① 북한군의 남침으로 전쟁이 시작되었다.

② 중국군이 북한 편에 서서 전쟁에 개입했다.

③ 인천 상륙 작전의 성공으로 서울을 되찾았다.

④ 38도선 근처에서 밀고 밀리는 싸움을 계속했다.

⑤ 김구가 통일 문제를 논의하기 위해 38도선을 넘었다.

대단원 평가 1회

2. 사회의 새로운 변화와 오늘날의 우리

1 영조가 탕평책을 펼친 까닭으로 알맞은 것은 어느 것입니까? (   )

① 계획도시를 건설하기 위해서이다.
② 청의 간섭에서 벗어나기 위해서이다.
③ 서양과의 통상을 거부하기 위해서이다.
④ 세도 정치의 문제점을 바로잡기 위해서이다.
⑤ 왕권을 강화하고 정치를 안정시키기 위해서이다.

2 다음 글의 밑줄 친 '주장'으로 알맞지 <u>않은</u> 것은 어느 것입니까? (   )

> 임진왜란과 병자호란을 겪은 이후 백성의 생활이 어려워지면서 일부 학자들은 조선 사회의 <u>현실 문제에 관심을 갖고, 이를 해결하고자 다양한 주장</u>을 펼쳤습니다.

① 공업과 상업을 발달시켜야 한다.
② 우리의 역사, 지리, 언어 등을 연구해야 한다.
③ 새로운 농사 기술을 농민에게 보급해야 한다.
④ 청의 문물과 기술을 적극적으로 받아들여야 한다.
⑤ 신분제와 과거 제도를 폐지하고 공식 문서에 한글을 사용해야 한다.

3 다음에서 설명하는 지도를 쓰시오.

> 실학자 김정호가 만든 지도로, 목판으로 제작되었고 오늘날 지도와 비교해도 큰 차이가 없을 정도로 정확한 지도입니다.
> 우리나라의 산, 강, 길 등이 자세히 표시되어 있고, 오늘날 지도처럼 다양한 정보를 기호로 표시했습니다.
>
> [출처: 국립중앙박물관]

(   )

서술형·논술형 문제

4 다음은 조선 후기의 문화입니다.

㉠
△ 한글 소설

㉡
△ 풍속화

㉢
△ 탈놀이

㉣
△ 판소리

(1) 조선 후기에 발달했던 위와 같은 문화를 무엇이라고 하는지 쓰시오.

(   )

(2) 조선 후기에 유행했던 위 ㉢의 특징을 쓰시오.

_____

_____

5 흥선 대원군이 펼친 개혁 정책으로 알맞은 것을 보기에서 찾아 기호를 쓰시오.

> **보기**
> ㉠ 서원을 지었습니다.
> ㉡ 양반들에게도 세금을 매겼습니다.
> ㉢ 외국 세력과 적극적으로 문물을 교류했습니다.

(   )

6 다음 인물들이 일으킨 사건에 대한 설명으로 알맞은 것은 어느 것입니까? (　　　　)

▲ 김옥균과 급진 개화파 사람들

① 미국의 군사 지원을 약속받고 일으켰다.

② 일본의 군사적 개입으로 3일 만에 끝났다.

③ 우정총국 개국 축하 잔치를 틈타 정변을 일으켰다.

④ 청의 힘에 의지하여 사람들의 지지를 받지 못했다.

⑤ 일본의 간섭에서 벗어나야 한다고 주장한 사람들이 일으켰다.

7 다음 동학 농민 운동의 전개 과정 중 ㉠에 들어갈 내용으로 알맞지 <u>않은</u> 것은 어느 것입니까? (　　　)

전봉준과 농민들은 고부 군수의 횡포에 저항해 봉기했고, 전주성까지 점령했음.

정부가 청에 도움을 요청하자 청이 조선에 군대를 보냈고, 일본도 조선에 군대를 보냈음.

㉠

↓

전봉준을 비롯한 지도자들이 체포되면서 동학 농민 운동은 끝났음.

① 조선에서 일본과 청이 전쟁을 벌였다.

② 농민군은 전주성에서 스스로 물러났다.

③ 일본을 몰아내려고 농민군이 다시 봉기했다.

④ 농민들은 고을에서 개혁을 추진하려고 노력했다.

⑤ 광성보가 함락되고 어재연을 비롯한 많은 사람이 목숨을 잃었다.

8 다음에서 설명하는 사건은 어느 것입니까? (　　　　)

> 청일 전쟁에서 일본이 승리한 후 조선에 대한 일본의 영향력이 강해지자, 고종과 명성황후는 러시아 세력을 끌어들여 일본 세력을 누르려 했습니다. 이에 초조해진 일본이 경복궁을 습격하여 명성황후를 시해했습니다.

① 병인양요　　　　② 신미양요

③ 갑신정변　　　　④ 을미사변

⑤ 아관 파천

🗂 서술형·논술형 문제

9 오른쪽은 서재필이 정부의 지원을 받아 만든 신문입니다.

(1) 오른쪽 신문의 이름을 쓰시오.

(　　　　　　　　　)

(2) 위 (1)번 답의 신문을 통해 사람들에게 알리고자 한 것을 쓰시오.

_____

_____

10 다음 ☐ 안에 공통으로 들어갈 인물을 쓰시오.

> 을사늑약을 맺은 이후 전국 각지에서 의병이 일어났습니다. 그중 평민 출신 의병장도 활약했는데, '태백산 호랑이'라고 불린 ☐☐☐이 대표적입니다. ☐☐☐은 강원도, 경상도 충청도 지역에서 일본군에 맞서 싸웠습니다.

(　　　　　　　　　)

11 대한 제국의 국권을 빼앗은 후 일제가 한 일이 <u>아닌</u> 것은 어느 것입니까? (   )

① 헌병과 경찰을 없앴다.

② 태형 제도를 실시했다.

③ 한국인들을 지배하기 위해 조선 총독부를 세웠다.

④ 더 많은 세금을 걷기 위해 토지 조사 사업을 실시했다.

⑤ 한국인들이 신문을 펴낼 권리나 정치에 참여할 권리 등을 빼앗았다.

12 다음 글의 밑줄 친 '만세 운동'에 대한 설명으로 알맞은 것을 두 가지 고르시오. (,   )

> 1919년 3월 1일, 일제의 폭력적인 통치에 숨을 죽이고 있던 한국인들이 서울의 종로 거리로 쏟아져 나왔습니다. 사람들은 조선이 독립된 나라임과 조선 사람이 자주적인 민족임을 선언한 독립 선언서를 읽고 대한 독립 만세를 외치며 <u>만세 운동</u>을 펼쳤습니다.

① 전국 각지에서 일어났다.

② 여자, 어린이, 노인 누구나 참여했다.

③ 독립군 부대를 결성하여 무장 투쟁했다.

④ 만세 운동 과정에서 신분제 폐지 등의 내용이 담긴 갑오개혁을 추진했다.

⑤ 나주역에서 일어난 한국 학생과 일본 학생의 다툼을 발단으로 학생들이 일으켰다.

13 3·1 운동 이후 임시 정부를 통합하려고 한 까닭으로 알맞은 것은 어느 것입니까? (   )

① 국내에서 독립운동을 하기 위해서이다.

② 강대국에게 독립을 약속받기 위해서이다.

③ 우리나라 문화유산을 보존하기 위해서이다.

④ 우리말과 글이 잊히는 것을 막기 위해서이다.

⑤ 독립운동을 이끌어 나갈 힘을 하나로 모으기 위해서이다.

14 일제의 탄압으로부터 우리의 역사, 말, 문화유산을 지키기 위해 노력한 인물과 그 노력을 바르게 줄로 이으시오.

(1) 신채호 ·

(2) 전형필 ·

(3) 조선어 학회 ·

· ㉠ 한글 맞춤법을 정리하고 사람들에게 한글을 가르쳤음.

· ㉡ 일제의 역사 왜곡을 정면으로 반박했고, 역사책을 썼음.

· ㉢ 자기 재산을 들여 문화유산을 구입하고 보존했음.

📖 서술형·논술형 문제

15 다음 글을 읽고, 물음에 답하시오.

> 1945년 8월 15일, 일왕의 항복 선언과 함께 우리나라는 [   ]을 맞이했습니다.

(1) 위 [ ] 안에 들어갈 알맞은 말을 쓰시오.

(   )

(2) 위 (1)번 답을 맞이할 수 있었던 까닭을 쓰시오.

_____

_____

16 다음과 같은 결정을 내린 회의를 쓰시오.

> • 미소 공동 위원회를 조직한다.
> • 한반도에 조선 민주주의 임시 정부를 세운다.
> • 미소 공동 위원회는 조선 임시 정부와 협의하여 최고 5년간의 신탁 통치 방안을 마련한다.

(   )

17 다음 ☐ 안에 공통으로 들어갈 인물은 누구입니까?
(   )

> 한반도에 통일 정부가 세워지기를 바라던 사람들은 ☐ 을/를 중심으로 남한만의 총선거 실시를 반대했습니다. ☐ 은/는 하나의 정부를 세우기 위해 남북이 서로 이야기를 나눠야 한다고 생각하여 북한 측의 지도자를 만나 통일 문제 등을 논의하기 위해 38도선을 넘었습니다.

① 김구   ② 이승만
③ 홍범도   ④ 안창호
⑤ 이회영

18 제헌 국회에서 한 일로 알맞은 것을 두 가지 고르시오.
(,   )

① 헌법을 만들었다.
② 북한 정부 수립을 선포했다.
③ 나라 이름을 대한민국으로 정했다.
④ 남한에서만 총선거를 하기로 결정했다.
⑤ 임시 정부를 세울 방법을 논의하기 위해 미소 공동 위원회를 열었다.

19 6·25 전쟁의 전개 과정에서 가장 마지막에 일어난 것을 찾아 기호를 쓰시오.

ⓐ 정전 협정 체결   ⓐ 중국군의 개입

ⓐ 북한군의 남침   ⓐ 국군과 국제 연합군의 반격

(   )

20 6·25 전쟁의 피해와 영향으로 알맞은 것을 보기 에서 찾아 기호를 쓰시오.

> **보기**
> ㉠ 민간인들은 죽거나 다치지 않았습니다.
> ㉡ 전쟁 중에도 문화유산은 잘 보존되었습니다.
> ㉢ 수많은 전쟁고아와 이산가족이 생겨났습니다.

(   )

대단원 평가 2회

2. 사회의 새로운 변화와 오늘날의 우리

1 정조의 개혁 정책으로 알맞지 <u>않은</u> 것은 어느 것입니까?
( )

① 규장각을 설치해 학문을 연구했다.
② 탕평책을 널리 알리기 위해 탕평비를 세웠다.
③ 백성들의 억울한 사연을 들어주고 해결해 주었다.
④ 수원 화성을 건설해 개혁 정치를 뒷받침하고자 했다.
⑤ 영조의 탕평책을 이어받아 능력 있는 인물을 고루 뽑았다.

2 조선 후기에 실학이 등장한 까닭으로 알맞은 것을 보기 에서 찾아 기호를 쓰시오.

> **보기**
> ㉠ 왕권을 강화하기 위해서입니다.
> ㉡ 청의 간섭을 받지 않기 위해서입니다.
> ㉢ 백성의 생활을 안정시키고 나라의 힘을 기르기 위해서입니다.

( )

3 다음 서민 문화에 대한 설명으로 알맞은 것을 두 가지 고르시오. (,)

▲ 탈놀이

① 탈을 쓰고 하는 연극이나 춤이다.
② 전기수가 사람들 앞에서 책을 읽어 준다.
③ 대표적인 인물로는 김홍도, 신윤복 등이 있다.
④ 백성의 생각과 감정을 솔직하게 표현해 인기가 많았다.
⑤ 고수의 북 반주에 맞추어 소리꾼이 몸짓을 해 가며 노래를 부른다.

4 다음 ㉠, ㉡ 사건에 대한 설명으로 알맞지 <u>않은</u> 것은 어느 것입니까? ( )

㉠	㉡
[출처: 전쟁기념관]	
▲ 프랑스 군대가 침략하는 모습을 그린 그림	▲ 당시 미군에게 빼앗겼던 수자기

① ㉠은 병인양요이다.
② ㉡은 신미양요이다.
③ ㉠, ㉡은 모두 한양을 침략해 일어났다.
④ ㉠ 사건의 결과 외규장각에 있던 책과 물건을 빼앗겼다.
⑤ ㉡ 사건 중에 어재연 장군을 비롯한 많은 사람이 목숨을 잃었다.

🔖 **서술형·논술형 문제**

5 다음은 김옥균이 주장한 개혁안입니다.

> • 청에 대한 조공을 폐지한다.
> • 문벌을 폐지하고, 백성들이 평등한 권리를 갖는 제도를 마련하며, 능력에 따라 관리를 임명한다.
> • 세금 제도를 고쳐 관리의 부정을 막고 국가의 살림살이를 튼튼히 한다.
>
> – 김옥균, 『갑신일록』 –

(1) 위 개혁안을 발표하며 일어난 사건을 쓰시오.
( )

(2) 위 (1)번 답의 사건이 실패한 후 조선의 상황을 쓰시오.

_____

_____

6 다음 ☐ 안에 들어갈 알맞은 개혁을 쓰시오.

조선 정부는 갑신정변의 개혁안과 동학 농민군의 요구를 일부 받아들여 ☐☐☐ 을 추진했습니다.

(   )

7 독립 협회의 활동으로 알맞은 것을 두 가지 고르시오.

(,   )

① 독립문을 세웠다.
② 만민 공동회를 열었다.
③ 공장과 회사의 설립을 지원했다.
④ 나라 이름을 대한 제국으로 바꾸었다.
⑤ 인재를 기르고자 신흥 강습소를 세웠다.

8 대한 제국이 추진한 개혁의 한계점으로 알맞은 것을 **보기** 에서 찾아 기호를 쓰시오.

> **보기**
> ㉠ 황제의 권리를 빼앗았습니다.
> ㉡ 근대 문물을 수용하지 않았습니다.
> ㉢ 국민의 권리를 제대로 보장하지 못했습니다.

(   )

9 우리나라 사람들이 을사늑약이 체결된 후 저항한 모습을 바르게 줄로 이으시오.

(1) 고종 ・

(2) 안중근 ・

(3) 이승훈, 안창호 ・

・ ㉠ 하얼빈역에서 이토 히로부미를 처단했음.

・ ㉡ 오산 학교, 대성 학교를 세워 인재를 길렀음.

・ ㉢ 헤이그에 특사를 파견해 을사늑약의 체결이 불법임을 알리려고 했음.

🗂 서술형·논술형 문제

10 다음은 일제의 식민 통치 모습입니다.

(1) 위와 같이 실시했던 일제의 식민 정책을 쓰시오.

(   )

(2) 위 (1)번 답의 정책이 우리 민족에게 미친 영향을 쓰시오.

_____

_____

11 다음 ☐ 안에 공통으로 들어갈 인물은 누구입니까?
( )

> 3·1 운동이 전국 각지에서 일어나자 ☐은 고향인 천안으로 내려가 만세 시위를 벌였습니다. ☐은 체포된 후 감옥에 갇혀서도 "대한 독립 만세"를 외쳤으며, 일제의 고문으로 목숨을 잃었습니다.

① 유관순　　② 윤희순　　③ 여운형
④ 김좌진　　⑤ 서재필

12 다음 밑줄 친 단체의 활동을 두 가지 고르시오.
(,)

> 일제의 탄압으로 활동이 힘들어지자, 대한민국 임시 정부의 김구는 한인 애국단을 조직했습니다.

① 3·1 운동을 지휘했다.
② 청산리 대첩을 승리로 이끌었다.
③ 일본 도쿄에서 일왕의 행렬에 폭탄을 던졌다.
④ 만주에 신흥 강습소를 세워 군사 교육을 실시했다.
⑤ 상하이 훙커우 공원에서 일왕의 생일을 기념하기 위해 모인 일본 장군에게 폭탄을 던졌다.

13 안창호가 한 일로 알맞은 것은 어느 것입니까?
( )

① 독립 선언서를 낭독했다.
② 봉오동에서 일본군을 무찔렀다.
③ 한글 사전을 펴내기 위해 노력했다.
④ 흥사단을 세워 나라를 되찾을 힘을 기르고자 했다.
⑤ 『조선 상고사』와 같은 역사책을 써서 역사 왜곡을 바로잡는 데 앞장섰다.

14 다음 밑줄 친 '이 운동'에 대한 설명으로 알맞은 것을 보기 에서 찾아 기호를 쓰시오.

> 이 운동은 나주역에서 일어난 한국 학생과 일본 학생의 다툼이 발단이 되어 일어났습니다. 학생들은 일본 학생과 한국 학생을 차별하는 현실에 분노하고 학교에서 우리말과 우리 역사를 제대로 배우지 못하는 점에 항의하며 시위에 나섰습니다. 전국의 많은 학생이 공감하여 시위에 참여했습니다.

보기
㉠ 독립 선언서를 나눠 읽었습니다.
㉡ 만주와 연해주로도 퍼져 나갔습니다.
㉢ 3·1 운동 이후 우리나라에서 일어난 가장 큰 항일 운동이었습니다.

( )

15 다음 상황으로 달라진 사람들의 생활 모습이 <u>아닌</u> 것은 어느 것입니까? ( )

◎ 우리나라가 광복을 맞이함.

① 한글로 된 교과서로 수업을 하게 됐다.
② 일제가 금지했던 어린이날이 부활했다.
③ 우리말과 우리글을 자유롭게 사용하게 됐다.
④ 해외에서 활동하던 독립운동가들이 국내로 돌아왔다.
⑤ 일본에 강제로 끌려갔던 사람들은 국내로 돌아올 수 없었다.

16 한반도가 38도선을 경계로 남북이 나뉘게 된 까닭으로 알맞은 것은 어느 것입니까? (   )

① 북한이 남침했기 때문이다.

② 남한에 대한민국 정부가 수립됐기 때문이다.

③ 한반도 문제를 국제 연합(UN)에 넘겼기 때문이다.

④ 독립운동가들이 새로운 나라를 세울 준비를 하고 있었기 때문이다.

⑤ 일본군을 몰아낸다는 명분으로 남쪽에는 미군이, 북쪽에는 소련군이 들어왔기 때문이다.

17 다음 글을 읽고, 물음에 답하시오.

> 미국에게 한반도 문제를 넘겨 받은 〔   〕은 남북한이 동시에 총선거를 실시해 정부를 수립하기로 결정했고, 결정에 따라 한국 임시 위원단을 남북한에 파견했습니다. 그러나 소련은 이들이 북한에 오는 것을 막았습니다.

(1) 위 〔 〕 안에 들어갈 국제기구를 쓰시오.

(   )

(2) 소련이 한국 임시 위원단의 입국을 거부하자 위 (1)번 답의 국제기구가 내린 결정을 쓰시오.

_____

_____

18 대한민국 정부 수립까지의 과정을 순서대로 기호를 쓰시오.

> ㉠ 제헌 국회 구성
> ㉡ 5·10 총선거 실시
> ㉢ 대한민국 정부 수립
> ㉣ 이승만 제1대 대통령 선출

(   ) → (   ) → (   ) → (   )

19 다음 지도와 관련 있는 6·25 전쟁의 과정에서 생긴 사건은 어느 것입니까? (   )

⬆ 정전 협정 체결

⬆ 북한군의 남침

⬆ 중국군의 개입

⬆ 인천 상륙 작전

20 다음 그래프를 통해 알 수 있는 것을 두 가지 고르시오.

(,   )

⬆ 6·25 전쟁 중 다치거나 사망한 사람 수

① 휴전선이 설정됐다.

② 정전 협상이 진행됐다.

③ 이산가족 만남이 이뤄졌다.

④ 남한과 북한 사람 모두 많은 피해를 입었다.

⑤ 중국군과 국제 연합군도 전쟁에서 죽거나 다쳤다.

대단원 서술형 평가 1회

2. 사회의 새로운 변화와 오늘날의 우리

1 다음은 조선 시대에 건설한 수원 화성입니다. [총 10점]

(1) 위 수원 화성을 건설한 조선의 왕을 쓰시오. [3점]

( )

(2) 위 (1)번 답의 왕이 수원 화성을 건설한 까닭을 쓰시오. [7점]

_____

_____

2 다음은 조선 시대에 세운 척화비입니다. [총 10점]

(1) 위 척화비를 세운 인물을 쓰시오. [3점]

( )

(2) 위 (1)번 답의 인물이 척화비를 세운 까닭을 쓰시오. [7점]

_____

_____

3 다음은 3·1 운동 이후의 활동을 나타낸 글입니다. [총 10점]

> 3·1 운동이 일어나면서 국내외 여러 지역에 임시 정부가 세워지자, 독립운동을 이끌어 나갈 힘을 하나로 모으기 위해 임시 정부를 통합하려는 노력이 이어졌습니다. 그 결과 중국 상하이에서 여러 임시 정부를 통합한 [ ]가 수립됐습니다.

(1) 위 □ 안에 들어갈 알맞은 말을 쓰시오. [3점]

( )

(2) 위 (1)번 답의 활동을 쓰시오. [7점]

_____

_____

4 다음 사진은 대한민국 정부 수립 과정에서 일어난 일입니다. [총 10점]

⊙ 대한민국 정부 수립

⊙ 8·15 광복

⊙ 미소 공동 위원회 개최

⊙ 5·10 총선거 실시

(1) 위 ⊙~㉣을 일어난 순서대로 기호를 쓰시오. [3점]

( ) → ( ) → ( ) → ( )

(2) 대한민국 정부 수립의 의의를 쓰시오. [7점]

_____

_____

대단원 서술형 평가 2회

2. 사회의 새로운 변화와 오늘날의 우리

1 다음은 일본과 맺은 조약의 조항입니다. [총 10점]

> 제7조 일본인이 조선의 해안을 자유롭게 측량하는 것을 허가한다.
> 제10조 조선의 항구에서 죄를 지은 일본인은 일본 관리가 심판한다.

(1) 위와 같은 내용으로 일본과 맺은 조약을 쓰시오.
[3점]

(   )

(2) 위 (1)번 답 조약의 특징을 쓰시오. [7점]

_____

_____

2 다음은 대한 제국의 수립에 관한 글입니다. [총 10점]

> 러시아 공사관에 머문 지 1년 만에 경운궁(덕수궁)으로 돌아온 ☐은 나라 이름을 대한 제국으로 바꾸고 황제로 즉위했습니다.

(1) 위 ☐ 안에 들어갈 왕을 쓰시오. [3점]

(   )

(2) 위 (1)번 답의 왕이 추진했던 근대적 개혁 내용을 쓰시오. [7점]

_____

_____

3 다음은 1905년에 일어난 일입니다. [총 10점]

> 일제는 러시아와 전쟁을 벌여 승리한 후 대한 제국의 정치에 더욱 간섭했습니다. 고종이 동의하지 않았음에도 일제의 특사로 대한 제국에 온 이토 히로부미는 고종과 신하들을 위협해 ☐을 맺게 했습니다. 대한 제국은 ☐으로 일본에 외교권을 빼앗겼습니다.

(1) 위 ☐ 안에 공통으로 들어갈 조약을 쓰시오. [3점]

(   )

(2) 우리나라 사람들이 위 (1)번 답의 체결에 어떻게 저항했는지 쓰시오. [7점]

_____

_____

4 다음은 어떤 전쟁의 전개를 나타낸 사진입니다. [총 10점]

△ 북한군의 남침   △ 인천 상륙 작전

△ 중국군의 개입   △ 정전 협정 체결

(1) 위와 같은 전개 과정으로 일어난 전쟁을 쓰시오. [3점]

(   )

(2) 위 (1)번 답의 전쟁이 미친 영향을 쓰시오. [7점]

_____

_____

MEMO

배움으로 행복한 내일을 꿈꾸는
천재교육 커뮤니티 안내 . . .

교재 안내부터 구매까지 한 번에!
천재교육 홈페이지

자사가 발행하는 참고서, 교과서에 대한 소개는 물론
도서 구매도 할 수 있습니다. 회원에게 지급되는 별을 모아
다양한 상품 응모에도 도전해 보세요!

다양한 교육 꿀팁에 깜짝 이벤트는 덤!
천재교육 인스타그램

천재교육의 새롭고 중요한 소식을 가장 먼저 접하고 싶다면?
천재교육 인스타그램 팔로우가 필수!
깜짝 이벤트도 수시로 진행되니 놓치지 마세요!

수업이 편리해지는
천재교육 ACA 사이트

오직 선생님만을 위한, 천재교육 모든 교재에 대한 정보가 담긴
아카 사이트에서는 다양한 수업자료 및 부가 자료는 물론
시험 출제에 필요한 문제도 다운로드하실 수 있습니다.

https://aca.chunjae.co.kr

천재교육을 사랑하는 샘들의 모임
천사샘

학원 강사, 공부방 선생님이시라면 누구나 가입할 수 있는 천사샘!
교재 개발 및 평가를 통해 교재 검토진으로 참여할 수 있는 기회는 물론
다양한 교사용 교재 증정 이벤트가 선생님을 기다립니다.

아이와 함께 성장하는 학부모들의 모임공간
튠맘 학습연구소

튠맘 학습연구소는 초·중등 학부모를 대상으로 다양한 이벤트와 함께
교재 리뷰 및 학습 정보를 제공하는 네이버 카페입니다.
초등학생, 중학생 자녀를 둔 학부모님이라면 튠맘 학습연구소로 오세요!

BOOK 3

정답과 풀이

코칭북

5-2

사회
리더

천재교육

코칭북

정답과
풀이

5-2

1. ❶ 나라의 등장과 발전

❶ 고조선과 삼국의 성립과 발전

단원평가 2~3쪽

1 (2) ○ **2** ② **3** ⓓ 노동력을 중요시했다. 개인의 재산을 인정했다. **4** ③ **5** ② **6** ㉡
7 장수왕 **8** ③ **9** 채윤 **10** ⑤

1 고조선의 건국 이야기를 통해 고조선이 농사를 중요하게 생각했으며 곰을 숭배하는 무리가 환웅의 무리와 결합했다는 것을 알 수 있습니다.

2 ② 칠지도는 백제가 왜에 보낸 칼로, 백제가 왜와 활발하게 교류했음을 보여 줍니다.

3 고조선의 법을 통해 당시 사람들의 생활 모습을 짐작할 수 있습니다.

채점 기준	
정답 키워드 노동력 | 중요시 | 개인 재산 | 인정	
'노동력을 중요시했다.', '개인의 재산을 인정했다.' 등의 내용을 정확히 씀.	상
제시된 고조선의 법 조항을 통해 알 수 있는 고조선 사회의 모습을 썼으나 구체적이지 않음.	하

> **더 알아보기**
> **고조선의 법**
> • 사람을 죽인 사람은 사형에 처한다.
> • 남을 다치게 한 사람은 곡식으로 갚는다.
> • 도둑질한 사람은 데려다 노비로 삼는다. 죄를 면하려면 50만 전을 내야 한다.

4 고구려는 주몽이 졸본 지역에, 백제는 온조가 한강 유역에, 신라는 박혁거세가 경주 지역에 세웠습니다.

5 삼국 중 백제가 가장 먼저 전성기를 맞이했습니다.

6 고구려는 5세기 광개토대왕, 장수왕 때 전성기를 맞았습니다.

> **왜 틀렸을까?**
> ㉠은 6세기 신라의 전성기를 나타낸 지도입니다.

7 장수왕 때 도읍을 평양성으로 옮겼습니다.

8 ③은 태종 무열왕 때의 일입니다.

9 한강 유역은 한반도의 중심에 있고 교통이 편리했으며 넓은 평야가 있어 농사를 짓기에 유리했습니다.

10 가야는 중국이나 왜와도 활발히 교류했습니다.

❷ 삼국과 가야의 문화, 통일신라와 발해

단원평가 4~5쪽

1 진우 **2** ⓓ 시중을 들고 있는 사람을 작게 그린 것으로 보아 신분의 차이가 있었다. **3** ③ **4** ②
5 ① **6** (2) ○ **7** ㉢, ㉡, ㉣, ㉠ **8** 해동성국
9 ④ **10** ⑤

1 삼국은 불교문화가 발달했습니다.

2 벽화를 통해 당시 사람들의 생각과 생활 모습을 알 수 있습니다. 제시된 벽화에서는 신분의 차이를 사람의 크기로 표현했습니다.

채점 기준	
정답 키워드 시중 | 사람 | 작다 | 신분 | 차이	
'시중을 들고 있는 사람을 작게 그린 것으로 보아 신분의 차이가 있었다.' 등의 내용을 알맞게 씀.	상
무용총 접객도를 통해 알 수 있는 점을 썼으나 구체적이지 않음.	하

3 무령왕릉은 백제를 대표하는 고분입니다.

> **왜 틀렸을까?**
> ① 천마총, ② 금관총, ④ 황남대총은 신라의 고분, ⑤ 정효 공주 무덤은 발해의 고분입니다.

4 첨성대는 하늘의 별, 해와 달의 모습과 움직임을 관측하기 위한 건축물입니다.

5 삼국이 성장할 무렵, 낙동강 유역에 있던 작은 나라들이 연합해 가야 연맹을 이루었습니다. 가야는 철의 생산지로 유명했으며 중국이나 왜와도 활발히 교류하며 발전했습니다.

6 고구려 수산리 고분 벽화와 일본 다카마쓰 고분 벽화에 그려진 옷차림이 비슷한 것으로 보아 삼국의 문화가 일본에 영향을 주었음을 알 수 있습니다.

7 신라의 삼국 통일은 한반도에 있던 여러 나라를 처음으로 통일한 것입니다.

8 발해는 고구려를 계승한 나라임을 내세웠고, 점차 강력한 나라로 발전해 고구려의 옛 땅을 거의 되찾고 '해동성국'이라고 불렸습니다.

9 석굴암은 통일신라 불교문화의 우수성을 보여 주는 대표적인 문화유산입니다.

10 연꽃무늬에서 고구려 문화의 영향을 확인할 수 있습니다.

1. ❷ 독창적 문화를 발전시킨 고려

❶ 고려의 건국과 북방 민족의 침입

단원평가 6~7쪽

1 ③, ⑤ 2 ⑤ 3 ❶ 신라 ❷ 후백제 4 예 불교를 널리 장려했다. 백성들의 세금을 줄여 주었다. 호족과 공신을 견제하되 존중하면서 정치의 안정을 꾀했다. 5 유교
6 ② 7 (1) ○ 8 ① 9 ㉡ 10 ③

1 신라 말에는 정치가 혼란스러웠고, 지방에서는 호족이 등장했으며, 백성들의 생활이 어려웠습니다.

2 견훤이 후백제를, 궁예가 후고구려를 세웠습니다.

3 고려는 힘이 약해진 신라의 항복을 받았고, 왕위 다툼으로 혼란해진 후백제를 물리쳐 후삼국을 통일했습니다.

4 태조 왕건은 고려를 세운 후 나라의 기틀을 다지기 위해 노력했습니다.

채점 기준

정답 키워드 불교	장려	세금	줄이다	호족	존중	견제	
'불교를 널리 장려했다.', '백성들의 세금을 줄여 주었다.', '호족과 공신을 견제하되 존중하면서 정치의 안정을 꾀했다.' 등의 내용을 정확히 씀.	상
태조 왕건의 정책을 썼으나 구체적이지 않음.	하

5 태조 왕건이 죽은 후 공신들과 호족 출신 신하들의 힘이 강해지면서 정치가 불안해졌습니다. 나라에서는 호족이나 공신들이 마음대로 힘을 휘두르지 못하게 하고 정치를 안정시키기 방안을 마련했습니다. 과거 제도를 시행해 왕에게 충성하고 능력 있는 새로운 신하를 뽑아 왕권을 강화하고자 했습니다.

6 거란의 1차 침입 때 거란의 침입 의도를 파악한 서희는 거란의 장수와 담판을 벌였습니다.

7 서희의 외교 담판 결과 고려는 송과의 관계를 끊고 거란과 외교 관계를 맺을 것을 약속했습니다.

8 강감찬이 이끄는 고려군이 귀주에서 거란군에 큰 승리를 거둔 사건은 귀주 대첩입니다.

9 고려는 북방 민족의 침입을 막기 위해 천리장성을 쌓았습니다.

10 나당 전쟁은 신라의 삼국 통일 과정에서 신라와 당 사이에서 벌어진 전쟁으로, 윤관과 관련이 없습니다.

❷ 몽골의 침입과 고려의 대응

단원평가 8~9쪽

1 ② 2 ④ 3 예 물살이 빠르고 갯벌이 넓어 외적이 접근하기 어려웠기 때문이다. 몽골군이 바다에서 하는 전투에 약했기 때문이다. 땅이 넓어 많은 사람이 살 수 있었기 때문이다. 뱃길로 육지에서 거둔 세금과 물건을 옮길 수 있었기 때문이다. 4 ④ 5 ㉢ 6 ⑤
7 ❶ 강화도 ❷ 개경 8 삼별초 9 (1) ○ 10 ③

1 유목 생활을 하던 몽골은 칭기즈 칸을 중심으로 부족을 통일해 주변 나라들을 침략했으며, 고려와도 갈등을 빚었습니다.

2 고려는 바다에 익숙하지 않은 몽골군을 막기 위해 강화도로 수도를 옮겼습니다.

3 강화도는 적의 공격을 방어하기에 유리했고, 교통이 편리한 지역이었습니다.

채점 기준

정답 키워드 갯벌	접근	어렵다	몽골군	바다	약하다	
'물살이 빠르고 갯벌이 넓어 외적이 접근하기 어려웠기 때문이다.', '몽골군이 바다에서 하는 전투에 약했기 때문이다.' 등의 내용을 정확히 씀.	상
강화도로 도읍을 옮긴 까닭을 썼으나 구체적이지 않음.	하

4 처인성 전투와 충주성 전투에서 김윤후는 백성들과 함께 몽골군을 물리쳤습니다.

5 김윤후는 노비 문서를 불태워 노비들의 사기를 북돋아 주었고, 끝까지 충주성을 지켜서 몽골군이 남쪽으로 진격하는 것을 막았습니다.

6 몽골군의 침략이 오랫동안 이어지면서 고려의 국토는 황폐해졌고 백성들의 피해는 점점 더 심해졌습니다. 많은 사람이 죽거나 몽골에 포로로 끌려갔으며, 황룡사 9층 목탑과 초조대장경 등이 파괴되었습니다.

7 몽골과의 전쟁을 지속하기 어려웠던 고려는 몽골과 강화를 맺고 도읍을 다시 개경으로 옮겼습니다.

8 삼별초는 근거지를 강화도에서 진도와 제주도로 옮겨 가며 고려와 몽골의 연합군에 맞서 싸웠습니다.

9 몽골과의 강화 이후 고려는 몽골(원)의 정치적인 간섭을 받았습니다.

10 원의 세력이 약해지자 공민왕은 원의 간섭을 벗어나기 위해 노력했습니다.

❸ 고려의 문화유산

단원평가   10~11쪽

1 (2) ○   **2** ⑤   **3** ㉠   **4** 예 바람이 잘 통하게 하기 위해서였다. 적절한 습도를 유지하도록 하기 위해서였다.
5 ②   **6** ④   **7** ③   **8** 소연   **9** 상감 기법
10 ⑤

1 고려 사람들은 개인이나 나라의 힘든 일이 생길 때마다 불교에 의지했습니다.

2 팔만대장경판은 목판 인쇄술과 관련이 있습니다.

▲ 팔만대장경판

3 ㉡ 종묘는 역대 왕과 왕비의 위패를 모시고 제사를 지낸 곳입니다.

4 팔만대장경판을 보관하기 위해 조선 시대에 지은 장경 판전은 통풍과 습도 등을 조절할 수 있도록 과학적으로 설계되었습니다.

채점 기준
정답 키워드 바람 | 통하다 | 습도 | 유지	
'바람이 잘 통하게 하기 위해서였다.', '적절한 습도를 유지하도록 하기 위해서였다.' 등의 내용을 정확히 씀.	상
해인사 장경판전의 건축 원리를 썼으나 구체적이지 않음.	하

5 금속 활자는 책의 내용에 따라 필요한 활자를 골라서 인쇄할 수 있었고, 단단해 오랫동안 사용할 수 있었습니다. ㉡, ㉢은 목판 인쇄술에 대한 설명입니다.

6 『직지심체요절』은 청주 흥덕사에서 인쇄된 불교와 관련된 책으로, 독일의 구텐베르크가 만든 금속 활자보다 70여 년 앞서 제작되었습니다.

7 고려의 지배층은 화려하고 아름다운 고려청자를 주로 생활용품으로 사용했습니다.

8 고려청자의 명칭에 용도가 나타나 있습니다. ㉠은 의자, ㉡은 향로, ㉢은 술이나 물을 담는 그릇입니다.

9 상감 청자는 고려에서 만들어진 독창적인 것입니다.

10 과거 제도는 유교적 지식을 평가해 관리를 선발하는 제도였습니다.

1. ❸ 민족 문화를 지켜 나간 조선

❶ 조선의 건국

단원평가   12~13쪽

1 ④   **2** ⑤   **3** 위화도   **4** ㉠ 정몽주 ㉡ 정도전
5 예 한강이 흘러 교통이 편리했기 때문이다. 땅이 넓고 평평하여 농사짓고 살기에 좋았기 때문이다.
6 (1) ㉢ (2) ㉡ (3) ㉢ (4) ㉠   **7** ⑤   **8** 유교
9 호패   **10** ②

1 고려 말에 성리학을 바탕으로 개혁을 주장한 신진 사대부의 대표 인물에는 정몽주, 정도전 등이 있었습니다.

2 고려 말에 나라 안팎이 혼란스러운 상황에서 최영, 이성계 등은 외적의 침입을 물리치며 새로운 정치 세력으로 성장했습니다.

3 요동 정벌에 반대했던 이성계는 위화도에서 군대를 돌려 개경으로 돌아와 권력을 잡았는데, 이 사건을 위화도 회군이라고 합니다.

4 고려의 개혁 과정에서 개혁의 방향을 둘러싸고 신진 사대부 안에서 갈등이 생겼습니다.

5 한반도의 중앙에 자리 잡고 있는 한양은 도읍으로 삼기에 좋은 점이 많았던 곳입니다.

채점 기준
정답 키워드 한강 | 교통 | 편리 | 농사	
'한강이 흘러 교통이 편리했기 때문이다.', '땅이 넓고 평평하여 농사짓고 살기에 좋았기 때문이다.' 등의 내용을 정확히 씀.	상
한양을 도읍으로 삼은 까닭을 썼으나 구체적이지 않음.	하

6 한양 도성의 4대문 이름은 어질고 (인), 옳고 (의), 예의 바르고 (예), 지혜롭다 (지)의 의미를 담았습니다.

7 사직단은 토지와 곡식의 신에게 제사를 지낸 곳, 경복궁은 임금이 덕으로써 나라를 다스려 만 년 동안 큰 복을 누리라는 의미를 담아 이름 지은 조선 왕조 제일의 궁궐입니다.

8 이성계와 신진 사대부는 유교의 가르침을 바탕으로 조선을 이상적인 유교 국가로 만들고자 했습니다.

9 조선은 여러 제도를 정비하여 왕권을 강화하고 나라의 기틀을 세워나갔습니다.

10 『경국대전』은 조선 최고의 법전입니다.

❷ 세종 대의 발전과 조선 전기의 사회와 문화

단원평가 14~15쪽

1 집현전　2 ③　3 예 비가 내린 양을 측정해서 가뭄과 홍수 피해를 줄이는 데 도움을 주었다. 비가 내리는 양을 알게 되어 농사에 도움이 되었다.　4 ①, ④　5 ㉡, ㉢
6 ②　7 4군 6진　8 (1) 중인 (2) 양반 (3) 상민 (4) 천민
9 ⑤　10 ⑤

1 집현전은 세종이 궁궐에 설치한 기관으로, 도서의 수집과 보관, 학문 활동을 하며 왕의 질문에 대비하는 일을 했습니다.

2 훈민정음은 쉽게 배우고 쓸 수 있었습니다.

3 측우기는 비가 내린 양을 측정하는 기구입니다.

채점 기준	
정답 키워드 비 | 측정 | 가뭄 | 홍수 | 농사 | 도움 '비가 내린 양을 측정해서 가뭄과 홍수 피해를 줄이는 데 도움을 주었다.', '비가 내리는 양을 알게 되어 농사에 도움이 되었다.' 등의 내용을 정확히 씀.	상
측우기가 백성들의 삶에 준 도움을 썼으나 구체적이지 않음.	하

4 ① 앙부일구는 해의 그림자를 관측해 시각을 측정하는 해시계이고, ④ 자격루는 물의 흐름을 이용해 정해진 시각에 자동으로 시각을 알려 주는 물시계입니다.

왜 틀렸을까?
② 혼천의와 ③ 첨성대는 천문 관측과 관련된 것입니다.

5 ㉠ 수표는 물의 높이를 재기 위한 기구이고, ㉡ 혼천의는 천문 관측기구입니다. ㉢ 『칠정산』은 조선에 맞는 역법책이고, ㉣ 『삼강행실도』는 유교의 가르침을 담은 책입니다.

6 세종 대에는 인쇄술과 종이 만드는 기술이 이전보다 훨씬 발달했고, 이를 바탕으로 유교의 가르침, 농사, 의학 등 여러 분야에서 다양한 책을 펴냈습니다.

7 세종은 북쪽으로 여진을 몰아내고 4군과 6진을 개척해 압록강과 두만강까지 영토를 넓혔습니다.

8 조선에서는 태어날 때부터 사람들의 신분이 정해져 있었습니다.

9 조선 전기에 양반들은 유교의 가르침에 따라 생활과 문화에서도 검소함을 강조했습니다.

10 조선의 뛰어난 예술가였던 신사임당은 조선의 학자 율곡 이이의 어머니이기도 했습니다.

❸ 임진왜란과 병자호란

단원평가 16~17쪽

1 하영　2 한산도 대첩　3 예 바다로 물자를 운반하려는 일본군의 계획을 막았다. 전라도와 충청도의 곡창 지대를 지킬 수 있었다. 일본이 북쪽으로 쉽게 나아갈 수 없게 되었다.　4 ③　5 ①　6 ④　7 광해군
8 ②　9 ㉡　10 ⑤

1 조선은 오랫동안 평화가 유지되어 전쟁에 대한 대비가 부족한 상태였습니다.

2 이순신의 수군은 판옥선과 거북선을 만들어 일본의 침략에 대비했고, 바닷길의 특성을 잘 활용해 한산도 대첩 등 모든 전투에서 승리를 거두었습니다.

3 조선 수군의 승리는 조선군에게 희망과 용기를 주었고, 이를 계기로 전세를 뒤집을 수 있었습니다.

채점 기준	
정답 키워드 일본군 | 계획 | 막다 | 곡창 지대 | 지키다 '바다로 물자를 운반하려는 일본군의 계획을 막았다.', '전라도와 충청도의 곡창 지대를 지킬 수 있었다.', '일본이 북쪽으로 쉽게 나아갈 수 없게 되었다.' 등의 내용을 정확히 씀.	상
임진왜란 때 수군의 활약이 전쟁에 미친 영향을 썼으나 구체적이지 않음.	하

4 의병은 나라를 지키려고 백성들이 스스로 일으킨 군대입니다.

왜 틀렸을까?
㉠ 양반부터 노비까지 다양한 신분의 사람들이 의병에 참여했습니다.

5 행주 대첩을 승리로 이끈 사람은 권율입니다.

6 통신사는 조선에서 일본에 보냈던 사신을 부르는 명칭입니다.

7 광해군은 명과 후금 사이에서 중립 외교를 펼치면서 전쟁에 휘말리지 않으려고 했고, 인조는 명을 가까이하고 후금을 멀리했습니다.

8 청이 조선을 침입한 사건은 병자호란입니다.

9 김상헌 등은 청과 끝까지 싸워야 한다고 주장했고, 최명길 등은 화해를 통해 싸움을 멈춰야 한다고 주장했습니다.

10 병자호란은 인조가 남한산성에서 나와 삼전도에서 청 태종에게 항복하면서 끝이 났습니다.

2. ❶ 새로운 사회를 향한 움직임

❶ 조선 후기의 사회 변화

단원평가 18~19 쪽

1 탕평책 **2** ① **3** 태준 **4** 실학 **5** ③
6 ⑤ **7** ④ **8** ㉠ **9** 예 조선 후기 사람들의
모습을 생생하게 그려 냈다. **10** ①

1 '탕평'이란 어느 한쪽에 치우치지 않고 공평하다는 의미
입니다.

2 탕평비는 영조가 탕평책을 널리 알리기 위해 세운 것입
니다.

3 거중기, 녹로 등의 새로운 과학 기술과 기구의 발달로
인해 수원 화성 건설에 든 시간과 비용 등이 절약되었
습니다.

4 실학은 실생활에 도움이 되는 것을 연구하고 실천하려
는 학문입니다.

5 실학자들은 청의 문물과 기술을 적극적으로 받아들여야
한다고 주장했습니다.

6 『대동여지도』는 김정호가 만든 우리나라 지도입니다.

7 유득공은 『발해고』라는 역사책을 써서 발해가 고구려를
계승한 나라이고, 우리나라의 역사임을 밝혔습니다.

> **왜 틀렸을까?**
> ① 유희는 훈민정음을 해설한 『언문지』를 썼습니다.
> ② 박지원은 『열하일기』, 『허생전』 등을 썼습니다.
> ③ 김정호는 우리나라 지도인 『대동여지도』를 만들었습니다.
> ⑤ 안정복은 『동사강목』을 지어 우리 역사를 정리했습니다.

8 조선 후기에 유행한 판소리는 일반 백성은 물론 양반에
게도 인기가 높았습니다.

9 ㉡은 사람들의 생활 모습을 생생하게 그린 그림인 풍속
화입니다.

> **채점 기준**
>
> | 정답 키워드 사람들의 모습 \| 생생하다 | |
> | --- | --- |
> | '조선 후기 사람들의 모습을 생생하게 그려 냈다.' 등의 내용을 정확히 씀. | 상 |
> | 조선 후기에 유행했던 풍속화의 특징을 썼으나 구체적이지 않음. | 하 |

10 민화에는 복을 빌거나 나쁜 귀신을 몰아내는 등 서민들의
소망이 담겨 있었습니다.

---

❷ 개항 전후 조선의 상황과 나라를 개혁하려는 노력

단원평가 20~21 쪽

1 세도 정치 **2** ⑤ **3** (1) ㉠ (2) ㉡
4 예 전국 각지에 척화비를 세우고 서양과의 통상을 거부했다.
5 ④ **6** ② **7** 갑신정변 **8** ③
9 ⑤ **10** ③

1 세도 가문은 높은 관직을 독차지했고, 뇌물을 받고 관
직을 팔기도 했습니다.

2 서양의 여러 나라가 계속해서 조선에 통상할 것을 요구했
으나, 흥선 대원군은 이들의 통상 요구를 거부했습니다.

3 병인양요는 프랑스가, 신미양요는 미국이 통상을 요구
하며 강화도에 침입한 사건입니다.

4 병인양요와 신미양요 이후 흥선 대원군은 통상 수교 거부
정책을 펼쳤습니다.

> **채점 기준**
>
> | 정답 키워드 척화비 \| 서양 \| 통상 \| 거부 | |
> | --- | --- |
> | '전국 각지에 척화비를 세우고 서양과의 통상을 거부했다.' 등의 내용을 정확히 씀. | 상 |
> | 흥선 대원군이 서양 세력의 침입을 물리치고 펼쳤던 정책을 썼으나 구체적이지 않음. | 하 |

5 강화도 조약 이후 우리나라에 대한 일본의 영향력이 점차
커졌습니다.

6 개화를 주장하는 사람들은 청과의 관계, 개화 방법 등을
둘러싸고 크게 두 세력으로 나뉘었습니다.

> **더 알아보기**
> **온건 개화파와 급진 개화파**
> • 온건 개화파: 청과의 관계를 인정하고 천천히 개화를 추진해야
>   한다고 주장했습니다.
> • 급진 개화파: 청의 간섭에서 벗어나 서양의 기술, 제도와 사상
>   등을 적극적으로 받아들여야 한다고 주장했습니다.

7 일본의 힘을 빌려 일으킨 갑신정변은 많은 사람들의 지
지를 받지 못했습니다.

8 고부 군수의 수탈에 견디지 못한 농민들이 관리들에 맞서
동학 농민 운동이 일어났습니다.

9 일본은 청일 전쟁에서 승리하면서 조선의 정치에 더욱
심하게 간섭했고, 우금치 전투에서 재봉기한 동학 농
민군을 진압했습니다.

10 갑오개혁으로 과거 제도가 폐지되었습니다.

2. ❷ 일제의 침략과 광복을 위한 노력

❶ 근대화를 위한 노력과 일제의 국권 침탈

단원평가   22~23쪽

1 ④   **2** 러시아   **3** ⑤   **4** 만민 공동회
5 대한 제국   **6** ③   **7** 을사늑약
8 예 고종이 강제로 황제 자리에서 물러났다. 대한 제국의 군대가 해산되었다.   **9** ④   **10** ①

1 을미사변은 일본이 명성황후를 시해한 사건입니다.

2 고종이 러시아 공사관으로 거처를 옮긴 사건을 아관 파천이라고 합니다. 아관 파천의 결과 조선에서 일본의 영향력은 약해지고 러시아를 비롯한 여러 나라의 간섭이 심해졌습니다.

3 갑신정변을 일으켰던 개화파 중 한 명인 서재필은 갑신정변 실패 후 미국으로 피신했다가 조선 정부의 부름으로 돌아와 『독립신문』을 창간했고, 독립 협회도 설립했습니다.

4 만민 공동회에서는 신분이나 나이에 상관없이 누구나 참석해 자신의 주장을 펼 수 있었습니다.

5 대한 제국은 황제에게 권력을 집중해 외국 세력의 압력에 효과적으로 대응하려 했습니다.

6 대한 제국은 근대 국가를 만들기 위해 노력했습니다. ③은 독립 협회에서 한 일입니다.

7 일본은 대한 제국의 외교권을 빼앗기 위해 강제로 을사늑약을 체결했습니다.

8 헤이그 특사 파견을 구실로 일본은 고종을 강제로 폐위하고 대한 제국의 군대도 해산시켰습니다.

채점 기준	
정답 키워드 고종 | 강제 | 물러나다 | 군대 | 해산 '고종이 강제로 황제 자리에서 물러났다.', '대한 제국의 군대가 해산되었다.' 등의 내용을 정확히 씀.	상
헤이그 특사 사건의 결과 조선에서 어떤 일이 일어났는지 썼으나 구체적이지 않음.	하

9 서상돈을 중심으로 일어났던 국채 보상 운동은 경제적으로 나라를 지키고자 하는 노력이었습니다.

10 이토 히로부미를 사살하고 그 자리에서 붙잡힌 안중근은 재판 과정에서 동양 평화를 지키기 위해 독립운동을 펼쳤음을 주장했습니다.

❷ 일제의 식민 통치와 3·1 운동

단원평가   24~25쪽

1 ②   **2** ③   **3** ①   **4** 민족 자결주의
5 ②   **6** 제암리   **7** 대한민국 임시 정부
8 예 비밀 연락망을 조직해 국내의 독립운동을 지휘했다. 외교 활동에 힘썼다.   **9** ⑤   **10** ①

1 일제는 우리나라 사람들을 힘으로 눌러 통치하기 위해 조선 총독부를 세우고 총독을 파견했는데, 총독은 왕과 같은 권력을 휘둘렀습니다.

2 토지 조사 사업의 결과 조선 총독부 소유의 토지가 크게 늘어났습니다.

3 만주로 건너가 신흥 강습소(신흥 무관 학교)를 세운 사람은 이회영입니다.

4 민족 자결주의는 3·1 운동에 영향을 주었습니다.

5 일제는 3·1 운동을 폭력적으로 진압했고, 3·1 운동은 국외에까지 퍼져나갔습니다.

6 일제는 군인과 경찰을 동원해 만세 시위를 잔인하게 진압했습니다.

> **더 알아보기**
>
> **제암리 학살 사건**
> 일제는 3·1 운동을 진압하는 과정에서 경기도 화성의 제암리에서 교회에 사람들을 모아 놓고 불을 질러 학살했습니다.

7 3·1 운동 이후 중국 상하이에 여러 임시 정부를 통합한 대한민국 임시 정부가 수립되었습니다.

8 대한민국 임시 정부는 미국에 외교 기관을 두는 등 다양한 방면에서 독립운동을 주도했습니다.

채점 기준	
정답 키워드 국내의 독립운동 | 지휘 | 외교 | 자금과 정보 '비밀 연락망을 조직해 국내의 독립운동을 지휘했다.', '외교 활동에 힘썼다.', '독립운동에 필요한 자금과 정보를 모았다.' 등의 내용을 정확히 씀.	상
대한민국 임시 정부가 독립운동을 위해 했던 활동을 썼으나 구체적이지 않음.	하

9 한인 애국단 단원이었던 윤봉길은 중국 상하이 홍커우 공원에서 폭탄을 던져 일본군 사령관과 고위 관리들을 처단했습니다.

10 대한민국 임시 정부는 한국광복군을 만들어 독립군을 길러내고 일본과의 전쟁을 준비했습니다.

❸ 나라를 되찾으려는 노력

단원평가 26~27쪽

1 ③　　　**2** 봉오동 전투　　　**3** ①　　　**4** ④, ⑤
5 (1) ⓒ　(2) 예 학교에서 학생은 우리말을 배울 수 없었다.
학교에서 학생은 일본어를 사용해야 했다.　　**6** (2) ○
7 ②　　　**8** 조선어 학회　　　**9** ⑤　　　**10** ②

1 물산 장려 운동은 일제의 경제 수탈에 저항하고자 국산
품의 사용을 장려하는 운동이었습니다.

> **더 알아보기**
> **물산 장려 운동**
> • 평양에서 시작된 물산 장려 운동은 우리나라의 물건 이용과
> 절약을 강조했습니다.
> • 민족 기업의 설립과 활동을 도운 경제 자립 운동이었다는 점
> 에서 의의가 있습니다.

2 ㉠은 봉오동 전투, ㉡은 청산리 대첩이 일어났던 지역
입니다.

3 청산리 대첩은 우리 민족이 독립 전쟁에서 거둔 가장
큰 승리로 평가받고 있습니다.

4 광주 학생 항일 운동은 3·1 운동 이후 우리나라에서 일
어난 가장 큰 항일 운동이었습니다.

5 1930년대 중반 이후 일제는 침략 전쟁에 한국인을 동원
하기 위해 민족 말살 정책을 실시했습니다.

채점 기준		
(1)	'ⓒ'이라고 정확히 씀.	
(2)	**정답 키워드** 학교 | 우리말 | 배울 수 없다 '학교에서 학생은 우리말을 배울 수 없었다.', '학교 에서 학생은 일본어를 사용해야 했다.' 등의 내용을 정확히 씀.	상
	1930년대 중반 우리나라 학교의 모습을 썼으나 구 체적이지 않음.	하

6 일본 정부는 일본군 '위안부' 강제 동원 사실을 인정하지
않고 있습니다.

7 신채호는 우리 것을 지키기 위해 역사를 연구해 일제의
역사 왜곡을 정면으로 반박했습니다.

8 국어학자들은 조선어 학회를 조직해 한글을 보급하는
데 앞장섰습니다.

9 이육사는 일제에 저항하는 문학 작품을 발표한 시인이자
독립운동가입니다.

10 전형필이 수집한 문화유산에는 고려 시대의 자기, 신
윤복의 풍속화, 『훈민정음』「해례본」 등이 있습니다.

2. ❸ 대한민국 정부의 수립과 6·25 전쟁

❶ 8·15 광복과 한반도의 분단 과정

단원평가 28~29쪽

1 정우, 준현　　　**2** ④　　　**3** 여운형　　　**4** ①
5 신탁 통치　　　**6** (2) ○　　　**7** 다원
8 국제 연합(UN)　　　**9** ⑤　　　**10** 예 이승만은 남한만
이라도 단독 정부를 수립하자고 주장했고, 김구는 남북한 통일
정부를 수립하자고 주장했다.

1 우리나라의 광복은 제2차 세계 대전에서 일본이 항복
했기 때문이기도 하지만, 우리 민족이 나라 안팎에서
일제에 맞서 독립운동을 벌였기 때문이기도 합니다.

2 헌병이 경찰의 역할을 도맡아 하는 것은 1910년대 일
제의 통치 시기 우리나라의 모습입니다.

3 여운형 등은 조선 건국 준비 위원회를 만들어 치안과
질서를 유지하고자 노력했습니다.

4 일본이 항복하자 미국과 소련은 일본군의 무장 해제를
위해 38도선을 기준으로 남쪽에는 미군, 북쪽에는 소
련군이 주둔하면서 한반도가 분단되었습니다.

5 신탁 통치란 나라를 운영할 능력이 부족하다고 판단되는
국가를 다른 국가가 일정 기간 동안 대신해서 통치하는
제도입니다.

6 신탁 통치를 두고 사람들의 의견이 갈렸고, 갈등이 심해
졌습니다.

7 미국과 소련은 서로 한반도에서 더 큰 영향력을 가지고자
하였기 때문에 의견 차이를 좁힐 수 없었고, 남북한이
함께 하는 총선거는 무산되었습니다.

8 미소 공동 위원회에서 미국과 소련 두 나라의 의견이
좁혀지지 않자 미국은 한반도 문제를 국제 연합(UN)에
넘겼습니다.

> **더 알아보기**
> **제주 4·3 사건**
> • 남한만의 단독 선거가 결정되자, 단독 정부 수립에 반대하는
> 움직임이 전국 각지에서 일어났습니다.
> • 특히 1948년 4월 3일, 제주도의 공산주의 세력과 일부 주민이
> 무장봉기를 일으켰고, 이를 진압하기 위해 군대와 경찰 등이
> 동원되었습니다.
> • 이를 진압하는 과정에서 수많은 제주도 주민이 억울하게 목숨을
> 잃었습니다.

9 제시된 사건들은 한반도 문제가 국제 연합으로 넘어간 이후에 진행된 일입니다. 소련은 한국 임시 위원단이 38도선 이북으로 오는 것을 막았고, 결국 국제 연합은 선거가 가능한 지역인 남한에서만 총선거를 실시했습니다.

10 김구와 김규식 등은 통일 정부를 수립하고자 38도선을 넘어 김일성 등 북한의 지도자들과 통일 정부 수립에 관해 의논하기도 했으나, 성과를 거두지 못했습니다.

채점 기준	
정답 키워드 남한 | 단독 | 정부 | 남북한 | 통일 정부	
'이승만은 남한만이라도 단독 정부를 수립하자고 주장했고, 김구는 남북한 통일 정부를 수립하자고 주장했다.' 등의 내용을 정확히 씀.	상
대한민국 정부 수립을 두고 이승만과 김구의 입장 차이에 대해 썼으나 구체적이지 않음.	하

② 대한민국 정부의 수립과 6·25 전쟁

단원평가	30~32쪽

1 ② **2** 예 글자를 읽지 못하는 사람이 많았기 때문이다.
3 제헌 국회 **4** ③, ④ **5** ④ **6** ⑤
7 (1) ○ **8** ③ **9** ① **10** ④
11 예 정전 협상이 체결되어 전쟁이 중단되었다.
12 ㉡, ㉢, ㉠, ㉣ **13** ⑤ **14** 수한 **15** ④

1 5·10 총선거는 남한에서 실시되었고, 21세 이상의 모든 국민이 투표권을 행사했습니다. 우리나라의 첫 민주 선거인 만큼 투표율은 매우 높았습니다.

2 5·10 총선거 당시에는 글을 읽지 못하는 사람이 많아서 후보자 기호를 막대기로 대신 표시했습니다.

채점 기준	
정답 키워드 글자 | 읽지 못함	
'글자를 읽지 못하는 사람이 많았기 때문이다.' 등의 내용을 정확히 씀.	상
5·10 총선거 당시 선거 홍보 포스터와 투표용지에 후보자 기호를 막대기로 표시한 까닭을 썼으나 구체적이지 않음.	하

3 헌법을 만드는 임무를 가지고 구성되어 제헌 국회라고 불렸습니다.

4 제헌 국회에서는 우리나라의 이름을 대한민국으로 정했고, 제헌 헌법을 만들어 공포했습니다.

왜 틀렸을까?
① 선거로 뽑힌 국회의원들로 제헌 국회가 구성되어 국회의원들의 투표로 대통령을 뽑았습니다. ② 제헌 국회는 대한민국 정부 수립을 도왔습니다. ⑤ 5·10 총선거에서 뽑힌 국회의원들로 구성된 것이 제헌 국회입니다.

5 대한민국의 모든 권력은 국민으로부터 나옵니다.

6 대한민국의 초대 대통령은 이승만입니다.

7 한반도에는 통일 정부가 아닌 남한과 북한에 각각의 정부가 수립되었습니다.

8 1950년 6월 25일 북한의 기습적인 남침으로 일어난 전쟁은 6·25 전쟁입니다.

9 인천 상륙 작전의 성공으로 국군과 국제 연합군은 서울을 되찾고, 압록강까지 다다를 수 있었습니다.

10 중국군이 개입하면서 국군과 국제 연합군은 다시 후퇴했습니다.

11 1953년에 정전 협정이 체결되면서 군사 분계선(휴전선)이 설정되었고, 이 상태는 현재까지도 이어지고 있습니다.

채점 기준	
정답 키워드 정전 협상 | 전쟁 | 중단	
'정전 협상이 체결되어 전쟁이 중단되었다.' 등의 내용을 정확히 씀.	상
6·25 전쟁이 어떻게 마무리가 되었는지에 관해 썼으나 구체적이지 않음.	하

12 6·25 전쟁은 북한군의 기습적인 남침으로 시작되어 밀고 밀리는 전쟁 끝에 1953년 정전 협정을 체결하면서 마무리되었습니다.

13 그래프를 통해 많은 수의 남한군, 북한군, 중국군, 국제 연합군과 민간인까지 죽거나 다쳤음을 알 수 있습니다.

14 전쟁으로 인해 많은 전쟁고아가 생겨 해외로 입양되었습니다.

15 부산은 6·25 전쟁 기간 동안 서울 대신 우리나라의 수도 역할을 했으며, 정부의 각 기관과 피란민의 흔적들도 남아 있습니다.

1. 옛사람들의 삶과 문화

① 나라의 등장과 발전

개념 다지기 11쪽

1 ⑤　　**2** ①　　**3** (1) ○　　**4** ③　　**5** 장수왕
6 ⑤

1 청동기가 보급된 이후 한반도와 주변 지역에서는 권력을 가진 여러 세력 집단이 나타났습니다. 이들 중 강한 세력은 주변 집단을 정복하며 세력을 넓혔습니다. 이러한 과정에서 우리 역사 속 최초의 국가인 고조선이 등장했습니다.

2 도둑질한 사람은 데려다가 노비로 삼는다는 것을 보아 신분제 사회였음을 알 수 있습니다.

3 미송리식 토기, 비파형 동검, 탁자식 고인돌의 분포 지역으로 고조선의 문화 범위를 짐작할 수 있습니다.

▲ 고조선의 문화 범위

4 백제는 주변 나라들과 활발히 교류했습니다.

5 광개토대왕에 이어서 고구려의 왕이 된 장수왕은 수도를 평양성으로 옮긴 후 백제의 도읍인 한성을 함락해 한강 유역을 모두 차지했습니다.

6 가야는 여러 작은 나라들로 이루어진 연맹 국가였습니다. 철의 생산지로 유명했으며, 중국이나 왜와도 활발히 교류했습니다. 처음에는 금관가야가 가야 연맹을 이끌었으나, 고구려의 공격을 받은 이후 금관가야의 힘이 약해지고 대가야가 가야 연맹의 중심이 되었습니다. 그러나 가야 연맹은 신라와 백제의 간섭과 압력에 시달리다가, 끝내 신라의 공격을 받아 신라에 흡수되었습니다.

개념 다지기 15쪽

1 선아　　**2** ⑤　　**3** ③, ⑤　　**4** (1) ○　　**5** ④
6 ②

1 고분은 옛사람들이 남긴 무덤입니다. 옛사람들은 사람이 죽더라도 영혼은 다른 세상에서 계속 살아간다고 생각해 고분 안에 여러 가지 물건을 넣었습니다. 고분에서 발견된 유물과 벽화를 통해 당시 사람들의 생활 모습과 생각을 알 수 있습니다.

2 고구려는 삼국 가운데 가장 먼저 불교를 받아들인 나라입니다. 대표적인 불교 문화유산으로는 금동 연가 7년명 여래 입상이 있습니다. 금동 연가 7년명 여래 입상 뒷면에는 불상을 만든 시기와 나라가 새겨져 있습니다.

3 백제의 대표적인 문화유산에는 무령왕릉, 백제 금동 대향로, 익산 미륵사지 석탑 등이 있습니다.

▲ 무령왕릉

▲ 익산 미륵사지 석탑

4 첨성대는 하늘의 해와 달, 별의 모습 등을 관찰하던 시설로 알려져 있습니다.

왜 틀렸을까?
(2) 경주 분황사 모전 석탑은 돌을 벽돌 모양으로 다듬어 쌓은 탑입니다.

5 가야의 고분에서는 철제 갑옷과 칼, 창, 마구류 등과 같이 철로 만든 유물이 많이 발견되었습니다.

더 알아보기
가야의 문화유산

가야금	가야의 악기인 가야금은 현재까지 전해지고 있음.
다양한 토기	새나 수레 모양 등 다양한 모양의 토기를 통해 가야 사람들의 뛰어난 토기 제작 기술을 엿볼 수 있음.
철기 문화유산	질 좋은 철이 많이 생산되는 가야는 철을 다루는 기술이 발달했으며 고분에서 철제 갑옷, 칼, 창 등과 같은 철로 만든 유물이 많이 발견됨.

6 중국에서 전해진 유교와 불교는 삼국의 문화 발전에 큰 영향을 끼쳤습니다.

1 신라는 백제의 공격을 받아 위기에 처했습니다. 신라의 김춘추(태종 무열왕)는 당과 동맹을 맺고 왕위에 오른 후 백제를 멸망시켰습니다.

> **더 알아보기**
>
> **신라와 당의 동맹**
>
> 신라가 위기에 빠지자 김춘추는 고구려에 가서 도움을 요청했습니다. 그러나 고구려는 신라가 점령한 옛 고구려 영토를 요구하면서 신라의 요청을 거부했습니다. 그러자 김춘추는 당과 군사 동맹을 맺고자 했습니다. 마침 고구려를 공격했다가 패배했던 당 태종은 김춘추의 제안을 받아들였습니다.
>
>
>
> 백제가 우리 신라의 영토를 침범합니다. 백제를 물리치기 위해 군사를 빌려 주었으면 합니다.
>
> 고구려를 쓰러뜨리려면 신라와 손을 잡아야겠군.
>
> 알겠소.
>
> 김춘추　　　　　당 태종

2 백제와 고구려가 멸망하자 당은 동맹을 깨고 한반도 전체를 차지하려고 했습니다.

신라의 삼국 통일 과정

3 대조영은 고구려 유민들과 말갈족을 이끌고 동모산 지역에 발해를 세웠습니다.

4 삼국 통일 이후 불교문화가 번성한 신라에는 많은 절이 생기고 탑, 불상 등이 제작되었습니다. 그중에서 불국사와 석굴암은 통일신라 불교문화의 우수성을 보여 주는 대표적인 문화유산입니다.

불국사

석굴암

5 『무구정광대다라니경』은 불국사 삼층 석탑에서 발견되었습니다. 지금까지 남아 있는 목판 인쇄물 중 세계에서 가장 오래된 것입니다.

6 정효 공주 무덤에 있는 벽화를 통해 당시 사람들의 모습을 추측해 볼 수 있습니다.

Step 1

1 청동기　　**2** 한강　　**3** 무용총　　**4** 신라　　**5** 대조영

6 ②　　**7** ③, ⑤　　**8** ④　　**9** ⑤　　**10** ③, ④

11 ②, ④　　**12** ⑤　　**13** ⑤　　**14** ④, ⑤

Step 2

15 (1) 곡식 (2) 신분

16 예 중국과 교류가 편했기 때문이다. 평야가 넓고 물을 구하기 쉬워 농사짓기에 유리했기 때문이다.

17 예 고구려 문화를 계승했다.

> **15** (1) 농사
> 　　 (2) 노비
> **16** 농사
> **17** 많

Step 3

18 금동 연가 7년명 여래 입상

19 익산 미륵사지 석탑

20 예 왕의 권위를 높이고 백성의 마음을 하나로 모으기 위해 불교를 장려하고 불교 문화유산을 만들었다.

1 고조선은 우리 역사 속 최초의 국가입니다.

2 백제는 온조가 한강 유역에 세웠습니다.

3 무령왕릉은 백제의 문화유산입니다.

4 신라는 676년에 삼국을 통일했습니다.

5 대조영이 고구려 유민들과 말갈족을 이끌고 동모산 지역에 발해를 세웠습니다.

6 환웅이 바람, 비, 구름을 다스리는 신하를 데리고 내려왔다는 점에서 농업을 중요하게 여겼음을 알 수 있습니다.

7 고조선의 건국 이야기가 『삼국유사』에 전해지는데, 『삼국유사』는 고려 시대에 일연이 고조선부터 후삼국까지를 기록한 역사서입니다. 고조선을 대표하는 문화유산은 비파형 동검, 탁자식 고인돌, 미송리식 토기 등이 있습니다.

△ 탁자식 고인돌   △ 비파형 동검

8 백제의 근초고왕은 남쪽 지역으로 영토를 넓히고 고구려를 공격해 북쪽으로 진출했습니다.

9 고구려의 광개토대왕은 요동 지역을 차지하고, 남쪽으로는 백제의 영역이었던 한강 지역으로 세력을 확장했습니다.

> **왜 틀렸을까?**
> ① 온조: 백제를 세웠습니다.
> ② 주몽: 고구려를 세웠습니다.
> ③ 근초고왕: 백제의 전성기를 이끌었습니다.
> ④ 박혁거세: 신라를 세웠습니다.

10 신라의 진흥왕은 화랑도를 통해 유능한 인재를 길렀고 한강 유역을 차지했으며, 대가야를 흡수하고 가야 연맹을 소멸시켰습니다.

11 작은 사람들이 시중을 들고 있는 것으로 보아 사람의 크기는 신분을 나타낸다는 것을 알 수 있습니다.

12 신라는 백제, 고구려를 멸망시키고, 한반도 전체를 차지하려던 당을 물리치고 삼국 통일을 이루었습니다.

13 발해는 군사, 문화적 힘이 강력한 나라로 발전해 고구려의 옛 땅을 대부분 되찾았습니다.

14 석굴암은 화강암을 쌓아 올려 동굴처럼 만든 통일신라의 절로, 건축 기술의 우수성뿐만 아니라 석굴암 내부의 예술적인 가치가 높이 평가되어 유네스코 세계 유산으로 지정되었습니다.

△ 석굴암 본존불

15 고조선의 법 조항을 보고 당시 사람들의 생활 모습을 짐작할 수 있습니다.

16 한강 유역은 교통이 편리해 교류가 쉽고, 평야가 넓어 농사짓기에 유리했기 때문에 삼국은 한강 유역을 차지하기 위해 끊임없이 경쟁했습니다.

채점 기준	
정답 키워드 중국 │ 교류 │ 평야 │ 농사	
'중국과 교류가 편했기 때문이다.', '평야가 넓고 물을 구하기 쉬워 농사짓기에 유리했기 때문이다.' 등의 내용을 정확히 씀.	상
삼국이 한강 유역을 두고 경쟁했던 까닭을 썼으나 구체적이지 않음.	하

17 발해는 대조영이 고구려 유민들을 이끌고 세운 나라로, 고구려를 계승한 나라임을 내세웠습니다.

채점 기준	
정답 키워드 고구려 │ 문화 │ 계승	
'고구려 문화를 계승했다.' 등의 내용을 정확히 씀.	상
발해와 고구려의 문화유산을 보고 알 수 있는 점을 썼으나 구체적이지 않음.	하

18 금동 연가 7년명 여래 입상은 고구려의 불상으로, 불상 뒷면에 불상을 만든 까닭과 시기가 쓰여 있습니다. 익산 미륵사지 석탑은 백제의 불교 문화유산이고, 황룡사 9층 목탑, 경주 분황사 모전 석탑은 신라의 불교 문화유산입니다.

19 미륵사지 석탑은 우리나라 석탑의 초기 모습을 보여 주는 탑으로, 돌을 쌓아 만들었지만 목탑의 모습과 매우 비슷합니다.

20 삼국에서 불교는 왕실에서 적극적으로 받아들였고 점차 나라 전체로 퍼져 나갔습니다.

② 독창적 문화를 발전시킨 고려

1 궁예가 강압적인 정치를 펼치자 신하들은 궁예를 몰아내고 왕건을 새로운 왕으로 추대했습니다. 왕건은 나라 이름을 고려라고 정하고 송악으로 천도했습니다.

2 태조 왕건은 백성의 생활과 나라의 정치를 안정시키기 위해 다양한 노력을 했습니다. 불교를 널리 장려하고 백성들의 세금을 줄여 주었으며, 호족과 공신을 견제하되 존중하면서 정치의 안정을 꾀했습니다. 고구려의 옛 도읍이었던 서경(평양)을 중요시하고, 발해가 멸망하자 발해의 유민을 받아들여 고구려 계승의 정신을 분명히 드러냈습니다.

> **더 알아보기**
>
> **왕건의 호족 정책**
> • 호족의 자녀를 도읍에 머물게 했습니다.
> • 지방의 힘 있는 호족에게 왕씨 성을 주어 친척 관계가 되었습니다.
> • 여러 호족의 딸과 결혼해 부인 스물아홉 명과 자녀 서른네 명을 두었습니다.

3 서희는 거란이 고려를 침입한 의도가 고려와 송의 관계를 끊기 위한 것임을 알고 거란의 장수와 담판을 벌였습니다.

4 개경으로 가는 입구인 예성강 하구에 위치한 벽란도는 고려 시대 국제 무역의 중심 항구였습니다.

5 김윤후는 처인성에서 주민들과 힘을 합쳐 몽골군 사령관을 사살했고, 충주성에서 노비들과 힘을 합쳐 몽골군을 무찔렀습니다.

> **왜 틀렸을까?**
>
> ① 임진왜란: 1592년에 일본을 통일한 도요토미 히데요시가 조선을 침략하여 일어난 전쟁
> ② 귀주 대첩: 강감찬이 거란군을 귀주에서 크게 물리친 전투
> ③ 병자호란: 청이 조선에 임금과 신하의 관계를 요구하며 침략해 일어난 전쟁
> ④ 살수 대첩: 고구려의 을지문덕이 수의 군대를 살수에서 크게 무찌른 전투

6 몽골과 강화를 맺은 고려는 몽골(원)의 정치적인 간섭을 받았지만 나라를 유지하고 고유의 문화를 지킬 수는 있었습니다.

1 팔만대장경판은 목판 8만여 장에 불경을 새긴 것이지만, 글자가 고르고 틀린 글자도 거의 없습니다.

2 조선 시대에 건축된 장경판전은 바닥을 파서 숯, 소금, 모래 등을 섞어 바닥을 다졌고, 바람이 잘 통하도록 창을 내어 습도를 조절할 수 있게 과학적으로 설계되었습니다.

3 금속 활자는 판을 새로 짜면 새로운 책을 만들 수 있어 시간과 비용이 절약되었습니다.

4 『직지심체요절』은 오늘날 전해지는 금속 활자 인쇄본 중 가장 오래된 것으로 유네스코 세계 기록 유산으로 등재되었습니다.

5 청자는 만들기가 어렵고 가치가 높은 제품이라 왕실과 귀족들이 주로 사용했습니다.

6 평창 월정사 8각 9층 석탑은 고려 시대를 대표하는 석탑으로, 각이 많고 층이 여러 개로 화려합니다.

단원 실력 쌓기   32~35 쪽

Step 1

1 궁예   **2** 강감찬   **3** 삼별초   **4** 몽골   **5** 청자
6 ㉠ 신라 ㉡ 후백제   **7** ④   **8** ㉢, ㉡, ㉠
9 ②, ⑤   **10** ⑤   **11** (1) ㉠ (2) ㉡   **12** 공민왕
13 ④   **14** ④

Step 2

15 ❶ 호족 **❷** 강화
16 예 압록강 동쪽에 강동 6주를 확보했다.
17 (1) 상감
(2) 예 주전자, 의자, 찻잔, 베개, 변기, 침 뱉는 그릇 등 지배층의 생활용품으로 쓰였다.

Step 3

18 몽골   **19 ❶** 바닷물 **❷** 구리판
20 예 글자의 모양이 고르고 틀린 글자도 거의 없어 고려의 목판 제조술과 인쇄술의 우수성을 알 수 있다.

> **15** 유교
> **16** 서희
> **17** (1) 색깔
>   (2) 생활용품

1 궁예는 고구려의 계승을 내세우며 후고구려를 세웠습니다.

2 강감찬이 이끈 고려군이 귀주에서 거란군에 큰 승리를 거두었습니다.

3 삼별초는 무신 정권 시기에 만들어진 군대로, 좌별초와 우별초, 신의군(몽골의 포로였다가 탈출한 사람들)으로 구성되었습니다.

4 거란의 침입 때 만들어진 초조대장경이 몽골의 침입으로 불에 타 없어지자 몽골의 침입을 부처의 힘으로 이겨내고자 팔만대장경을 만들었습니다.

5 상감 청자는 한 폭의 그림을 그린 것처럼 예술성이 뛰어납니다.

6 왕건은 견훤의 자식들 사이의 왕위 다툼으로 인해 힘이 약해진 후백제를 물리치고 후삼국을 통일했습니다.

7 호족들과 결혼을 하면 힘으로 싸우지 않고 자신의 편을 많이 만들 수 있었습니다.

8 거란의 1차 침입 때에는 서희, 2차 침입은 양규, 3차 침입은 강감찬, 여진의 위협 때는 윤관이 활약했습니다.

9 고려의 주요 수출품은 인삼, 나전 칠기, 삼베 등입니다.

> **더 알아보기**
>
> **고려의 대외 교류**
> • 고려는 송과 거란, 여진, 일본 등과 교류했습니다.
> • 벽란도: 고려의 국제 무역항으로 송, 일본, 동남아시아, 아라비아 상인들도 드나들었습니다.
> • 아라비아 상인들에 의해 고려는 '코리아'라는 이름으로 알려졌습니다.

10 강화도는 육지 사이의 물살이 빠르고 암초가 많기 때문에 방어에 유리했을 뿐만 아니라 섬의 면적이 넓어 많은 사람이 지낼 수 있었으며 뱃길로 세금과 각종 물건을 옮길 수 있었습니다.

▲ 고려 시대의 강화도

11 고려는 몽골의 침입을 귀주성과 처인성, 충주성 등지에서 물리쳤습니다.

12 원의 힘이 약해지자 고려의 공민왕은 원을 따르는 세력을 제거했고, 빼앗긴 영토도 되찾았습니다.

13 조선 시대에 건축된 장경판전은 바닥을 파서 숯, 소금, 모래를 넣었고, 바람이 통하도록 창을 내어 습도를 조절할 수 있게 과학적으로 설계되었습니다.

14 첨성대는 신라의 문화유산입니다.

15 고려는 호족이나 공신들이 마음대로 권력을 휘두르지 못하게 하고 정치를 안정시키기 위해 유교적 지식을 평가해 관리를 선발하는 과거 제도를 실시했습니다.

16 서희의 외교 담판 결과 고려는 송과의 관계를 끊고 그 대신에 거란과 외교 관계를 맺기로 약속했으며, 압록강 동쪽에 강동 6주를 확보했습니다.

채점 기준	
정답 키워드 강동 6주 | 확보 '압록강 동쪽에 강동 6주를 확보했다.' 등의 내용을 정확히 씀.	상
서희의 담판으로 고려가 얻어낸 성과를 썼으나 구체적이지 않음.	하

17 고려의 지배층은 화려하고 아름다운 고려청자를 주로 생활용품으로 사용했습니다.

채점 기준	
(1)	'상감'이라고 정확히 씀.
(2)	**정답 키워드** 주전자 | 의자 | 지배층 | 생활용품 '주전자, 의자, 찻잔, 베개, 변기, 침 뱉는 그릇 등 지배층의 생활용품으로 쓰였다.' 등의 내용을 정확히 씀.	상
	고려청자의 용도를 썼으나 구체적이지 않음.	하

18 고려 사람들은 몽골의 침략을 물리치려는 마음을 담아 팔만대장경을 만들었습니다.

19 팔만대장경에 사용된 나무는 갈라지고 비틀어지는 것을 줄이기 위해 오랫동안 바닷물에 담가 두고 소금물에 삶아 그늘에 말렸습니다. 이후 나무를 다듬고 글자를 새겼습니다. 구리판으로 네 귀퉁이를 감싸고 옻칠을 해 판이 뒤틀리지 않게 했습니다.

20 팔만대장경은 글자 모양과 문장이 정확하고 보존 상태가 뛰어나 고려 시대 목판 인쇄술의 우수함을 잘 보여 주고 있습니다. 또한 송, 거란에서 만든 대장경의 내용을 집대성해 만들어 내용적으로도 가치가 높습니다.

❸ 민족 문화를 지켜 나간 조선

1 ④　　**2** ①, ③　　**3** ⓒ, ⓔ　　**4** ③　　**5** 진영, 세영
6 (1) ○

1 이성계를 중심으로 한 세력이 고려를 멸망시키고 새로운 왕조를 열었습니다.

> **더 알아보기**
> **위화도 회군**
> 중국에 새로이 들어선 명은 고려에 북쪽 영토 일부를 내어놓으라고 요구했습니다. 고려는 명의 요구를 거부하고 이성계에게 요동 지역을 공격하게 했습니다. 하지만 요동 정벌에 반대했던 이성계는 위화도에서 군대를 돌려 개경으로 돌아와 권력을 잡았습니다.

2 한양은 한강을 거쳐 물자를 옮기거나 농사짓고 생활하기에 좋은 조건을 갖추고 있었습니다.

3 세종은 백성들이 우리말과 글이 달라서 겪는 어려움을 덜어 주기 위해서 훈민정음을 창제했습니다.

> **더 알아보기**
> **『훈민정음(해례본)』, 세종의 서문**
>
> 우리나라 말이 중국과 달라 한자와는 서로 통하지 않으므로 백성이 말하고자 하는 바가 있어도 끝내 제 뜻을 펴지 못하는 사람이 많으니라. 내가 이것을 가엾게 여겨 새로 스물여덟 글자를 만드니 모든 사람들로 하여금 쉽게 익혀서 날마다 쓰는 데 편하게 하고자 할 따름이니라.

4 측우기는 비가 내린 양을 재는 기구로, 홍수와 가뭄에 대비하기 위해 만들어졌고, 전국 각지에 설치됐습니다.

> **왜 틀렸을까?**
> ① 간의, ② 혼천의는 해와 달, 별의 움직임을 관찰하기 위해 만들었습니다. ④ 자격루는 자동으로 종을 쳐서 시각을 알려 주는 물시계이고, ⑤ 앙부일구는 해의 그림자를 관측해 시각을 측정하는 기구입니다.

5 조선 시대 사람들은 태어날 때부터 신분이 정해져 있었고, 사람들은 유교 질서에 따라 주어진 신분대로 살아가야 했습니다.

6 조선 전기에는 유교의 가르침에 따라 검소함이 강조되어 분청사기와 백자가 인기를 끌었습니다. 분청사기는 청자의 그릇 표면에 흰 흙을 발라 다시 구워 낸 자기입니다.

1 ②　　**2** (2) ○ (3) ○　　**3** ②　　**4** ⑤
5 형제　　**6** ③

1 이순신과 조선 수군은 거제 옥포에서 일본 수군과 싸워 첫 승리를 거두었고 한산도 대첩에서 학익진 전법으로 일본 수군을 크게 무찔렀습니다.

2 의병의 신분은 양반에서 천민에 이르기까지 다양했습니다. 경상도 의령에서는 곽재우가 의병을 모아 일본군과 싸웠고 이밖에도 전라도의 고경명, 함경도의 정문부, 금강산의 사명 대사 등이 의병을 이끌었습니다.

3 권율은 행주산성에서 관군, 의병, 승병과 힘을 합해 일본군을 물리쳤습니다.

4 광해군은 명이 쇠퇴하고 후금이 성장하는 상황에서 중립 외교를 펼치며 전쟁에 휘말리려 하지 않았습니다.

5 후금은 조선과 형제 관계를 맺고 돌아갔습니다.

6 병자호란 후 조선과 청은 임금과 신하의 관계를 맺었습니다.

Step 1

1 조선　　**2** 혼천의　　**3** 유교　　**4** 신사임당
5 청　　**6** ⑤　　**7** ⑤　　**8** 『경국대전』
9 ②　　**10** ③, ⑤　　**11** ⑤　　**12** (1) ㉠ (2) ㉡
13 ③　　**14** (1) ○

Step 2

15 (1) 쓰시마섬 (2) 두만강
16 (1) 『농사직설』
(2) 예 효자, 충신 등 유교의 가르침을 담은 책이다.
17 예 조선은 청과 임금과 신하의 관계를 맺었다. 세자를 비롯해 많은 백성이 청에 끌려가 고통을 겪었다.

> **15** (1) 왜
> 　　(2) 6
> **16** (1) 농사직설
> 　　(2) 유교
> **17** 신하

Step 3

18 ❶ 신분 ❷ 유교　　**19** 중인
20 예 대부분 농사를 지었고, 세금을 냈으며 성인 남자 대부분은 군인으로서 나라를 지킬 의무가 있었다.

1 이성계와 정도전 등이 정몽주 등 반대 세력을 제거하고 조선을 세웠습니다.

2 혼천의는 해, 달, 별의 움직임을 관찰해 계절의 변화를 알 수 있도록 한 천문 관측기구입니다.

3 조선은 유교 예절에 따라 결혼, 장례, 제사 등의 행사가 치러졌습니다.

4 신사임당은 유명한 학자인 율곡 이이의 어머니이기도 하지만 시와 그림, 글씨에 뛰어난 인물로 이름을 알렸습니다.

5 병자호란은 청이 조선에 임금과 신하의 관계를 요구하며 침략한 사건입니다.

6 위화도 회군으로 권력을 잡은 이성계는 권문세족이 불법적으로 차지한 토지를 몰수하는 등 개혁에 힘썼습니다.

7 한양 도성의 건축물에 유교에서 강조하는 덕목을 담았습니다.

8 『경국대전』은 정치 제도, 사회, 경제활동 등에 관한 기본적인 내용을 여섯 개의 영역으로 나눠 담았으며 나라를 다스리는 데 기본이 되었습니다.

9 세종은 글자를 몰라 어려움을 겪는 백성을 위해 훈민정음을 창제했습니다.

10 자격루는 물시계, 혼천의는 천문 관측기구입니다.

11 학익진 전법은 학이 날개를 편 모양으로 상대방을 포위해 공격하는 전술입니다.

12 의병의 활약과 행주 대첩에서의 승리로 임진왜란을 극복할 수 있었습니다.

△ 관군과 의병의 주요 전투

13 조선에서는 관군과 의병이 맞서 싸웠으나 조선과 후금이 형제 관계를 맺는다는 조건으로 전쟁을 끝냈습니다.

14 청이 침략하자 인조는 남한산성으로 들어가 맞섰습니다.

> **더 알아보기**
>
> **남한산성**
> 남한산성은 성 밖이 가파르고 험하지만 성안은 비교적 넓은 평지가 있어 오랫동안 적의 침입에 버틸 수 있는 조건을 갖추었습니다. 남한산성에는 동서남북 4개의 문과 비밀 문인 암문, 포를 쏠 수 있는 시설, 식량과 무기 창고 등이 있습니다.

15 세종은 여진족이 끊임없이 국경을 넘어오자 4군 6진을 개척하고 백성들을 옮겨 살게 해 차지한 땅을 지키도록 했습니다.

△ 4군 6진

16 『삼강행실도』는 유교의 가르침을 담은 책으로, 충신과 효자, 열녀의 이야기를 그림과 함께 실어 글자를 모르는 백성들도 내용을 알 수 있게 했습니다.

채점 기준		
(1)	『농사직설』이라고 정확히 씀.	
(2)	**정답 키워드** 효자 | 충신 | 유교 가르침 '효자, 충신 등 유교의 가르침을 담은 책이다.' 등의 내용을 정확히 씀.	상
	『삼강행실도』에 대해 썼으나 구체적이지 않음.	하

17 인조는 남한산성에 들어가 싸웠으나 결국 삼전도에서 청 태종에게 항복했습니다.

채점 기준	
정답 키워드 임금 | 신하 | 관계 | 백성 | 청 | 고통 '조선은 청과 임금과 신하의 관계를 맺었다.', '세자를 비롯해 많은 백성이 청에 끌려가 고통을 겪었다.' 등의 내용을 정확히 씀.	상
병자호란의 결과를 썼으나 구체적이지 않음.	하

18 조선 시대 사람들은 유교 질서에 따라 주어진 신분대로 살았습니다.

19 중인은 의학, 법률에 관한 일, 통역 등을 했습니다.

20 상민은 대부분 농사를 지었고, 세금을 냈습니다.

1 ④　　**2** ⑤　　**3** ②, ③　　**4** ②　　**5** (1) 김유신
(2) **예** 한반도 전체를 차지하려는 당과 전쟁을 벌여 승리한
후 삼국 통일을 이루었다.　　**6** ④　　**7** ②, ⑤
8 ①, ⑤　　**9** ㉠ 거란 ㉡ 서경　　**10** 세진　　**11** ④
12 (1) 몽골 (2) **예** 오늘날 전해지는 금속 활자 인쇄본 중 세
계에서 가장 오래되었다. 유네스코 세계 기록 유산이다.
13 ⑤　　**14** ①, ③　　**15** ②　　**16** (1) 세종 (2) **예** 시각
을 알려 주는 시계이다.　　**17** ②
18 ④, ⑤　　**19** ㉠
20 ⑤

1 고조선에는 나라를 다스리는 법 조항 여덟 개가 있었는
데 그 중에 세 가지가 전해집니다.

2 백제는 삼국 중 가장 먼저 전성기를 맞았습니다.

3 근초고왕은 백제, 장수왕은 고구려, 진흥왕은 신라의
전성기를 이끌었습니다.

더 알아보기

삼국을 전성기로 이끈 왕의 업적

근초고왕 (백제)	남쪽으로 전라도 지역을 차지하고 고구려의 평양 성을 공격해 북쪽으로도 영토를 넓혔음.
장수왕 (고구려)	도읍을 평양성으로 옮긴 후 백제의 도읍인 한성 을 함락해 한강 유역을 모두 차지했음.
진흥왕 (신라)	화랑도를 통해 유능한 인재를 길렀고, 한강 유역 을 차지하고 가야의 영토를 흡수했음.

4 ① 금관총 금관, ③ 첨성대는 신라의 문화유산이고, ④
수렵도는 고구려의 문화유산입니다.

5 백제와 고구려가 멸망하자 당은 동맹을 깨고 한반도 전
체를 차지하려고 했습니다.

채점 기준

(1)	'김유신'이라고 정확히 씀.	3점
(2)	**정답 키워드** 한반도 | 차지 | 당 | 승리 '한반도 전체를 차지하려는 당과 전쟁을 벌여 승리한 후 삼국 통일을 이루었다.' 등의 내용을 정확히 씀.	7점
	신라와 당의 싸움에 대해 썼으나 구체적이지 않음.	3점

6 불국사는 신라의 불교문화를 알 수 있는 중요한 문화유
산입니다.

7 고구려 유민이었던 대조영이 고구려 유민들과 말갈족을
이끌고 동모산 지역에 발해를 세웠습니다.

8 신라 말 나라는 귀족들의 왕위 다툼과 농민 봉기 등으로
혼란스러웠습니다.

9 태조 왕건은 불교를 중요시했고, 서경을 중요시해 세 달
마다 방문하여 백 일 이상 머물도록 했습니다.

10 서희는 거란의 장수와 담판을 벌였고, 고려는 몽골의
침입에 대응해 도읍을 강화도로 옮겼습니다.

11 고려는 몽골의 1차 침입 이후 도읍을 개경에서 강화도로
옮기고 몽골과 싸웠습니다.

12 고려청자, 팔만대장경, 『직지심체요절』 등은 고려를 대
표하는 문화유산입니다.

채점 기준

(1)	'몽골'에 ○표를 함.	3점
(2)	**정답 키워드** 금속 활자 | 인쇄본 | 가장 | 오래 '오늘날 전해지는 금속 활자 인쇄본 중 세계에서 가장 오래되었다.', '유네스코 세계 기록 유산이다.' 등의 내용을 정확히 씀.	7점
	『직지심체요절』에 대해 썼으나 구체적이지 않음.	3점

13 고려 말 왜구가 자주 침입하자 최무선은 화약을 만드는
데 성공했고, 이후 고려는 화약을 이용한 화포를 만들어
왜구를 무찔렀습니다.

14 요동 정벌을 떠난 이성계가 위화도에서 군사를 돌려 권
력을 잡고 조선을 건국했습니다.

15 한양 도성의 4대문은 유교의 가르침에서 중요하게 생
각하는 덕목을 반영해 이름 붙였습니다.

16 자격루는 물시계, 앙부일구는 해시계입니다.

채점 기준

(1)	'세종'이라고 정확히 씀.	3점
(2)	**정답 키워드** 시각 | 시계 '시각을 알려 주는 시계이다.' 등의 내용을 정확히 씀.	7점
	자격루와 앙부일구의 공통점을 썼으나 구체적이지 않음.	3점

17 조선 시대에 신분은 태어날 때부터 법적으로 양인과 천
인으로 신분이 정해졌지만, 실제적으로는 양반, 중인,
상민, 천민으로 구분되었습니다.

18 이순신과 관군, 곽재우를 비롯한 전국 각지의 의병과
승병 그리고 백성들이 힘을 합해 전쟁을 극복할 수 있
었습니다.

19 인조가 명을 가까이하고 후금을 멀리하자 후금은 조선을
침략했습니다.

20 인조는 남한산성에 들어간 지 45일 만에 삼전도에서
청 태종에게 항복했습니다.

2. 사회의 새로운 변화와 오늘날의 우리

❶ 새로운 사회를 향한 움직임

개념 다지기   59쪽

1 ㉡   2 ④   3 ③   4 건희   5 ④

6 (2) ○

1 영조는 어느 한 붕당에 치우치지 않고 인물을 고루 뽑아써서 왕권을 강화하고 정치를 안정시키고자 탕평책을 펼쳤습니다.

2 정조는 수원 화성을 건설하고 정치·군사·상업의 새로운 중심지로 만들고자 했습니다.

3 조선 사회의 현실 문제에 관심을 갖고 해결책을 구하려고 노력하는 학문을 실학이라고 합니다.

4 실학자들은 청의 발달된 문물과 기술을 적극적으로 받아들여야 한다고 주장했습니다.

5 조선 후기에는 문화를 즐길 만한 여유가 있는 사람이 많아지면서 전기수와 같은 새로운 직업이 생겨났습니다.

6 민화는 이름이 알려지지 않은 화가들이 자유롭게 그린 그림입니다.

개념 다지기   63쪽

1 ③   2 ㉠   3 척화비   4 혜진, 규원

5 김옥균   6 ②

1 정조가 죽은 이후 왕들이 어린 나이에 왕위에 오르자 몇몇 가문이 권력을 독차지하고 정치를 좌우하는 세도 정치가 나타났습니다.

2 흥선 대원군은 백성을 수탈하고 세금을 면제받던 서원을 47개만 남기고 모두 정리했습니다.

더 알아보기

흥선 대원군의 개혁 정책

세금 제도	세금 제도를 개혁해 양반도 세금을 내게 했음.
서원 정리	백성을 수탈하고 세금을 면제받던 서원을 일부만 남기고 정리했음.
경복궁 중건	왕실의 권위를 세우기 위해 임진왜란때 불탔던 경복궁을 고쳤음.

3 흥선 대원군은 서양의 침략을 물리친 후 전국 각지에 척화비를 세웠습니다.

4 강화도 조약은 조선이 일본과 맺은 최초의 근대적 조약입니다.

5 김옥균을 비롯한 급진 개화파들은 일본의 지원 약속을 받고 갑신정변을 일으켰습니다.

6 동학 농민 운동은 조선의 정치와 사회를 개혁하고, 외세의 침략을 물리치려는 움직임이었습니다.

단원 실력 쌓기   64~67쪽

Step ①

1 탕평책   2 규장각   3 실학   4 거부   5 동학

6 ⑤   7 ③   8 ②   9 희수

10 (1) ㉡ (2) ㉠   11 ①   12 ㉡   13 (2) ○

14 ④

Step ②

15 (1) 전기수

(2) ❶ 예 여유 ❷ 예 문화, 예술

16 (1) ㉠ (2) 예 경복궁을 다시 짓기 위해 무리하게 돈과 사람을 모아 백성들의 원망을 들었다.

17 예 조선의 정치와 사회를 개혁하려는 시도였다. 외세의 침략을 물리치려는 움직임이었다.

> 15 (1) 직업
>   (2) 서민
> 16 (1) 서원
>   (2) 경복궁
> 17 전봉준

Step ③

18 김홍집

19 예 서양의 기술뿐만 아니라 제도와 사상 등을 적극적으로 받아들여 나라 전체를 개혁해야 한다.

20 ㉡

1 영조는 왕권을 강화하고 정치를 안정시키기 위해 탕평책을 펼쳤습니다.

2 규장각은 정조가 설치한 왕실의 도서관입니다.

3 기존의 학문이 사회 문제를 해결할 방법을 제시하지 못해 나온 학문이 실학입니다.

4 흥선 대원군은 전국 각지에 척화비를 세워 통상 수교 거부 정책을 더욱 확고히 했습니다.

5 동학은 서학에 대응하여 최제우가 민간 신앙, 유교, 불교 등을 종합해 만든 종교입니다.

6 수원 화성은 정조가 건설한 계획도시입니다.

7 정약용은 『목민심서』, 『경세유표』, 『흠흠신서』 등 다양한 분야의 책을 남겼습니다.

8 조선 후기에는 경제적으로 여유가 생긴 백성들이 문화와 예술 활동에 관심을 가지게 되었습니다.

9 정조가 죽은 이후 나타난 세도 정치로 인해 정치 기강이 무너지고 부정부패가 심해졌습니다.

더 알아보기

세도 정치
• 왕실과 혼인 관계를 맺은 몇몇 가문이 권력을 독차지하는 정치 형태를 세도 정치라고 합니다.
• 정조가 죽은 이후 왕들이 어린 나이에 왕위에 오르면서 세도 정치가 이어졌고, 부정부패가 심해져 정치 기강이 무너지고 백성의 생활이 어려워졌습니다.

10 강화도에서 물길을 따라 한양으로 쉽게 들어올 수 있기 때문에 조선 후기 강화도에는 침략이 잦았습니다.

더 알아보기

병인양요와 신미양요

병인양요	• 프랑스가 통상을 요구하며 강화도를 침략했음. • 조선군은 강화도에서 프랑스군을 물리쳤으나, 프랑스군은 물러나며 귀한 문화유산 등을 약탈해 갔음.
신미양요	• 미국 배를 조선인이 공격해 불태운 사건을 구실로 삼아 강화도를 침략했음. • 조선군은 미군에 맞서 싸웠지만, 광성보가 함락되었고 많은 사람이 희생되었음.

11 조선과 일본은 1876년 강화도 조약을 맺었습니다.

12 김옥균을 비롯한 급진 개화파는 일본의 군사 지원을 약속받고 갑신정변을 일으켰습니다.

13 갑신정변의 실패로 조선에 대한 청의 간섭은 더욱 심해졌습니다.

14 1894년 전봉준과 농민들은 관리들의 수탈에 맞서 동학 농민 운동을 일으켰습니다. 농민군은 외국의 군대가 개입하려고 하자 정부와 협상을 맺고 전주성에서 물러났습니다.

15 조선 후기에는 경제적으로 여유가 생긴 서민이 늘어나면서 일반 백성이 문화 활동의 주체가 된 서민 문화가 발달했습니다. 또한 문화를 즐길 만한 여유가 있는 사람이 많아지면서 전기수와 같은 새로운 직업이 생겨날 수 있었습니다.

16 흥선 대원군은 서원을 정리하고 양반들에게도 세금을 물리는 등 여러 가지 개혁 정책을 펼쳤지만, 경복궁을 다시 지으면서 백성들의 원망을 듣기도 했습니다.

채점 기준

(1)	'㉠'을 정확히 씀.	
(2)	**정답 키워드** 경복궁 | 백성 | 원망 '경복궁을 다시 짓기 위해 무리하게 돈과 사람을 모아 백성들의 원망을 들었다.' 등의 내용을 정확히 씀.	상
	경복궁 재건이 백성들에게 미친 영향을 썼으나 구체적이지 않음.	하

17 동학 농민 운동에서 나온 개혁 요구 중 일부는 이후 갑오개혁에 반영되었습니다. 갑오개혁에는 신분제 폐지 등의 내용이 담겼습니다.

채점 기준

정답 키워드 정치와 사회 | 개혁 | 외세의 침략 | 물리치다 '조선의 정치와 사회를 개혁하려는 시도였다.', '외세의 침략을 물리치려는 움직임이었다.' 등의 내용을 정확히 씀.	상
동학 농민 운동의 의의를 썼으나 구체적이지 않음.	하

더 알아보기

동학 농민군의 개혁안(일부)
• 탐관오리, 못된 양반은 그 죄를 조사하여 벌한다.
• 정해진 세금 외에 잡다한 세금을 없앤다.
• 일본에 협력한 사람을 엄히 벌한다.

18 김홍집과 온건 개화파는 조금씩 천천히 개화를 추진해야 한다고 주장했습니다.

19 김옥균을 중심으로 한 급진 개화파들은 조선이 발전하기 위해서는 청의 간섭에서 벗어나야 한다고 주장했습니다.

20 김옥균은 1884년 우정총국 개국 축하 잔치를 틈타 갑신정변을 일으켰지만 3일 만에 실패로 끝났습니다. 갑신정변은 새로운 나라를 만들기 위한 정치 개혁 운동이었으나, 일본의 힘에 의존하여 많은 사람의 지지를 얻지 못한 한계가 있습니다.

개념북 **59~67**쪽

❷ 일제의 침략과 광복을 위한 노력

개념 다지기   71쪽

1 ④	**2** ③	**3** (1) ○ (2) ○
4 을사늑약	**5** ①	**6** ㉠

1 청일 전쟁에서 승리한 일본은 조선의 정치에 깊이 간섭했습니다.

2 서재필은 사람들이 정치에 참여하는 길을 열기 위해 독립협회를 만들었습니다.

3 고종은 나라 이름을 대한 제국으로 바꾸고 근대적 개혁을 시행했습니다.

4 1905년 일본은 을사늑약을 맺고 대한 제국의 외교권을 빼앗았습니다.

5 신돌석은 태백산 일대에서 일본군에 맞서 용감하게 싸워 태백산 호랑이라고 불렸습니다.

6 대한민국의 제1대 대통령은 이승만입니다.

개념 다지기   75쪽

1 유린	**2** ②	**3** 이봉창, 윤봉길	**4** ㉠
5 ④	**6** ②		

1 일제는 대한 제국의 국권을 강제로 빼앗고 헌병 경찰을 통해 한국인의 일상생활을 감시하고 통제했습니다.

2 3·1 운동의 영향으로 대한민국 임시 정부가 수립되었습니다.

> **왜 틀렸을까?**
> ① 부산뿐만 아니라 전국적으로 만세 운동이 일어났습니다.
> ③ 일제는 한국인의 만세 운동을 잔인하게 탄압했습니다.
> ④ 전봉준을 비롯한 동학을 믿는 농민들이 일으킨 운동은 동학 농민 운동입니다.
> ⑤ 3·1 운동의 영향으로 대한민국 임시 정부가 수립되었습니다.

3 이봉창은 도쿄에서, 윤봉길은 중국 상하이 홍커우 공원에서 폭탄을 던져 일제의 주요 인물을 죽거나 다치게 했습니다.

4 1920년대 독립군은 주로 만주, 연해주 등의 지역에서 활동했습니다.

5 홍범도는 독립군을 이끌고 일본군을 봉오동 전투에서 물리쳤습니다.

6 일제는 학교에서 우리말 교육을 금지하고 일본어를 가르쳤습니다.

단원 실력 쌓기   76~79쪽

Step ①

1 을미사변	**2** 대한 제국	**3** 을사늑약	
4 3·1 운동	**5** 신사	**6** ②	**7** ④
8 (3) ○	**9** ③	**10** ⑤	**11** ③
12 병훈	**13** (2) ○	**14** ⑤	

Step ②

15 (1) 을사늑약
(2) ❶ 평화 ❷ 예 무효
16 (1) 3·1 운동 (2) 예 일제는 군인과 경찰을 동원해 만세 시위를 벌이는 사람들을 잔인하게 진압했다.
17 예 전쟁의 아픔과 일본군 '위안부' 문제를 기억하자는 뜻을 담아 세웠다.

> **15** (1) 러일
>   (2) 헤이그
> **16** (1) 전국
>   (2) 잔인하게
> **17** 소녀상

Step ③

18 유진
19 예 독립운동 자금을 모으고 정보를 수집했다. 외교 활동을 통해 한국의 독립 의지를 세계 여러 나라 사람들에게 알렸다.
20 한인 애국단

1 을미사변 이후 위험을 느낀 고종이 러시아 공사관으로 거처를 옮긴 사건이 아관 파천입니다. 아관 파천의 결과 조선에서 러시아의 영향력이 커졌습니다.

2 고종은 환구단에서 황제 즉위식을 가지고 대한 제국의 수립을 선포했습니다.

3 일본은 고종과 신하들을 위협해 을사늑약을 맺게 했습니다.

4 3·1 운동은 한국인의 독립 의지를 전 세계에 널리 알린 사건이었습니다.

5 일제는 1936년에 일본 왕족의 조상신을 모신 신사를 세워 참배하도록 강요했습니다.

더 알아보기

1930년대 일제가 시행한 민족 말살 정책
- 학교에서 우리말 교육을 금지했습니다.
- 한국인의 성과 이름을 일본식으로 바꾸도록 강요합니다.
- 한국인들은 매일 아침 학교나 직장 등에서 일왕이 사는 곳을 향해 허리 숙여 절을 하고 황국 신민 서사를 외워야 했습니다.

6 고종이 러시아 공사관으로 거처를 옮기면서 조선에서 일본의 영향력은 약해지고 러시아를 비롯한 여러 나라의 간섭이 심해졌습니다.

7 서재필이 창간한 『독립신문』은 순 한글로 쓰였으며 자주독립을 강조한 민간 신문입니다.

왜 틀렸을까?

① 『독립신문』은 순 한글과 영어로 쓰였습니다.
②, ③ 서재필은 정부의 지원을 받아 『독립신문』을 창간했습니다.
⑤ 『독립신문』은 자주독립을 강조하고 정부의 정책과 세계에서 일어나는 여러 가지 일을 알렸습니다.

8 일본은 을사늑약을 강제로 맺고 대한 제국의 외교권을 빼앗았습니다.

9 안중근은 한국의 독립과 동양의 평화를 위해 이토 히로부미를 처단했습니다.

10 이회영은 나라를 빼앗기자 재산을 모두 처분하고 가족과 함께 만주로 건너가 신흥 강습소를 세웠습니다.

왜 틀렸을까?

① 안창호가 한 일입니다.
②, ③ 서재필이 한 일입니다.
④ 일제가 조선을 수탈하기 위해 세운 기관입니다.

11 3·1 운동을 계기로 우리 민족을 대표하고 독립운동을 체계적으로 이끌어 갈 정부가 필요해지면서 대한민국 임시 정부가 수립되었습니다.

12 조선어 학회는 우리말과 글을 지키기 위해 조직된 단체입니다. 조선어 학회에서는 우리말과 우리글을 연구하고 한글을 널리 보급하는데 힘썼으며, 사전을 편찬하려 노력했습니다.

13 오늘날에는 전쟁의 아픔과 일본군 '위안부' 문제를 기억하자는 뜻을 담은 '평화의 소녀상'이 국내외 여러 곳에 세워졌습니다.

14 신채호는 우리나라의 영웅들에 관한 이야기를 써서 우리 민족의 애국심을 드높였습니다.

15 일제는 을사늑약을 맺어 대한 제국의 외교권을 빼앗았습니다. 그리고 뒤이어 고종을 퇴위시킨 일제는 1910년 한일병합조약을 맺고 대한 제국을 완전한 식민지로 만들었습니다.

16 일제는 만세 시위를 벌이는 사람들을 잔인하게 진압했으며, 이 과정에서 많은 사람들이 죽거나 감옥에 갇혔습니다. 경기도 제암리에서는 만세 시위를 벌였던 사람들을 잡아 교회에 모아 놓고 불을 질러 학살한 제암리 사건을 벌이기도 했습니다.

채점 기준

(1)	'3·1 운동'을 정확히 씀.	
(2)	**정답 키워드** 군인 | 경찰 | 잔인하다 | 진압 '일제는 군인과 경찰을 동원해 만세 시위를 벌이는 사람들을 잔인하게 진압했다.' 등의 내용을 정확히 씀.	상
	3·1 운동에 대한 일제의 대응을 썼으나 구체적이지 않음.	하

17 일본 정부는 오늘날까지 일본군 '위안부' 강제 동원 사실을 인정하지 않고 있습니다. 이에 많은 시민들은 매주 수요일마다 주한 일본 대사관 앞에서 시위를 계속하고 있습니다.

채점 기준

정답 키워드 전쟁의 아픔 | 일본군 '위안부' | 기억 '전쟁의 아픔과 일본군 '위안부' 문제를 기억하자는 뜻을 담아 세웠다.' 등의 내용을 정확히 씀.	상
오늘날 국내외 여러 곳에서 '평화의 소녀상'이 세워진 까닭을 썼으나 구체적이지 않음.	하

18 3·1 운동 이후 여러 임시 정부가 세워졌고, 여러 임시 정부는 독립을 위해 힘을 모으고자 노력했습니다. 그 결과 중국 상하이에서 대한민국 임시 정부가 수립되었습니다.

19 대한민국 임시 정부는 독립운동의 구심점 역할을 하며 국내외의 독립운동을 지휘하는 등 다양한 활동을 펼쳤습니다.

20 대한민국 임시 정부는 일제의 감시와 탄압 등으로 활동에 많은 어려움을 겪었습니다. 이에 김구는 독립운동의 새로운 힘을 불어넣기 위해 한인 애국단을 조직했습니다.

더 알아보기

한인 애국단의 활동

이봉창	일본 도쿄에서 일본 왕을 암살하려 했으나 실패했음.
윤봉길	중국 상하이 홍커우 공원에서 일본군 사령관과 고위 관리들을 처단했음.

❸ 대한민국 정부의 수립과 6·25 전쟁

개념 다지기 83쪽

1 ㉠, ㉢　　**2** ②　　**3** ❶3 ❷1 ❸2
4 (1) ㉢ (2) ㉠　　**5** ④　　**6** (2) ○

1 1945년 8월 15일, 일왕의 항복과 함께 우리나라는 광복을 맞이했습니다.

2 광복을 맞이하면서 일제가 금지했던 어린이날이 부활하고, 관련된 행사도 다시 열렸습니다.

3 일본이 항복하자 미국과 소련은 일본군의 무장 해제를 위해 38도선을 경계로 각각 군대를 주둔시켰습니다.

4 국제 연합은 남북한 총선거를 시행해 정부를 수립하기로 결정했지만, 소련이 이를 거부해 남한에서만 총선거가 이루어졌습니다.

5 5·10 총선거는 헌법을 만든 국회의원을 국민이 뽑는 우리나라 최초의 민주 선거였습니다.

> **왜 틀렸을까?**
> ① 5·10 총선거는 국회의원을 뽑는 선거였습니다.
> ②, ⑤ 21세 이상의 모든 국민이 참여했습니다.
> ③ 남한만의 총선거였습니다.

6 대한민국 정부는 임시 정부의 법통을 이어 독립된 정부와 민주 공화국을 세웠다는 점에서 역사적 의미가 있습니다.

개념 다지기 87쪽

1 ⑤　　**2** ④　　**3** 정우　　**4** ③, ⑤
5 ㉡, ㉢

1 북한군의 기습적인 남침으로 3일 만에 서울이 점령당했으며, 국군은 낙동강까지 후퇴했습니다.

2 인천 상륙 작전을 계기로 전쟁의 상황이 유리하게 되면서 국군과 국제 연합군이 압록강까지 진격했습니다.

3 전투를 지원한 16개국, 의료를 지원한 6개국, 물자를 지원한 39개국 등 총 60여 나라가 대한민국을 도왔습니다.

4 6·25 전쟁은 남한과 북한 사람들의 마음속에 큰 상처를 남겼습니다.

5 '특별 생방송 이산가족을 찾습니다'는 138일간 진행되어 1만여 건의 만남이 이루어졌습니다.

단원 실력 쌓기 88~91쪽

Step ①
1 광복　　**2** 38도선　　**3** 국회의원　　**4** 남침
5 이산가족　　**6** ③　　**7** ㉡　　**8** ④　　**9** ④
10 ③　　**11** (1) ○　　**12** ㉢　　**13** ①　　**14** ④

Step ②
15 (1) 광복
(2) ❶ 예 항복 ❷ 예 독립운동
16 (1) 김구 (2) 예 당장 통일 정부 수립이 어렵다면 남한만이라도 정부를 수립해 38도선 이북에서 소련이 물러나도록 해야 한다.
17 예 많은 사람이 죽거나 다쳤다. 국토가 황폐해지고 공장과 건물, 도로 등이 파괴됐다. 사람들은 살 곳과 일할 곳을 잃고, 식량과 생활 필수품이 부족해 어려움을 겪었다.

> **15** (1) 광복
> 　　(2) 독립
> **16** (1) 반대
> 　　(2) 남한
> **17** 민간인

Step ③
18 ㉣, ㉡, ㉠, ㉢
19 인천 상륙 작전
20 예 서울과 가까운 인천을 공격해 북한군의 보급로를 끊고, 국군과 함께 낙동강에서 공격할 수 있기 때문에 실시했다.

1 광복은 우리 민족이 끈질기게 전개한 독립운동의 결실입니다.

2 광복 이후 38도선을 기준으로 북쪽에 소련이, 남쪽에 미국이 군대를 머물며 한반도를 관리했습니다.

3 5·10 총선거로 제헌 국회가 구성되어 나라 이름을 정하고 헌법을 제정했습니다.

4 북쪽에서 남쪽을 침범하는 것을 남침이라고 합니다. 6·25 전쟁은 북한군의 기습적인 남침으로 시작되었습니다.

5 6·25 전쟁으로 인해 수많은 전쟁고아와 이산가족이 생겨났습니다.

6 광복 소식이 전해지자 다른 나라에서 활동하던 동포와 독립운동가들이 고국으로 돌아왔습니다.

7 모스크바 3국 외상 회의에서는 조선 임시 정부와 협의해 최고 5년간의 신탁 통치 방안을 제시했습니다.

8 남한만의 단독 선거가 시행되어 정부가 수립되었고, 북한에도 정권이 세워지면서 한반도는 남과 북으로 나누어지게 되었습니다.

> **더 알아보기**
> **김구의 남북 협상**
> • 김구를 비롯해 통일 정부가 세워지기를 바라던 사람들은 남한만의 총선거 실시를 반대했습니다.
> • 김구는 김규식 등과 북한 측의 지도자를 만나 통일 문제 등을 논의하기 위해 38도선을 넘었으나, 성과를 거두지 못하고 돌아왔습니다.

9 5·10 총선거로 뽑힌 국회의원들로 제헌 국회가 구성되어 제헌 헌법을 만들었습니다.

10 제헌 헌법은 대한민국이 민주 공화국이며, 나라의 주권이 국민에게 있음을 규정했습니다.

11 1950년 6월 25일 새벽, 북한은 한반도를 무력으로 통일하고자 38도선 이남을 기습적으로 쳐들어오면서 전쟁이 시작되었습니다.

> **왜 틀렸을까?**
> ⑵ 북한이 한반도를 상대로 전쟁을 일으킨 것이 6·25 전쟁입니다.
> ⑶ 6·25 전쟁은 북한이 소련의 도움을 받아 남한을 침략한 전쟁입니다.

12 중국군이 북한을 도와 전쟁에 개입하면서 전쟁의 흐름이 국군과 국제 연합군에 불리해졌습니다.

> **왜 틀렸을까?**
> ㉠ 남한에 지원군을 파견한 것은 국제 연합입니다.
> ㉡ 국군과 국제 연합군은 인천 상륙 작전을 성공시키며 압록강까지 진격했으나, 중국군의 개입으로 다시 후퇴했습니다.

13 정전 협상은 휴전선 설정, 포로 교환 방식 등을 둘러싸고 2년이나 이어졌습니다. 결국 1953년에 판문점에서 정전 협정이 체결되면서 전쟁을 멈추고 군사 분계선(휴전선)이 설정되었습니다.

14 6·25 전쟁으로 인해 많은 문화유산이 파괴되거나 훼손되었습니다.

15 1945년 8월 15일, 일본이 연합국에 항복하면서 우리 민족은 광복을 맞이했습니다.

16 국제 연합은 남북한 총선거를 시행해 정부를 수립하기로 결정했으나 소련은 이를 거부했고, 통일 정부 수립에 대한 사람들의 의견이 갈려 갈등이 발생하기도 했습니다.

채점 기준

(1)	'김구'라고 정확히 씀.	
(2)	**정답 키워드** 남한만의 정부 '당장 통일 정부 수립이 어렵다면 남한만이라도 정부를 수립해 38도선 이북에서 소련이 물러나도록 해야 한다.' 등의 내용을 정확히 씀.	상
	우리나라의 통일 정부 수립에 관한 이승만의 주장을 썼으나 구체적이지 않음.	하

17 6·25 전쟁으로 많은 사람이 목숨을 잃거나 다쳤고, 이산가족과 전쟁고아가 생겨났습니다.

채점 기준

정답 키워드 사람 | 죽다 | 다치다 | 국토 | 황폐 | 파괴 '많은 사람이 죽거나 다쳤다.', '국토가 황폐해지고 공장과 건물, 도로 등이 파괴됐다.', '사람들은 살 곳과 일할 곳을 잃고, 식량과 생활필수품이 부족해 어려움을 겪었다.' 등의 내용을 정확히 씀.	상
6·25 전쟁으로 인한 피해를 썼으나 구체적이지 않음.	하

🔺 폐허가 된 서울의 모습　　🔺 전쟁으로 파괴된 수원 화성

18 6·25 전쟁은 1950년 6월 25일에 북한군의 남침으로 시작되었고, 1953년 7월 27일에 정전 협정이 체결되며 마무리되었습니다.

19 국군과 국제 연합군은 낙동강에서 북한군을 막아 냈고, 인천 상륙 작전의 성공으로 반격했습니다.

> **더 알아보기**
> **흥남 철수 작전**
> • 흥남 철수 작전은 국군과 국제 연합군이 후퇴하던 도중, 흥남으로 몰려든 약 10만 명의 피난민들을 철수시킨 작전입니다.
> • 엄청난 규모의 해상 철수 작전이었음에도, 별다른 피해 없이 철수해 10만 명의 사람들이 목숨을 구할 수 있었습니다.

20 인천 상륙 작전의 성공으로 전쟁의 흐름은 국군과 국제 연합군에게 유리해졌습니다.

대단원 평가   92~95쪽

1 ④, ⑤   **2** ④   **3** (1) 탈놀이 (2) 예 경제적인 여유가 생긴 백성들이 문화와 예술 활동에 관심을 가지게 되었기 때문이다.   **4** ①, ②   **5** ㉠, ㉢, ㉡   **6** ④   **7** 준영   **8** ②   **9** ③   **10** ④   **11** ①   **12** ㉠   **13** (1) 예 민족 말살 정책 (2) 예 한국인의 성과 이름을 일본식으로 바꾸도록 강요했다. 신사 참배를 강요했다.   **14** (1) ○ (2) ○   **15** 나영, 병건   **16** ⑤   **17** (1) ○   **18** ①, ③   **19** ⑤   **20** 예 중국군이 북한을 도와 전쟁에 개입했다. 국군과 국제 연합군은 다시 서울을 내주고 후퇴했다.

1 정약용을 시켜 수원에 화성을 건설한 왕은 정조입니다. 정조는 영조의 정책을 이어받아 탕평책을 시행했으며, 규장각을 설치해 자신의 개혁 정치를 뒷받침할 인재를 길러 냈습니다.

2 김정호는 우리나라의 산, 강, 길 등이 자세하게 표시된 『대동여지도』를 만들었습니다.

3 조선 후기에는 농업 생산량이 늘어나고 상업과 공업이 발달하면서 경제적으로 여유가 생긴 백성들이 생겨났습니다.

채점 기준		
(1)	'탈놀이'라고 정확히 씀.	3점
(2)	**정답 키워드** 경제적 여유 | 문화와 예술 | 관심 '경제적인 여유가 생긴 백성들이 문화와 예술 활동에 관심을 가지게 되었기 때문이다.' 등의 내용을 정확히 씀.	7점
	조선 후기에 서민 문화가 발달할 수 있었던 까닭을 썼으나 구체적이지 않음.	3점

4 흥선 대원군은 세도 정치를 바로잡고 백성의 생활을 안정시키고자 노력했습니다.

5 일본은 운요호 사건을 빌미로 강화도 조약을 체결해 조선을 개항시켰습니다.

6 전라도 고부 군수의 횡포에 맞서 전봉준을 중심으로 한 농민들이 동학 농민 운동을 일으켰습니다.

7 동학 농민 운동은 일본과 같은 외국에 의지하지 않는 세상을 원했습니다.

8 서재필과 독립 협회는 영은문을 허물고 그 자리에 독립문을 세워 자주독립 의식을 드러냈습니다.

9 만민 공동회는 독립 협회가 주도한 민중 집회입니다.

10 고종은 대한 제국으로 나라 이름을 바꾸고 황제로 즉위해 개혁 정책을 펼쳤지만, 한계가 있었습니다.

11 애국 계몽 운동을 주장한 사람들은 여러 단체와 학회를 조직하고, 학교를 설립해 인재를 길렀습니다.

12 유관순은 고향으로 내려가 만세 시위를 계획했으며, 만세 시위의 주동자로 붙잡혀 감옥에 갇혔습니다.

13 일제는 1930년대 후반 중일 전쟁을 일으키면서 한국인의 민족의식을 없애고 침략 전쟁에 한국인을 동원하기 위해 노력했습니다.

채점 기준		
(1)	'민족 말살 정책' 등의 내용을 정확히 씀.	3점
(2)	**정답 키워드** 성과 이름 | 일본식 | 신사 참배 '한국인의 성과 이름을 일본식으로 바꾸도록 강요했다.', '신사 참배를 강요했다.', '학교에서 우리말 교육을 금지했다.' 등의 내용을 정확히 씀.	7점
	일제가 민족 말살 정책을 펼치기 위해 시행했던 제도를 썼으나 구체적이지 않음.	3점

14 조선어 학회는 한글 맞춤법을 정리하고, 사전을 편찬하기 위해 노력했던 단체입니다. (3)은 신문 기자들이 손기정의 옷에 그려진 일장기를 지운 사건입니다.

15 광복 이후 정치적·경제적 혼란이 있었지만, 사람들은 독립된 국가를 세우고자 모두 노력했습니다. 호민이는 독립 협회의 활동에 관해 말하고 있습니다.

16 모스크바 3국 외상 회의에서 한반도에 임시 정부를 세우고 일정 기간 신탁 통치할 것을 결정했습니다.

17 국제 연합은 선거가 가능한 남한 지역에서만 선거를 실시하기로 다시 결정했습니다.

18 헌법을 만드는 임무를 가지고 구성되어 제헌 국회라고 불렸습니다.

19 국군과 국제 연합군은 인천 상륙 작전을 성공시키며 서울을 되찾고 압록강까지 진출했습니다.

20 중국군의 개입으로 전쟁이 쉽게 끝나지 않자, 전쟁을 멈추기 위해 정전 협정이 시작되었습니다.

채점 기준		
	정답 키워드 중국군 | 북한 | 도움 | 국군과 국제 연합군 | 후퇴 '중국군이 북한을 도와 전쟁에 개입했다.', '국군과 국제 연합군은 다시 서울을 내주고 후퇴했다.' 등의 내용을 정확히 씀.	8점
	제시된 ㉢ 지도의 시기에 있었던 6·25 전쟁의 사건에 관해 썼으나 구체적이지 않음.	4점

1. 옛사람들의 삶과 문화

① 나라의 등장과 발전(1)

1 고조선	**2** 고인돌	**3** 곡식	**4** 백제
5 장수왕	**6** 진흥왕	**7** 불교	**8** 무령왕릉
9 첨성대	**10** 가야		

1 고조선은 청동기 문명를 바탕으로 발전한 우리 역사 속 최초의 국가로 건국 이야기를 통해 당시의 상황을 짐작할 수 있습니다.

2 비파형 동검, 탁자식 고인돌이 나온 지역을 바탕으로 고조선 문화가 만주와 한반도 북부 지방을 중심으로 분포했음을 알 수 있습니다.

3 고조선은 법을 만들어 사회 질서를 유지하고자 했습니다. 당시 여덟 개의 법 조항이 있었는데 현재는 세 개의 조항만 전해지고 있습니다.

4 백제는 고구려의 왕자였던 온조가 남쪽으로 내려와 한강 유역에 세운 나라로, 삼국 중 가장 먼저 전성기를 맞았습니다.

5 장수왕은 광개토대왕의 업적을 이어받아 도읍을 평양으로 옮기고 한강 남쪽 지역을 차지하여 신라와 백제를 위협했습니다.

6 진흥왕은 백제와 힘을 합쳐 고구려가 차지했던 한강 유역을 빼앗았습니다.

7 삼국은 왕권을 강화하기 위해 불교를 받아들였습니다.

8 무령왕릉은 백제를 대표하는 고분입니다. 무덤 내부의 방은 벽돌로 만들어졌으며, 그 안에서는 귀중한 유물이 여럿 발견되었습니다.

9 첨성대는 하늘의 별, 해와 달의 모습과 움직임을 관측하기 위한 건축물로 알려져 있습니다.

10 가야의 악기인 가야금은 현재까지도 우리나라를 대표하는 전통 악기로 이어지고 있습니다.

1 ②	**2** ㉡	**3** ④	**4** ③, ⑤

1 고조선은 청동기 문명을 바탕으로 발전한 우리 역사 속 최초의 국가로, 고조선의 법을 통해 고조선은 노비가 있는 신분제 사회였고, 개인의 재산을 인정했다는 것을 알 수 있습니다.

2 고조선은 농업을 중요시하는 사회였고, 큰 죄는 법으로 엄격하게 다스렸으며, 탁자식 고인돌, 미송리식 토기 등의 문화유산을 남겼습니다.

3 진흥왕은 화랑도를 통해 유능한 인재를 길렀으며 한강 유역 전체를 빼앗으며 신라의 전성기를 이루었습니다.

4 백제는 4세기 근초고왕 때, 고구려는 5세기 광개토대왕, 장수왕 때, 신라는 6세기 진흥왕 때 전성기를 맞았습니다.

① 나라의 등장과 발전(2)

1 김춘추	**2** 백제	**3** 신라	**4** 대조영
5 해동성국	**6** 불국사	**7** 『무구정광대다라니경』	
8 석굴암	**9** 발해	**10** 고구려	

1 신라의 김춘추는 백제의 공격을 받아 위기에 처하자 당과 군사 동맹을 맺었습니다.

2 김유신이 지휘하는 신라군은 황산벌에서 계백이 이끄는 백제를 물리쳤고, 당군과 연합해 백제를 멸망시켰습니다.

3 신라가 삼국 통일을 이루었습니다.

4 대조영은 고구려 유민들과 말갈족을 이끌고 발해를 세웠습니다.

5 발해는 강력한 나라로 발전했습니다.

6 불국사의 불국은 부처의 나라라는 뜻입니다.

7 『무구정광대다라니경』은 불국사 삼층 석탑을 수리하는 과정에서 발견되었습니다.

8 석굴암은 화강암을 쌓아 올려 동굴처럼 만든 절입니다. 석굴암에는 당시의 종교, 예술, 건축, 과학 등 다양한 분야의 성과가 담겨 있습니다.

9 발해는 스스로 고구려를 계승한 나라임을 내세웠습니다.

10 이불병좌상은 두 부처가 나란히 앉아 있는 모습을 새긴 불상입니다.

대표 문제　　　　　　　　　　　5쪽

1 ③, ⑤　　**2** ㉣, ㉡, ㉠, ㉢　　**3** ②, ④　　**4** ④

1 신라는 당과 동맹을 맺은 후 백제와 고구려를 차례로 멸망시키고, 한반도 전체를 차지하려는 당을 물리친 후 삼국 통일을 달성했습니다.

2 신라의 삼국 통일은 '㉣ 나당 동맹 → ㉡ 백제 멸망 → ㉠ 고구려 멸망 → ㉢ 신라의 삼국 통일' 순입니다.

3 석굴암은 뛰어난 역사적·예술적 가치를 인정받아 유네스코 세계 유산에 등재되었습니다.

4 고구려와 발해의 막새기와 안에 그려진 무늬가 비슷합니다.

② 독창적 문화를 발전시킨 고려

단원 쪽지시험　　　　　　　　　6쪽

1 후백제　　**2** 왕건　　**3** 호족　　**4** 서희
5 별무반　　**6** 강화도　　**7** 삼별초　　**8** 팔만대장경
9 『직지심체요절』　　　　**10** 상감

1 견훤은 후백제를 세웠습니다.

2 호족 출신인 왕건은 궁예의 신하로 있으면서 여러 전투에서 공을 세웠습니다. 궁예는 신하들을 의심하고, 나라를 난폭하게 다스렸습니다. 이에 왕건은 여러 신하와 함께 궁예를 몰아내고 새로운 나라를 세웠습니다.

3 태조 왕건은 백성들의 생활을 안정시키기 위해 세금을 줄이고 가난한 사람들이 굶주리지 않도록 힘썼습니다. 또 정치를 안정시키기 위해 호족을 존중하되 적절히 견제하며 나라를 다스렸습니다.

4 서희는 거란의 침입 의도가 고려와 송의 관계를 끊기 위한 것임을 알고, 거란의 장수와 담판을 벌였습니다.

5 만주와 한반도 북부 지역에서 여러 부족으로 나뉘어 살던 여진은 특산물을 바치며 고려를 큰 나라로 섬겨 왔습니다. 그러나 여진이 점차 세력을 키워 고려를 위협하자, 고려는 별무반이라는 군대를 만들었습니다.

6 강화도는 물살이 빠르고 갯벌이 넓어 외적이 접근하기 어려운 곳이었습니다. 또한 몽골은 바다와 먼 곳에 자리 잡은 나라로, 바다에서 하는 전투에 약했습니다.

7 고려 조정은 몽고와 강화를 맺고 도읍을 강화도에서 개경으로 옮겼습니다. 이때 삼별초라 불리는 일부 군인들이 이에 반발하여 몽골에 항쟁했으나 결국 실패했습니다.

8 고려는 몽골의 침입 이전에 이미 대장경(초조대장경)을 만들었으나 초조대장경은 몽골의 침입으로 불타 없어졌습니다. 고려 사람들은 몽골의 침입을 물리치려는 마음을 담아 팔만대장경(재조대장경)을 다시 만들었습니다.

9 『직지심체요절』은 유럽에서 만든 금속 활자 인쇄본보다 70여 년 이상 앞서 제작되었습니다.

10 고려 사람들은 상감 기법을 활용해 구름, 학, 모란 등 아름다운 무늬를 청자에 새기면서 고려청자에 예술성을 더해 갔습니다.

대표 문제　　　　　　　　　　　7쪽

1 ②　　**2** ③　　**3** ③　　**4** ㉡

1 ㉠에 들어갈 인물은 서희로, 거란의 1차 침입 때 외교 담판으로 거란군을 물리쳤습니다.

2 별무반은 여진을 정벌하기 위해 특별히 조직한 군대입니다.

3 팔만대장경은 글자 모양과 문장이 정확하고 보존 상태가 뛰어나 고려 목판 인쇄술의 우수함을 잘 보여 주는 문화유산입니다.

4 고려는 세계 최초로 금속 활자를 발명했습니다.

왜 틀렸을까?
㉠ 고려청자는 주로 생활용품으로 사용했습니다.
㉢ 팔만대장경은 몽골의 침입을 이겨 내기 위해 만들었습니다.

❸ 민족 문화를 지켜 나간 조선

1 이성계	**2** 『경국대전』	**3** 훈민정음	**4** 혼천의
5 양반	**6** 분청사기	**7** 임진왜란	**8** 이순신
9 광해군	**10** 남한산성		

1 최영, 이성계 등은 홍건적과 왜구 등의 침략을 물리치는 데에 큰 공을 세우면서 이름을 떨치게 되었습니다.

2 『경국대전』은 유교의 가르침을 중심으로 나라를 다스리고 사회 질서를 유지하기 위해 만들었습니다.

3 훈민정음은 한자를 모르는 백성들을 위해 만든 글자로, 누구나 쉽게 배우고 쓸 수 있었습니다.

4 혼천의는 천문 관측기구입니다.

5 양반은 관리가 되거나 유교와 관련된 책을 공부하면서 제자들을 가르쳤습니다.

6 분청사기는 청자의 그릇 표면에 흰 흙을 발라 다시 구워 낸 자기입니다.

7 도요토미 히데요시는 일본을 통일하고 조선과 명을 정복하려고 조선에 침입했습니다.

8 이순신이 이끄는 조선 수군은 우수한 성능의 배와 무기를 이용해 여러 전투에서 승리했습니다.

9 광해군은 강성해진 후금과 약해진 명 사이에서 신중한 중립 외교를 펼쳐 전쟁에 휘말리지 않으려고 했습니다.

10 남한산성에는 전투 시설과 왕이 머물 수 있는 행궁이 있었습니다.

1 ①, ④	**2** ©	**3** ③	**4** ①

1 위화도 회군을 통해 권력을 잡은 이성계와 신진 사대부는 새로운 나라 조선을 건국하게 되었습니다.

2 이성계와 정도전 등이 정몽주 등의 반대 세력을 제거하고 조선을 세우고 도읍을 한양으로 정했습니다.

3 이순신과 조선 수군은 남해 바닷길의 특성을 잘 활용해 한산도 대첩 등 모든 전투에서 승리를 거뒀습니다.

4 병자호란의 결과 조선은 청과 임금과 신하의 관계를 맺게 되었습니다.

1 ⑤	**2** (1) 광개토대왕 (2) 예 수도를 평양성으로 옮기고, 백제의 수도 한성을 함락하여 한강 유역을 모두 차지했다.

3 ①, ②   **4** ④   **5** ©   **6** ①   **7** ©, ©, ㉠, ㉣

8 ①, ⑤   **9** ④   **10** 별무반   **11** ④

12 (1) 상감 기법 (2) 예 수준 높고 독창적인 기술을 통해 중국과 다른 고려만의 아름다움을 표현했다.   **13** ⑤

14 ©   **15** ①   **16** ⑤   **17** (1) 이순신 (2) 예 일본의 침략에 대비해 판옥선과 거북선을 만들고 무기와 군사 시설을 점검했기 때문이다. 남해 바닷길의 특성을 잘 활용해 전투했기 때문이다.   **18** ⑤   **19** ④   **20** ①

1 고조선의 건국 이야기에서 웅녀가 환웅과 혼인했다는 것은 곰을 믿는 부족과 환웅 부족이 결합했다는 뜻입니다.

2 장수왕은 아버지 광개토대왕의 업적을 기리기 위해 비석을 세웠고, 고구려 전성기를 이끌었습니다.

채점 기준

(1)	'광개토대왕'이라고 정확히 씀.	
(2)	**정답 키워드** 수도 | 평양성 | 한강 유역 '수도를 평양성으로 옮기고, 백제의 수도 한성을 함락하여 한강 유역을 모두 차지했다.' 등의 내용을 알맞게 씀.	상
	장수왕의 업적을 썼으나 구체적이지 않음.	하

3 가야는 여러 작은 나라들로 이루어진 연맹 국가로, 철의 생산지로 유명했습니다.

4 ④ 경주 분황사 모전 석탑은 신라의 문화유산입니다.

5 대조영이 고구려 유민들과 말갈족을 이끌고 동모산 지역에 발해를 세웠습니다.

6 불국사에는 청운교와 백운교, 연화교와 칠보교 등 많은 불교 문화유산이 있습니다.

7 고려를 세운 왕건은 신라의 항복을 받고, 후백제를 물리쳐 후삼국을 통일했습니다.

8 과거 제도는 유교적 지식을 평가해 관리를 선발하는 제도로 세력이 커진 호족이나 공신들의 세력을 약화하고 왕에게 충성하는 신하를 뽑기 위해 실시했습니다.

9 거란의 2차 침입 때 개경이 함락되는 등 큰 피해를 보았으나 양규의 군대가 거란군에 여러 차례 승리를 거두며 포로가 되었던 고려 사람을 구출하기도 했습니다.

10 고려는 기병 중심의 여진을 정복하기 위해 별무반이라는 군대를 특별히 조직했습니다.

11 『직지심체요절』은 오늘날 전해지는 금속 활자 인쇄본 중 세계에서 가장 오래된 책입니다.

12 고려에서는 처음에 맑고 투명한 푸른빛의 순청자를 만들다가 이후 상감 기법으로 무늬를 새겨 넣은 상감 청자를 만들어 냈습니다.

채점 기준

(1)	'상감 기법'이라고 정확히 씀.	
(2)	**정답 키워드** 독창적	기술 '수준 높고 독창적인 기술을 통해 중국과 다른 고려만의 아름다움을 표현했다.' 등의 내용을 알맞게 씀.	상
	고려청자의 우수한 점을 썼으나 구체적이지 않음.	하

13 정도전 등은 새로운 나라를 세워야 한다고 주장했고, 정몽주 등은 고려 왕조를 유지하면서 개혁해야 한다고 주장했습니다.

14 조선은 고려 왕조의 기억을 지우기 위해 새로운 도읍을 한양으로 정했습니다. 또한 한양을 유교의 가르침을 실현하기 위한 곳으로 설계했습니다.

15 앙부일구는 해시계입니다.

16 양반은 관리가 되어 나라를 다스렸고, 중인은 통역, 의학 등과 관련된 일을 했으며, 천민은 주인을 위해 일하는 노비가 많았습니다.

17 이순신이 이끄는 수군의 승리로 바다로 물자를 운반하려던 일본군의 계획을 막았고, 전라도와 충청도의 곡창 지대를 지킬 수 있었습니다.

채점 기준

(1)	'이순신'이라고 정확히 씀.	
(2)	**정답 키워드** 판옥선	거북선	바닷길	특성 '일본의 침략에 대비해 판옥선과 거북선을 만들고 무기와 군사 시설을 점검했기 때문이다.', '남해 바닷길의 특성을 잘 활용해 전투했기 때문이다.' 등의 내용을 알맞게 씀.	상
	이순신이 이끄는 수군이 임진왜란에서 승리를 거둘 수 있었던 까닭을 썼으나 구체적이지 않음.	하

18 일본은 조선에서 많은 문화유산을 빼앗아 갔고, 도자기 기술자 등을 끌고 갔습니다. 이들 덕분에 일본의 도자기 문화가 발전했습니다.

19 ㉠에 들어갈 사건은 정묘호란으로, 인조가 명을 가까이하고 후금을 멀리하자 후금이 조선을 침략했습니다.

20 청 태종은 인조의 항복을 받은 후 자신의 공덕을 기록해 삼전도비를 세웠습니다.

대단원 평가 2회   **14~17쪽**

1 ㉠ 비파형 동검 ㉡ 탁자식 고인돌   **2** ③   **3** ④
4 (1) 벽화 (2) 예 고구려 사람들의 생각과 생활 모습을 알 수 있다.   **5** ㉡   **6** ㉠ 김춘추 ㉡ 김유신   **7** ③
8 ⑤   **9** (1) 태조 왕건 (2) 예 호족을 자기편으로 끌어들여 정치를 안정적으로 하기 위해서이다.   **10** ③
11 ⑤   **12** (2) ○ (3) ○   **13** ㉡, ㉣, ㉢, ㉠
14 ④   **15** (1) 성종 (2) 예 부모님께 효도하는 것을 중요하게 생각했다. 어린 나이에 결혼을 했다.   **16** ⑤
17 ①, ②   **18** ⑤   **19** ②, ⑤   **20** ③

1 비파형 동검과 탁자식 고인돌은 고조선을 대표하는 문화유산으로, 문화유산이 나온 지역을 바탕으로 고조선의 문화 범위를 짐작할 수 있습니다.

2 '남을 다치게 한 사람은 곡식으로 갚는다.'라는 조항을 통해 개인의 재산을 인정하고 있음을 알 수 있습니다.

3 백제는 한강 지역을 중심으로 성장해 4세기에 가장 먼저 전성기를 맞이했습니다. 백제의 근초고왕은 영토를 넓히고 중국, 일본과 활발하게 교류하며 백제의 전성기를 이끌었습니다. ④는 신라 진흥왕의 업적입니다.

4 고분 벽화를 통해 사람들의 생각이나 생활 모습을 알 수 있습니다.

채점 기준

(1)	'벽화'에 ○표를 함.	
(2)	**정답 키워드** 고구려	생활 모습 '고구려 사람들의 생각과 생활 모습을 알 수 있다.' 등의 내용을 알맞게 씀.	상
	벽화를 통해 알 수 있는 것을 썼으나 구체적이지 않음.	하

5 신라는 도읍인 경주를 중심으로 많은 절을 세워 불교의 힘을 통해 나라를 다스리고자 했습니다.

6 당과 동맹을 맺은 김춘추는 왕위에 오른 후 백제를 공격했고, 김유신이 이끄는 신라의 군대는 당의 군대와 연합해 백제를 멸망시켰습니다. 고구려까지 멸망시킨 신라는 당을 물리치고 삼국 통일을 이루었습니다.

7 발해의 도읍이었던 상경성 터에서 절터와 석등이 발견되었습니다. 상경성 2호 절터 석등은 높이가 6.4m에 이르는 거대한 석등으로, 연꽃무늬에서 고구려 문화의 영향을 확인할 수 있습니다.

8 호족 중 힘을 키워 나라를 세웠던 궁예는 고구려의 계승을 내세우며 후고구려를 세웠습니다.

9 태조 왕건은 호족과 공을 세운 신하를 견제하되 존중하면서 정치의 안정을 꾀했습니다.

채점 기준		
(1)	'태조 왕건'이라고 정확히 씀.	
(2)	**정답 키워드** 호족 │ 자기편 │ 정치적 │ 안정 '호족을 자기편으로 끌어들여 정치를 안정적으로 하기 위해서이다.' 등의 내용을 정확히 씀.	상
	태조 왕건이 호족의 딸들과 결혼하고 호족에게 왕씨 성을 준 까닭을 썼으나 구체적이지 않음.	하

10 고려는 몽골이 침략했을 때 강화도로 도읍을 옮겨 저항했고, 귀주성, 처인성, 충주성 등지에서 몽골군을 물리쳤습니다.

11 몽골의 침입으로 초조대장경이 불에 타 없어지자 고려는 다시 팔만대장경을 만들었습니다.

12 제시된 그림은 고려 시대 금속 활자를 만드는 과정입니다.

13 이성계는 홍건적과 왜구의 침략을 물리치는 데 큰 공을 세웠고, 위화도 회군을 통해 권력을 잡은 후 정도전과 함께 조선을 건국했습니다.

14 조선은 전국의 모든 고을에 유교를 가르치기 위한 교육 기관을 세웠습니다. 한양에는 성균관이 있었고, 지방에는 향교가 있었습니다.

15 『경국대전』은 세조 때 만들기 시작해 성종 때 완성되었으며, 유교의 가르침을 중심으로 나라를 다스리고 사회 질서를 유지하기 위해 만들었습니다.

채점 기준		
(1)	'성종'이라고 정확히 씀.	
(2)	**정답 키워드** 효도 │ 어린 나이 │ 결혼 '부모님께 효도하는 것을 중요하게 생각했다.', '어린 나이에 결혼을 했다.' 등의 내용을 정확히 씀.	상
	『경국대전』을 통해 알게 된 내용을 썼으나 구체적이지 않음.	하

16 ⑤는 고려 태조 왕건의 정책입니다.

17 조선은 유교 예절에 따라 여러 행사를 치렀고, 조선 전기 아들과 딸은 똑같이 부모의 재산을 물려받았습니다.

18 조선은 이순신의 활약, 의병의 활약 등으로 임진왜란에서 승리할 수 있었습니다.

19 광해군은 후금과 명 사이에서 중립 외교를 펼쳤습니다.

20 인조가 항복한 후 조선은 청과 임금과 신하의 관계를 맺었습니다.

1 (1) 법
(2) 예 노동력을 중요시했다. 개인의 재산을 인정했다.
2 (1) 발해
(2) 예 일본에서도 발해가 고구려를 계승했다고 여겼기 때문이다.
3 (1) 태조 왕건
(2) 예 호족과 공을 세운 신하를 견제하되 존중했다.
4 (1) 세종
(2) 예 한자를 모르는 백성들이 생활에 불편함이 컸기 때문이다. 백성들이 쉽게 읽고 쓸 수 있는 글자가 필요하다고 생각했기 때문이다.

1 오늘날 전해지는 고조선의 법 조항을 보면 고조선이 사회 질서가 엄격했고, 노비가 존재하는 신분제 사회였으며 사람의 노동력과 개인의 재산을 중요하게 여겼음을 알 수 있습니다.

채점 기준		
(1)	'법'이라고 정확히 씀.	3점
(2)	**정답 키워드** 노동력 │ 중시 │ 개인 재산 │ 인정 '노동력을 중요시했다.' '개인의 재산을 인정했다.' 등의 내용을 정확히 씀.	7점
	고조선의 법 조항을 통해 알 수 있는 고조선 사회의 모습을 썼으나 구체적이지 않음.	3점

더 알아보기

고조선
고조선은 청동기 문명을 바탕으로 발전한 우리 역사 속 최초의 국가로, 여러 부족을 정복하고 통합하면서 세력을 확장했습니다. 비파형 동검, 탁자식 고인돌, 미송리식 토기가 분포하는 지역을 보면 고조선의 문화 범위를 짐작할 수 있습니다.

2 고구려는 고려라고 불리기도 했습니다. 고구려가 망한 이후에 고려라는 나라가 세워지자, 그 후에는 두 나라를 구별하기 위해 고구려라고만 부르게 되었습니다. 일본은 발해에 보낸 일본 사신을 고려로 보낸 사신이라는 뜻인 견고려사라고 불렀습니다. 이를 통해 발해가 고구려를 계승한 국가임을 알 수 있습니다.

채점 기준		
(1)	'발해'라고 정확히 씀.	3점
(2)	**정답 키워드** 발해 │ 고구려 │ 계승 '일본에서도 발해가 고구려를 계승했다고 여겼기 때문이다.' 등의 내용을 정확히 씀.	7점
	일본에서 발해에 파견한 관리를 '견고려사'라고 불렀던 까닭을 썼으나 구체적이지 않음.	3점

3 태조 왕건은 호족을 자기편으로 끌어들이기 위해 세력이 강한 호족의 딸들과 결혼했고, 호족들에게 고려 왕실의 성씨인 왕씨 성과 땅, 관직을 주었습니다.

채점 기준		
(1)	'태조 왕건'이라고 정확히 씀.	3점
(2)	**정답 키워드** 호족 │ 공을 세운 신하 │ 견제 │ 존중 '호족과 공을 세운 신하를 견제하되 존중했다.' 등의 내용을 정확히 씀.	7점
	태조 왕건이 정치적 안정을 위해 펼친 정책을 썼으나 구체적이지 않음.	3점

4 세종은 백성들이 쉽게 읽고 쓸 수 있는 글자가 필요하다고 생각해 오랜 연구 끝에 훈민정음을 만들어 세상에 알렸습니다.

채점 기준		
(1)	'세종'이라고 정확히 씀.	3점
(2)	**정답 키워드** 백성 │ 생활 │ 불편하다 '한자를 모르는 백성들이 생활에 불편함이 컸기 때문이다.', '백성들이 쉽게 읽고 쓸 수 있는 글자가 필요하다고 생각했기 때문이다.' 등의 내용을 정확히 씀.	7점
	세종대왕이 훈민정음을 만든 까닭을 썼으나 구체적이지 않음.	3점

대단원 서술형 평가 2회 · 19쪽

1 (1) 근초고왕
(2) 예 남쪽으로 전라도 지역을 차지하고 고구려의 평양성을 공격해 북쪽으로도 영토를 넓혔다. 중국, 왜, 가야와 활발하게 교류했다.
2 (1) 석굴암
(2) 예 높은 수준의 기술을 바탕으로 건물의 가운데에 기둥을 세우지 않고 반원 형태의 천장을 갖추었기 때문이다.
3 (1) 서희
(2) 예 고려는 송과의 관계를 끊고 거란과 외교 관계를 맺기로 약속했다. 압록강 동쪽에 강동 6주를 확보했다.
4 (1) 광해군
(2) 예 광해군은 명과 후금 사이에서 중립 외교를 펼치며 후금의 침략을 피하려고 했다.

---

1 백제는 고구려의 왕자였던 온조가 남쪽으로 내려와 한강 유역에 세운 나라로, 한강 유역에 위치해 일찍부터 중국과 교류하며 문물을 발전시켰으며 삼국 중 가장 먼저 전성기를 맞았습니다.

채점 기준		
(1)	'근초고왕'이라고 정확히 씀.	3점
(2)	**정답 키워드** 영토 │ 넓히다 │ 왜 │ 교류 '남쪽으로 전라도 지역을 차지하고 고구려의 평양성을 공격해 북쪽으로도 영토를 넓혔다.', '중국, 왜, 가야와 활발하게 교류했다.' 등의 내용을 알맞게 씀.	7점
	근초고왕의 업적을 썼으나 구체적이지 않음.	3점

2 석굴암은 화강암을 조각해 쌓아 만든 굴 형태의 불교 건축물로, 석굴암을 만드는 방법은 다른 곳에서 찾아보기 어려운 수준의 기술입니다.

채점 기준		
(1)	'석굴암'이라고 정확히 씀.	3점
(2)	**정답 키워드** 반원 형태 │ 천장 '높은 수준의 기술을 바탕으로 건물의 가운데에 기둥을 세우지 않고 반원 형태의 천장을 갖출 수 있었기 때문이다.' 등의 내용을 정확히 씀.	7점
	석굴암이 기술적으로 우수한 까닭을 썼으나 구체적이지 않음.	3점

3 서희는 거란의 침입 의도가 고려와 송의 관계를 끊기 위한 것임을 알고 거란의 장수와 담판을 벌여 강동 6주를 확보했습니다.

채점 기준		
(1)	'서희'라고 정확히 씀.	3점
(2)	**정답 키워드** 거란 │ 외교 │ 강동 6주 │ 확보 '고려는 송과의 관계를 끊고 거란과 외교 관계를 맺기로 약속했다.', '압록강 동쪽에 강동 6주를 확보했다.' 등의 내용을 정확히 씀.	7점
	서희의 외교 담판의 결과를 썼으나 구체적이지 않음.	3점

4 광해군은 명과 후금 사이에서 중립 외교 정책을 펼쳤으나 임진왜란 때 조선을 도운 명에게 의리를 지켜야 한다고 주장한 사람들이 광해군을 쫓아냈습니다.

채점 기준		
(1)	'광해군'이라고 정확히 씀.	3점
(2)	**정답 키워드** 명 │ 후금 │ 중립 외교 '광해군은 명과 후금 사이에서 중립 외교를 펼치며 후금의 침략을 피하려고 했다.' 등의 내용을 정확히 씀.	7점
	광해군이 명과 후금 사이에서 추진한 정책을 썼으나 구체적이지 않음.	3점

2. 사회의 새로운 변화와 오늘날의 우리

❶ 새로운 사회를 향한 움직임

1 탕평책	**2** 정조	**3** 실학	**4** 정약용
5 서민	**6** 풍속화	**7** 흥선 대원군	
8 강화도 조약	**9** 갑신정변	**10** 동학 농민 운동	

1 다른 세력을 인정하지 않고 자기 당의 이익만을 앞세우며 권력을 독차지하려고 하여 붕당 사이의 대립이 심해지자, 영조는 각 붕당의 인재를 골고루 뽑아 나랏일을 맡기는 탕평책을 시행했습니다.

2 수원 화성은 정조의 개혁 정치를 뒷받침하는 계획도시였으며, 오늘날에는 건설 당시의 과학 기술과 건축물의 예술적 가치를 인정받아 유네스코 세계 유산으로 등재되었습니다.

3 임진왜란과 병자호란을 겪은 이후 몇몇 사람이 많은 토지를 차지해 대부분의 백성의 생활이 어려워졌고, 양반 중심의 신분제가 흔들리기 시작하면서 백성의 생활을 돕고 현실 문제에 관심을 가지는 실학이 등장했습니다.

4 정약용은 마을 단위의 공동 농장을 만들 것을 주장하기도 했습니다.

5 조선 후기 경제적으로 여유가 생긴 백성들이 문화와 예술 활동에 관심을 가지게 되면서 한글 소설, 탈놀이, 판소리 등과 같은 서민 문화가 발달했습니다.

6 풍속화는 사람들의 생활 모습을 생생하게 그린 그림으로 김홍도, 신윤복 등이 대표적인 풍속화를 그린 화가입니다.

7 흥선 대원군은 세도 가문의 힘을 약화하고, 능력 있는 사람들을 관리로 뽑기 위해 노력했습니다.

8 강화도 조약에는 조선의 항구에서 죄를 지은 일본인은 일본 관리가 심판하는 조항 등 여러 불평등 조항이 담겨 있습니다.

9 갑신정변은 김옥균을 중심으로 한 급진 개화파 사람들이 일으킨 정변입니다.

10 동학 농민군은 전라도 고부 군수가 만석보를 건축하기 위해 많은 세금을 거두고 농민들을 괴롭히는 등 횡포를 부리자 이에 저항하며 일어났습니다.

1 ③   **2** ⑤   **3** ③   **4** ①, ③

1 제시된 자료는 영조가 세운 탕평비로, 영조는 탕평책을 널리 알리기 위해 탕평비에 내용을 써서 세워 두었습니다.

2 ①, ②, ③, ④는 흥선 대원군이 추진한 정책입니다.

3 밑줄 친 '정변'은 갑신정변으로, 김옥균 등은 갑신정변을 일으켜 정권을 차지하고 자신들이 원하는 방식으로 개혁 정책을 펼치고자 했습니다.

4 동학 농민군은 전라도 일대를 장악하고 전주성까지 점령했으나, 외국의 군대가 개입하는 것을 막고자 정부와 협상하여 물러났습니다.

❷ 일제의 침략과 광복을 위한 노력

1 독립 협회	**2** 대한 제국	**3** 을사늑약
4 신돌석	**5** 토지 조사 사업	**6** 이회영
7 3·1 운동	**8** 대한민국 임시 정부	
9 청산리 대첩	**10** 일본군 '위안부'	

1 서재필은 개화파 관료, 지식인과 함께 독립 협회를 만들었습니다.

2 고종은 자주적인 근대 국가를 만들겠다는 의지를 보여 주기 위해 환구단에서 황제로 즉위하고 대한 제국의 수립을 선포했습니다.

3 일제는 러일 전쟁을 승리한 후 대한 제국의 정치에 간섭했으며, 결국 을사늑약을 체결해 대한 제국의 외교권을 빼앗았습니다.

4 을사늑약에 반발해 전국적으로 의병 운동이 거세게 일어났으며, 그중에는 신돌석과 같은 평민 출신 의병장도 있었습니다.

5 일제가 시행한 토지 조사 사업은 정해진 기간 안에 자신의 땅을 신고해야 했지만, 신고 기간이 짧고 서류가 복잡해 신고하지 못한 농민들은 땅을 잃었습니다. 조선 총독부는 이 주인이 모호한 땅을 차지해 일본인에게 싼값에 넘겼습니다.

6 이회영은 나라를 빼앗기자 다른 형제들을 설득하여 전 재산을 처분하고 만주로 건너가 독립군을 양성하고 독립운동을 펼쳤습니다.

7 제1차 세계 대전이 끝나고 전쟁에서 진 나라들의 식민지들이 독립하자 우리나라도 독립에 대한 희망을 가지게 되었고, 이는 3·1 운동으로 이어졌습니다.

8 중국 상하이에 수립된 대한민국 임시 정부는 헌법을 제정하고 주권이 국민에게 있는 민주 공화국을 수립했습니다.

9 1920년대 독립군은 봉오동 전투와 청산리 대첩을 통해 일본군을 격퇴했습니다.

10 일본군 '위안부'는 일본 정부와 일본군에 의해 전쟁터에 강제로 동원되어 지속해서 성폭력과 인권 침해를 당한 여성을 말합니다.

대표 문제 `23쪽`

1 ㉢, ㉣ **2** ㉢, ㉣ **3** (2) ○ **4** ③

1 서재필 등이 설립한 독립 협회는 자주독립 의지를 높이고자 독립문을 세우고 만민 공동회를 개최하는 등 다양한 활동을 했습니다.

2 대한 제국을 수립한 고종 황제는 여러 분야에 걸쳐 근대적인 개혁을 추진했습니다.

3 제시된 지도를 통해 3·1 운동은 한 지역이 아닌 전국 각지에서 일어났음을 알 수 있습니다.

4 3·1 운동을 계기로 독립운동을 체계적으로 이끌어 갈 정부의 필요성이 제시되었습니다.

❸ 대한민국 정부의 수립과 6·25 전쟁

단원 쪽지시험 `24쪽`

1 예 광복, 독립 **2** 38도선 **3** 모스크바 3국 외상 회의
4 국제 연합(UN) **5** 5·10 총선거 **6** 제헌 국회
7 대한민국 **8** 6·25 전쟁 **9** 인천 상륙 작전
10 이산가족

1 일본은 미국, 영국 등의 연합국에 맞서 제2차 세계 대전에 참전했고, 패배하면서 우리나라는 광복을 맞이했습니다.

2 38도선은 일본군의 무장 해제를 위해 미군과 소련군이 설치한 경계선으로, 처음에는 통행이 비교적 자유로웠으나 결국 경계선을 기준으로 우리나라가 분단되었습니다.

3 모스크바 3국 외상 회의에서는 미국, 영국, 소련이 제2차 세계 대전 이후의 문제를 처리하기 위해 모였습니다.

4 국제 연합은 남북한 총선거를 시행하려고 했으나, 소련이 이를 거부했고 결국 선거가 가능한 남한 지역에서만 선거를 실시하기로 결정했습니다.

5 5·10 총선거는 우리나라 최초의 민주 선거이며, 21세 이상의 모든 국민에게 투표권이 주어졌습니다.

6 제헌 국회에서는 제헌 헌법을 만들고 나라 이름을 '대한민국'으로 정했으며, 대통령을 뽑았습니다.

7 1948년 8월 15일 대한민국 정부가 수립되어 한반도의 유일한 합법 정부로 인정받았습니다.

8 1950년 6월 25일 북한의 기습적인 남침으로 전쟁이 시작되었으며, 국군은 북한군에 맞서 싸웠으나 낙동강까지 후퇴했습니다.

9 인천은 서울과 가까워 북한군의 보급로를 끊고, 국군과 함께 낙동강에서 공격할 수 있기 때문에 국군과 국제 연합군이 상륙작전을 실시했습니다.

10 6·25 전쟁으로 인해 가족들과 헤어진 이산가족과 부모를 잃은 전쟁고아가 생겨났고, 많은 아이들이 해외로 입양되었습니다.

대표 문제 `25쪽`

1 ①, ③ **2** ② **3** ② **4** ⑤

1 모스크바 3국 외상 회의의 내용이 국내에 전해지자 신탁 통치를 두고 사람들의 의견이 갈리면서 사람들 간 갈등이 일어났습니다.

2 5·10 총선거를 통해 구성된 제헌 국회는 제헌 헌법을 만들었고, 헌법에 따라 이승만이 대통령이 된 후 대한민국 정부 수립이 선포되었습니다.

3 6·25 전쟁은 ② → ④ → ① → ③의 순서로 전개되었습니다.

4 ⑤는 대한민국 정부가 수립되기 전에 일어난 일입니다.

1 ⑤   **2** ⑤   **3** 『대동여지도』   **4** (1) 서민 문화 (2) **예** 탈을 쓰고 하는 연극이나 춤이다. 백성의 생각과 감정을 솔직하게 표현했다.   **5** ㉡   **6** ③
7 ⑤   **8** ④   **9** (1) 『독립신문』 (2) **예** 자주독립과 계몽의 중요성을 강조하고 정부의 개화 정책과 세계에서 일어나는 여러 가지 일을 사람들에게 알렸다.   **10** 신돌석
11 ①   **12** ①, ②   **13** ⑤   **14** (1) ㉡ (2) ㉢ (3) ㉠
15 (1) **예** 광복 (2) **예** 우리 민족의 끊임없는 독립운동과 전쟁에서 연합국이 승리했기 때문이다.
16 모스크바 3국 외상 회의   **17** ①   **18** ①, ③
19 ㉠   **20** ㉢

1 영조는 인물을 고루 뽑아 쓰는 탕평책을 펼쳤으며, 탕평책을 널리 알리기 위해 탕평비를 세웠습니다.

2 ⑤는 갑오개혁의 내용입니다. 실학자들은 백성의 생활을 안정시키고 나라의 힘을 기를 수 있는 방법을 연구했습니다.

3 우리나라 지도인 『대동여지도』는 김정호가 만들었고, 모두 22권의 책으로 이루어져 있습니다.

> **더 알아보기**
> **김정호가 만든 『대동여지도』**
> • 『대동여지도』는 총 22권의 책으로 구성되었으며, 각 책을 펼쳐서 이어 놓으면 가로 약 4m, 세로 약 7m의 초대형 전국 지도가 됩니다.
> • 산맥, 강줄기, 포구, 길 등이 자세하게 표시되어 있고, 약 4km마다 눈금을 새겨 거리를 정확하게 나타내어 오늘날의 지도와 비교해도 큰 차이가 없을 정도로 매우 정확합니다.

4 조선 후기에는 한글 소설, 풍속화, 탈놀이, 판소리, 민화 등의 서민 문화가 발달했습니다.

> **채점 기준**
>
> | | | |
> |---|---|---|
> | (1) | '서민 문화'라고 정확히 씀. | |
> | (2) | **정답 키워드** 탈 \| 연극 \| 백성 \| 생각 \| 감정
'탈을 쓰고 하는 연극이나 춤이다.', '백성의 생각과 감정을 솔직하게 표현했다.' 등의 내용을 정확히 씀. | 상 |
> | | 조선 후기에 유행했던 탈놀이의 특징을 썼으나 구체적이지 않음. | 하 |

5 흥선 대원군은 세도 정치의 문제점을 바로잡고 백성의 생활을 안정시키고자 서원을 정리했고, 양반에게 세금을 매겼습니다. 또한 왕실의 권위를 세우고자 임진왜란 때 불에 탔던 경복궁을 다시 지었습니다.

6 갑신정변은 조선이 청의 간섭에서 벗어나야 한다고 생각했던 김옥균 외의 사람들이 일본의 군사 지원을 약속받고 일으킨 정변입니다.

7 ⑤는 신미양요 과정에서 일어난 사건입니다.

8 일본인들이 명성황후를 시해한 사건을 을미사변이라고 합니다. 명성황후가 시해되자 불안감을 느낀 고종은 러시아 공사관으로 몸을 피했습니다. 그 결과 러시아의 간섭이 심해지고 조선에서 일본의 영향력이 줄어들었습니다.

9 사람들은 『독립신문』을 읽으며 나라 안팎의 여러 일들에 관심을 가지기 시작했고, 다른 나라에서 일어나는 여러 가지 소식을 알 수 있었습니다.

> **채점 기준**
>
> | | | |
> |---|---|---|
> | (1) | 『독립신문』이라고 정확히 씀. | |
> | (2) | **정답 키워드** 자주독립 \| 계몽 \| 정부 정책 \| 세계에서 일어나는 일
'자주독립과 계몽의 중요성을 강조하고 정부의 개화 정책과 세계에서 일어나는 여러 가지 일을 사람들에게 알렸다.' 등의 내용을 정확히 씀. | 상 |
> | | 『독립신문』이 사람들에게 알리고자 한 내용을 썼으나 구체적이지 않음. | 하 |

10 평민 출신 의병장 신돌석은 태백산 일대에서 일본군에 맞서 싸우면서 '태백산 호랑이'라고 불렸습니다.

> **더 알아보기**
> **신돌석의 활동**
> • 평민 출신 의병장인 신돌석은 을사늑약 체결 후 의병을 모아 경상도와 강원도의 산악 지대, 동해안 지역에서 일본군을 공격하여 큰 타격을 입혔습니다.
> • 신돌석이 이끈 의병 부대는 한때 3천여 명에 이를 정도였고, 산을 탈 때 모습이 마치 호랑이처럼 빠르다고 하여 백성들로부터 '태백산 호랑이'라고 불렸습니다.

11 일제는 1910년 대한 제국의 국권을 빼앗고 헌병들에게 경찰의 임무를 주어 한국인들의 일상생활을 감시하고 통제했습니다.

12 3·1 운동은 한 지역이 아닌 전국 각지에서 일어난 운동으로, 나라 밖까지 퍼져 나갔으며 한국 사람이라면 누구나 시위를 조직하고 참여했습니다.

> **왜 틀렸을까?**
> ③ 3·1 운동은 평화로운 만세 시위였습니다.
> ④ 갑오개혁은 1894년 갑신정변의 개혁안과 동학 농민군의 요구를 일부 받아들여 추진한 개혁입니다.
> ⑤ 광주 학생 항일 운동에 관한 내용입니다.

13 3·1 운동 이후 국내외 여러 지역에 임시 정부가 세워졌으며, 이들을 통합한 대한민국 임시 정부가 중국 상하이에 수립되었습니다.

14 일제의 탄압으로부터 우리의 역사, 말, 문화유산 등을 지키기 위한 많은 사람의 노력이 있었습니다.

더 알아보기

나라를 되찾기 위한 사람들의 노력

신채호	일제의 역사 왜곡을 정면으로 반박하고 나라를 사랑하는 마음을 기르기 위해서는 역사를 잘 알아야 한다고 생각해 을지문덕, 이순신과 같은 민족 영웅의 이야기를 책으로 씀.
전형필	일본으로 넘어갈 뻔한 고려 시대의 자기, 신윤복의 풍속화, 『훈민정음』「해례본」등의 문화유산을 구입하고 보존함.
조선어 학회	한글날의 시초가 된 가갸날을 제정하고 한글 연구와 교육을 통해 민족의식을 높임.

15 우리나라의 광복은 연합국의 승리뿐만 아니라 우리 민족이 끊임없이 독립운동을 벌인 결과이기도 합니다.

채점 기준

(1)	'광복', '독립' 등의 내용을 정확히 씀.	
(2)	**정답 키워드** 독립운동 | 전쟁 | 연합국 | 승리 '우리 민족의 끊임없는 독립운동과 전쟁에서 연합국이 승리했기 때문이다.' 등의 내용을 정확히 씀.	상
	우리나라가 광복을 맞이할 수 있었던 까닭을 썼으나 구체적이지 않음.	하

16 미국, 영국, 소련이 모인 모스크바 3국 외상 회의에서는 한반도에 임시 정부를 세우고 일정 기간 신탁 통치를 실시할 것을 결정했습니다.

17 김구는 남한만의 총선거가 실시되는 것에 반대했고, 북한 측의 지도자를 만나 통일 문제 등을 의논하기 위해 38도선을 넘었습니다.

18 5·10 총선거를 통해 선출된 국회의원들로 구성된 제헌 국회에서는 제헌 헌법을 제정하고 나라 이름을 '대한민국'으로 정했습니다.

19 6·25 전쟁은 북한의 남침으로 시작되어 국제 연합군과 중국군이 전쟁에 참여했고, 결국 밀고 밀리는 전쟁 끝에 정전 협정을 맺었습니다.

20 6·25 전쟁으로 인해 많은 민간인이 죽거나 다쳤고, 수원 화성, 경복궁 등 많은 문화유산이 불타거나 파괴되었습니다.

대단원 평가 2회　　　　　　**30~33쪽**

1 ②　　**2** ㉢　　**3** ①, ④　　**4** ③　　**5** (1) 갑신정변 (2) 예 조선에 대한 청의 간섭이 더욱 심해졌다.
6 갑오개혁　**7** ①, ②　**8** ㉢　　**9** (1) ㉢ (2) ㉠ (3) ㉡
10 (1) 예 토지 조사 사업 (2) 예 농사지을 땅을 빼앗겼다. 고향을 떠나 도시나 만주 등 외국으로 떠나는 사람이 많아졌다.
11 ①　　**12** ③, ⑤　**13** ④　　**14** ㉢　　**15** ⑤
16 ⑤　　**17** (1) 국제 연합(UN) (2) 예 선거가 가능한 남한에서만 총선거를 실시하기로 다시 결정했다.
18 ㉡, ㉠, ㉣, ㉢　　**19** ④　　**20** ④, ⑤

1 탕평책을 널리 알리기 위해 탕평비에 내용을 써서 세운 왕은 영조입니다.

2 실학은 현실 문제와 새로운 문물에 관심을 둔 학문으로, 생활의 어려움을 겪고 있는 백성의 문제를 해결하고자 했습니다.

3 탈놀이는 탈을 쓰고 하는 연극이나 춤으로 백성의 생각과 감정을 솔직하게 표현하는 놀이입니다.

왜 틀렸을까?

② 조선 후기에는 여러 책을 사람들 앞에서 읽어 주는 '전기수'라는 직업이 생겼습니다.
③ 김홍도와 신윤복은 풍속화를 그린 화가입니다.
⑤ 판소리는 이야기를 노래로 들려주는 공연으로, 고수의 북 반주에 맞추어 소리꾼이 몸짓을 해 가며 부릅니다.

4 ㉠은 병인양요, ㉡은 신미양요와 관련된 자료입니다. 두 사건 모두 외국 세력이 강화도를 침범해 다툼이 일어났습니다.

5 갑신정변은 일본이 약속을 지키지 않고 청이 군사적으로 개입하면서 3일 만에 실패로 끝났습니다. 갑신정변을 진압한 청은 조선의 정치에 더욱 심하게 간섭했습니다.

채점 기준

(1)	'갑신정변'이라고 정확히 씀.	
(2)	**정답 키워드** 청 | 간섭 '조선에 대한 청의 간섭이 더욱 심해졌다.' 등의 내용을 정확히 씀.	상
	갑신정변이 진압된 이후 조선의 상황을 썼으나 구체적이지 않음.	하

6 갑오개혁을 통해 오랫동안 유지되어 온 노비제 등 신분 제도를 없애고, 과거 제도를 폐지했으며, 공식 문서에 한글을 함께 쓰도록 했고, 재판소를 설립하는 등 다양한 분야에서 개혁이 이루어졌습니다.

7 독립 협회는 독립문을 세우고 만민 공동회를 열었으며, 자주독립 의식을 기르기 위해 노력했습니다.

> **왜 틀렸을까?**
> ③, ④ 대한 제국이 추진했던 개혁의 내용입니다.
> ⑤ 이회영이 한 활동으로, 대한 제국이 국권을 빼앗긴 후에 일어난 일입니다.

8 대한 제국은 황제에게 권력을 집중해 외국 세력의 압력에 효과적으로 대응하려 했지만, 국민의 권리를 제대로 보장하지 못한 한계가 있습니다.

9 을사늑약을 맺은 사실이 알려지자 많은 사람들이 분노했고, 을사늑약 체결의 부당함을 호소하는 글을 쓰거나 스스로 목숨을 끊으며 저항한 사람도 있었습니다.

10 일제는 좀 더 많은 세금을 걷기 위해 토지 조사 사업을 실시했고, 이 과정에서 농사지을 땅을 빼앗긴 사람들은 고향을 등지고 외국으로 떠나기도 했습니다.

채점 기준		
(1)	'토지 조사 사업' 등의 내용을 정확히 씀.	
(2)	**정답 키워드** 땅 | 빼앗김 | 떠나다 | 도시 | 외국 '농사지을 땅을 빼앗겼다.', '고향을 떠나 도시나 만주 등 외국으로 떠나는 사람들이 많아졌다.' 등의 내용을 정확히 씀.	상
	토지 조사 사업이 우리 민족에게 미친 영향을 썼으나 구체적이지 않음.	하

11 일제는 학생들의 시위 참여를 막기 위해 학교의 문을 닫았으나, 유관순과 같은 학생들은 고향으로 내려가 만세 운동을 이어 나갔습니다.

12 김구는 한인 애국단을 조직해 이봉창과 윤봉길의 의거를 지휘했습니다.

13 안창호는 학교를 세우는 등 인재 양성에 힘을 기울였고, 미국으로 건너간 후 흥사단을 세워 나라를 되찾을 힘을 기르고자 노력했습니다.

14 광주 학생 항일 운동은 전국의 많은 학생이 공감하여 5만여 명의 학생이 시위나 동맹 휴학에 참가하며 전개되었습니다. 학생들은 학교에서 우리말과 글, 역사를 배우지 못하는 현실에 분노하고 일본인과 한국인을 차별하는 점에 항의했습니다. 이후 광주 학생 항일 운동은 전국으로 확산했습니다.

15 광복으로 해외에서 활동하던 독립운동가와 일제에 의해 강제로 끌려갔던 사람들이 국내로 돌아왔습니다.

16 한반도에는 38도선을 경계로 남쪽에는 미군이, 북쪽에는 소련군이 들어왔습니다.

17 미국과 의견이 달랐던 소련은 한국 임시 위원단이 북한에 오는 것을 막았고, 결국 남한만의 총선거가 실시되었습니다.

채점 기준		
(1)	'국제 연합', 'UN'이라고 정확히 씀.	
(2)	**정답 키워드** 선거 | 가능하다 | 남한 '선거가 가능한 지역인 남한에서만 총선거를 실시하기로 다시 결정했다.' 등의 내용을 정확히 씀.	상
	소련이 한국 임시 위원단의 입국을 막은 후 국제 연합이 내린 결정을 썼으나 구체적이지 않음.	하

18 5·10 총선거를 통해 구성된 제헌 국회가 제헌 헌법을 만들었고, 헌법에 따라 이승만이 대통령으로 선출되어 대한민국 정부 수립이 선포되었습니다.

19 인천 상륙 작전의 성공으로 전쟁의 흐름이 국군과 국제 연합군에게 유리해졌습니다.

20 제시된 그래프를 통해 군인뿐만 아니라 남한과 북한 사람 모두 많은 피해를 입었음을 알 수 있습니다.

대단원 서술형 평가 1회   **34**쪽

1 (1) 정조
  (2) **예** 개혁 정치를 뒷받침하기 위해서이다. 정치, 군사, 경제의 새로운 중심지로 삼기 위해서이다.
2 (1) 흥선 대원군 (2) **예** 서양과의 통상을 거부한다는 뜻을 굳건히 하기 위해서이다.
3 (1) 대한민국 임시 정부
  (2) **예** 비밀 연락망을 조직해 국내의 독립운동을 지휘하고 독립운동 자금을 모았다.
4 (1) ⓛ, ⓒ, ⓔ, ⓐ (2) **예** 우리 민족이 바라던 독립 정부와 민주 공화국의 꿈을 이루게 됐다.

1 정조는 계획도시인 수원 화성을 건설했습니다.

채점 기준		
(1)	'정조'라고 정확히 씀.	3점
(2)	**정답 키워드** 개혁 | 정치 | 새로운 중심지 '개혁 정치를 뒷받침하기 위해서이다.', '정치, 군사, 경제의 새로운 중심지로 삼기 위해서이다.' 등의 내용을 정확히 씀.	7점
	정조가 수원 화성을 건설한 까닭을 썼으나 구체적이지 않음.	3점

2 흥선 대원군은 전국 각지에 척화비를 세워 서양과의 통상을 거부한다는 뜻을 굳건히 했습니다.

채점 기준		
(1)	'흥선 대원군'이라고 정확히 씀	3점
(2)	**정답 키워드** 서양 | 통상 | 거부 '서양과의 통상을 거부한다는 뜻을 굳건히 하기 위해서이다.' 등의 내용을 정확히 씀.	7점
	흥선 대원군이 척화비를 세운 까닭에 관해 썼으나 구체적이지 않음.	3점

3 대한민국 임시 정부는 독립을 위해 노력했습니다.

채점 기준		
(1)	'대한민국 임시 정부'라고 정확히 씀.	3점
(2)	**정답 키워드** 연락망 | 독립운동 | 지휘 | 자금 '비밀 연락망을 조직해 국내의 독립운동을 지휘하고 독립운동 자금을 모았다.' 등의 내용을 정확히 씀.	7점
	대한민국 임시 정부의 활동을 썼으나 구체적이지 않음.	3점

4 1948년 8월 15일 대한민국 정부가 수립되었습니다.

채점 기준		
(1)	'ⓛ, ⓒ, ⓔ, ⓐ'을 차례대로 정확히 씀.	3점
(2)	**정답 키워드** 독립 정부 | 민주 공화국 '우리 민족이 바라던 독립 정부와 민주 공화국의 꿈을 이루게 되었다.' 등의 내용을 정확히 씀.	7점
	대한민국 정부 수립의 의의를 썼으나 구체적이지 않음.	3점

대단원 서술형 평가 2회   35쪽

1 (1) 강화도 조약
　(2) ⓔ 조선이 외국과 맺은 최초의 근대적 조약이다. 조선에 불리한 불평등 조약이다.
2 (1) 고종
　(2) ⓔ 공장과 회사 설립을 지원했다. 은행 등 근대 시설을 만들었다.
3 (1) 을사늑약
　(2) ⓔ 고종은 외국에 특사를 보내 을사늑약의 부당함을 알리고자 노력했다. 의병을 일으켰다.
4 (1) 6·25 전쟁
　(2) ⓔ 사람들 마음속에 큰 상처를 남겼다. 이산가족이 생겨났다.

1 일본은 조선에 통상을 강요하기 위해 군함을 보내서 강화도에 침입해 조선군과 전투를 벌였습니다. 일본은 이 사건을 구실로 통상을 강요했고, 결국 조선은 강화도 조약을 일본과 맺고 개항했습니다.

채점 기준		
(1)	'강화도 조약'을 정확히 씀.	3점
(2)	**정답 키워드** 최초 | 근대적 | 조약 | 불평등 '조선이 외국과 맺은 최초의 근대적 조약이다.', '조선에 불리한 불평등 조약이다.' 등의 내용을 정확히 씀.	7점
	강화도 조약의 특징을 썼으나 구체적이지 않음.	3점

2 고종은 대한 제국으로 이름을 바꾸고 환구단에서 황제로 즉위한 후, 여러가지 근대적 개혁을 추진했습니다. 하지만 고종이 추진했던 개혁은 황제의 권리를 지나치게 강화했다는 한계점을 가졌습니다.

채점 기준		
(1)	'고종'이라고 정확히 씀.	3점
(2)	**정답 키워드** 공장과 회사 | 근대 시설 | 학교 '공장과 회사 설립을 지원했다.', '은행 등 근대 시설을 만들었다.', '새로운 학문과 기술을 가르치기 위해 학교를 세웠다.' 등의 내용을 정확히 씀.	7점
	고종 황제가 추진했던 근대적 개혁 내용을 썼으나 구체적이지 않음.	3점

3 대한 제국은 을사늑약의 체결로 일본에 외교권을 **빼앗**겼고, 사람들은 다양한 방법으로 을사늑약 체결에 저항했습니다.

채점 기준		
(1)	'을사늑약'이라고 정확히 씀.	3점
(2)	**정답 키워드** 고종 | 특사 | 의병 | 학교 '고종은 외국에 특사를 보내 을사늑약의 부당함을 알리고자 노력했다.', '의병을 일으켰다.', '학교를 세워 인재를 길러냈다.' 등의 내용을 정확히 씀.	7점
	을사늑약에 저항한 우리나라 사람들의 활동에 관해 썼으나 구체적이지 않음.	3점

4 6·25 전쟁과 같은 비극이 일어나지 않도록 남한과 북한이 서로를 이해하기 위해 노력해야 합니다.

채점 기준		
(1)	'6·25 전쟁'이라고 정확히 씀.	3점
(2)	**정답 키워드** 마음 | 상처 | 이산가족 '사람들 마음속에 큰 상처를 남겼다.', '이산가족이 생겨났다.' 등의 내용을 정확히 씀.	7점
	6·25 전쟁이 남한과 북한에 미친 영향을 썼으나 구체적이지 않음.	3점

완벽한 수업을 위한 모든 것을 담았다!

국어/사회/과학 리더

풍부한 시각 자료

풍부한 사진과 도표, 그림 자료로
쉽고 재미있게
개념을 다질 수 있는 교재!

다양한 평가 대비

개념 정리 → 쪽지시험 → 기출문제
→ 단원평가로 이어지는 구성으로
다양한 평가 대비! (학년별, 과목별 구성 상이)

편리한 수업 준비

수업 준비가 편리하도록 강의 팁,
꼭 짚어 줄 문제와 확인할 문제 수록!

선생님과 학생 모두가 만족하는 국사과 기본서!
학기별(국어: 초1~6 사회·과학: 초3~6)

정답은
이안에
있어!

BOOK 3

정답과 풀이

코칭북

빈틈없는
수준별 학습으로
빠져나갈 구멍 없이
완전봉쇄!

사고력

서술형

독해력

이제 긴 문제도
어렵지 않아요!

기본기와 서술형을 한 번에, 확실하게
수학 자신감은 덤으로!

수학리더 시리즈 (초1~6 / 학기용)

[연산]
(*예비초~초6/총14단계)

[개념]

[기본]

[유형]

[기본+응용]

[응용·심화]

[최상위]
(*초3~6)

book.chunjae.co.kr

교재 내용 문의 ·········	교재 홈페이지 ▶ 초등 ▶ 교재상담
교재 내용 외 문의 ·········	교재 홈페이지 ▶ 고객센터 ▶ 1:1문의
발간 후 발견되는 오류 ·········	교재 홈페이지 ▶ 초등 ▶ 학습지원 ▶ 학습자료실

My name~

		초등학교
학년	반	번
이름		

시험 대비교재

● **올백 전과목 단원평가**   1~6학년/학기별
(1학기는 2~6학년)

● **HME 수학 학력평가**   1~6학년/상·하반기용

● **HME 국어 학력평가**   1~6학년

논술·한자교재

● **YES 논술**   1~6학년/총 24권

● **천재 NEW 한자능력검정시험 자격증 한번에 따기** 8~5급(총 7권)/4급~3급(총 2권)

영어교재

● **READ ME**
– Yellow 1~3   2~4학년(총 3권)
– Red 1~3   4~6학년(총 3권)

● **Listening Pop**   Level 1~3

● **Grammar, ZAP!**
– 입문   1, 2단계
– 기본   1~4단계
– 심화   1~4단계

● **Grammar Tab**   총 2권

● **Let's Go to the English World!**
– Conversation   1~5단계, 단계별 3권
– Phonics   총 4권

예비중 대비교재

● **천재 신입생 시리즈**   수학/영어

● **천재 반편성 배치고사 기출 & 모의고사**